U0573022

BLUE BOOK

智库成果出版与传播平台

汽车工业蓝皮书

BLUE BOOK OF AUTOMOTIVE INDUSTRY

中国商用汽车产业发展报告
（2025）

ANNUAL REPORT ON THE DEVELOPMENT OF
CHINA'S COMMERCIAL VEHICLE INDUSTRY (2025)

主　编／
中国汽车工业协会
中国汽车工程研究院股份有限公司
一汽解放集团股份有限公司
东风商用车有限公司

社会科学文献出版社
SOCIAL SCIENCES ACADEMIC PRESS（CHINA）

图书在版编目（CIP）数据

中国商用汽车产业发展报告 . 2025／中国汽车工业
协会等主编 . --北京：社会科学文献出版社，2025.7.
（汽车工业蓝皮书）. --ISBN 978-7-5228-5605-6

Ⅰ. F426.471

中国国家版本馆 CIP 数据核字第 2025MR4317 号

汽车工业蓝皮书
中国商用汽车产业发展报告（2025）

主　　编／　中国汽车工业协会
　　　　　　中国汽车工程研究院股份有限公司
　　　　　　一汽解放集团股份有限公司
　　　　　　东风商用车有限公司

出 版 人／冀祥德
责任编辑／张　超　宋　静
责任印制／岳　阳

出　　版／社会科学文献出版社·皮书分社（010）59367127
　　　　　　地址：北京市北三环中路甲 29 号院华龙大厦　邮编：100029
　　　　　　网址：www. ssap. com. cn
发　　行／社会科学文献出版社（010）59367028
印　　装／三河市东方印刷有限公司

规　　格／开本：787mm×1092mm　1/16
　　　　　　印张：20　字数：300 千字
版　　次／2025 年 7 月第 1 版　2025 年 7 月第 1 次印刷
书　　号／ISBN 978-7-5228-5605-6
定　　价／158.00 元

读者服务电话：4008918866

致力于成为"中国第一、世界一流"
的绿色智能交通运输解决方案提供者

超享服务

超高安全

超级可靠

超爽体验

超值收益

成为 绿色智慧 物流
整体解决方案的提供者

干线物流专家

全球经典车型，单一车型海外年销过万，持续高端引领

东风商用车基于对场景的深刻理解和客户需求的精准把握，秉承"以客户为中心"的宗旨，坚持"一切源于可靠"的品牌理念，精心打造2025年全系新商品，可多层次满足客户需求，为客户带来更可靠、更高效、更经济、更舒适的体验，助力客户商业成功。

《中国商用汽车产业发展报告（2025）》
编 委 会

乔延浩　刘志军　赵万千　孙天成　钟瑞坤
张　龙　任焕焕　朱　莹　贾莉洁　杨迢迢
韩向英　罗　兰　徐海燕　崔一帆　屈　敏
张慧雯　张焕亮　闫天伟　王文淦　吴绵高
回　春　赵世宇　王天辉　伊　鸣　李　辉
陈　川　刘　汭　杨紫都　陈　雨　邵赓华
陈婉容　李志杰　李万洋　陈　浩　何东益
刘海峰　唐青龙　薛兴宇　洪族芳　秦佳楠
徐泽昊　徐习铭　王　正　于德营

支 持 单 位　中国重型汽车集团有限公司
　　　　　　陕西汽车控股集团有限公司
　　　　　　北汽福田汽车股份有限公司
　　　　　　安徽江淮汽车集团股份有限公司
　　　　　　上汽红岩汽车有限公司
　　　　　　东风汽车股份有限公司
　　　　　　浙江吉利远程新能源商用车集团有限公司
　　　　　　宇通客车股份有限公司
　　　　　　厦门金龙汽车集团股份有限公司
　　　　　　中通客车控股股份有限公司
　　　　　　江铃汽车股份有限公司
　　　　　　庆铃汽车（集团）有限公司
　　　　　　上汽大通汽车有限公司
　　　　　　汉马科技集团股份有限公司
　　　　　　广汽领程新能源商用车有限公司
　　　　　　比亚迪汽车股份有限公司
　　　　　　长城汽车股份有限公司

山东五征集团有限公司

南京汽车集团有限公司

中集车辆（集团）有限公司

徐州徐工新能源汽车有限公司

三一专用汽车有限责任公司

上汽通用五菱汽车股份有限公司

辽宁曙光汽车集团股份有限公司

郑州日产汽车有限公司

邢台泰一新能源科技有限公司

威驰腾（福建）汽车有限公司

北京汉音新能源科技有限公司

安徽安凯汽车股份有限公司

宁德时代新能源科技股份有限公司

戴姆勒大中华投资有限公司

陕西法士特汽车传动集团有限责任公司

襄阳达安汽车检测中心有限公司

浙江新吉奥汽车有限公司

浙江万安科技股份有限公司

浙江立邦合信智能制动系统股份有限公司

厦门雅迅网络股份有限公司

凯龙高科技股份有限公司

北京京西重工有限公司

常州星宇车灯股份有限公司

江苏超力电器有限公司

江苏新通达电子科技股份有限公司

瑞立集团有限公司

长春一汽富晟集团有限公司

常州腾龙汽车零部件股份有限公司

亚普汽车部件股份有限公司

北京理工大学电动车辆国家工程研究中心

中国汽车技术研究中心有限公司

中汽数据有限公司

招商局检测车辆技术研究院有限公司

中汽研汽车检验中心（武汉）有限公司

中汽院（重庆）汽车检测有限公司

上海重塑能源科技有限公司

北京亿华通科技股份有限公司

安徽明天氢能科技股份有限公司

上海捷氢科技股份有限公司

大连新源动力股份有限公司

国创氢能科技有限公司

华测检测认证集团股份有限公司

佛山市飞驰汽车科技有限公司

国鸿氢能科技（嘉兴）股份有限公司

东北工业集团有限公司

潍柴动力股份有限公司

玉柴动力股份有限公司

沙特阿美亚洲有限公司

天津大学

欧洲汽车工业协会

日本汽车工业协会

德国汽车工业协会

摘　要

2024 年，伴随全球供应链复苏和绿色低碳发展需求的逐步释放，全球商用车市场呈现一定程度增长，整体呈稳健发展态势。同时，各国节能减排要求逐步凸显，全球新能源车市场持续保持高速增长，但受欧美新能源车市场增速放缓影响，一定程度上减缓了整体新能源车市场增长势头。

本书综合介绍了中国商用汽车发展的基本情况，研判了行业发展动态。同时为更好地把握商用车行业发展态势，挖掘商用车行业发展新动能，结合行业热点话题进行了深入研究，形成了重卡电动化、商用车国际化、车路云一体化、动力电池技术及企业碳排放管理等多篇专题报告，从多角度研讨技术发展趋势、机会与挑战以及发展建议等。

综观中国商用车市场，2024 年由于投资减弱加之运价仍然偏低，终端市场换车需求动力不足，商用车市场表现相对疲弱。2024 年商用车产销分别完成 380.5 万辆和 387.3 万辆，同比分别下降 5.8% 和 3.9%。但相较于国内，商用车出口表现良好，2024 年商用车出口 90.4 万辆，同比增长 17.5%；同时随着国家新能源鼓励政策的不断出台，以及节能减排法规要求的逐渐加严，新能源商用车呈现良好发展态势，2024 年新能源商用车销售 57.6 万辆，同比增长 28.8%。预计未来几年，海外市场与新能源市场发展，都将是中国商用车市场的主要增长点。

随着欧七/国七排放标准的加严制定，商用车行业转型升级将进入新的发展阶段，同时基于全球化竞争局势及技术发展，国际化、电动化、智能网联化业已成为商用车行业发展的主流方向。在国家政策的持续支持下，通过商用车企业的不断创新努力，中国商用车行业将迎来更大的发展机遇，中国商用车品牌向上向好发展未来可期。

关键词： 商用汽车产业　新能源汽车　电动化　国际化　智能化

Abstract

In 2024, with the recovery of global supply chains and the gradual release of demand for green and low-carbon development, the global commercial vehicle market experienced moderate growth, demonstrating overall steady development. At the same time, as countries' energy-saving and emission-reduction requirements became increasingly prominent, the global new energy vehicle (NEV) market maintained rapid growth. However, influenced by the slowdown in NEV adoption in European and American markets, the overall growth momentum of the new energy market was somewhat moderated.

This book provides a comprehensive overview of the development status of China's commercial vehicle industry and analyzes its evolving trends. To better grasp the industry's trajectory and identify new growth drivers, it delves into key industry topics through in-depth research. A series of thematic reports have been compiled, covering areas such as the electrification of heavy-duty trucks, the globalization of commercial vehicles, vehicle-road-cloud integration, power battery technology, and corporate carbon emission management. These reports explore technological trends, opportunities, challenges, and strategic recommendations from multiple perspectives.

Looking at China's commercial vehicle market in 2024, weakened investment and persistently low freight rates led to insufficient demand for vehicle replacements in the end market, resulting in relatively sluggish performance. In 2024, China's commercial vehicle production and sales reached 3. 805 million and 3. 873 million units, respectively, representing year-on-year declines of 5. 8% and 3. 9% . However, compared to the domestic market, commercial vehicle exports performed well, with 904, 000 units exported-a 17. 5% increase year-on-year. Meanwhile, driven by continuous government policies promoting new energy vehicles (NEVs) and increasingly stringent energy-saving and emission-reduction regulations, the NEV commercial vehicle sector showed strong growth. In 2024, NEV commercial vehicle sales reached 576,000 units, up 28.8% year-on-year. Looking ahead, overseas markets and the NEV segment are expected to be the key growth drivers for China's commercial vehicle industry in the coming years.

With the increasingly stringent Euro Ⅶ/China Ⅶ emission standards, the commercial vehicle industry is entering a new phase of transformation and upgrading. Meanwhile, against the backdrop of global competition and technological advancements, internationalization, electrification, and intelligent connectivity have become mainstream trends in the sector. Supported by continuous national policies and the relentless innovation of commercial vehicle manufacturers, China's commercial vehicle industry is poised for greater development opportunities. The upward trajectory of Chinese commercial vehicle brands promises a bright and prosperous future.

Keywords: Commercial Vehicle Industrial; New Energy Vehicles; Electrification; Internationalization; Intelligence

目 录 ⟍⟋

Ⅰ 总报告

Ⅱ 车型篇

Ⅲ 专题篇

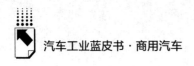

皮书数据库阅读**使用指南**

总 报 告

B.1

2024年中国商用汽车产业发展报告

摘 要： 在全球商用车市场整体增长放缓的大背景下，中国商用车市场表现相对疲弱，2024年商用车销量未达400万辆的预期，但整体仍处于平稳恢复期。其中，新能源和出口方面，成绩喜人。2024年新能源商用车渗透率达到了14.9%，重卡新能源也突破7万辆，迎来历史新高。同时，海外发展也展现出强劲动力，预计2025年商用车将在新能源和出口方面迎来更大突破。

关键词： 商用车 海外市场 新能源

一 全球商用汽车产业发展概述

（一）全球商用车产销情况

1.全球商用车产销情况

2024年全球商用车市场表现相对复杂。部分新兴市场虽受贸易和基建需求推动，但由于地缘政治、原材料价格波动及环保政策等因素，企业成本上升、运营压力增大。消费者购车更谨慎，倾向于性价比高的产品。

2024 年全球商用车产销分别完成 2482.6 万辆和 2777.2 万辆，较上年同期分别下降 6.0% 和增长 1.2%。其中亚洲、大洋洲 2024 年商用车产销量分别为 764.7 万辆和 736.3 万辆，同比分别下降 18.6% 和 7.0%；欧洲 2024 年商用车产销量分别为 246.9 万辆和 305.7 万辆，同比分别下降 7.6% 和增长 3.9%；美洲 2024 年商用车产销量分别为 1443 万辆和 1707.4 万辆，同比分别增长 3.2% 和 4.9%；非洲 2024 年商用车产销量分别为 28 万辆和 27.8 万辆，同比分别下降 22.2% 和 7.9%。

2. 全球商用车分区域情况

分区域看，亚洲、大洋洲 2024 年商用车产量为 764.7 万辆，同比下降 18.6%；欧洲产量为 246.9 万辆，同比下降 7.6%；美洲产量为 1443 万辆，增长 3.2%；非洲产量为 28 万辆，同比下降 22.2%（见表 1）。

表 1　全球商用车分区域产量情况

单位：万辆；%

地区	2023 年	2024 年	2024 年同比增速
亚洲、大洋洲	939.1	764.7	−18.6
欧洲	267.2	246.9	−7.6
美洲	1399	1443	3.2
非洲	36	28	−22.2
总计	2641.3	2482.6	−6.0

资料来源：根据国际汽车制造商协会（OICA）数据整理。

2024 年亚洲、大洋洲、中东商用车销量为 736.3 万辆，同比下降 7.0%；欧洲销量为 305.7 万辆，同比增长 3.9%；美洲销量为 1707.4 万辆，规模最大，同比增长 4.9%；非洲销量为 27.8 万辆，同比下降 7.9%（见表 2）。

表2　全球商用车分区域销量情况

单位：万辆；%

地区	2023年	2024年	2024年同比增速
亚洲、大洋洲、中东	791.4	736.3	-7.0
欧洲	294.3	305.7	3.9
美洲	1627.7	1707.4	4.9
非洲	30.2	27.8	-7.9
总计	2743.6	2777.2	1.2

资料来源：根据国际汽车制造商协会（OICA）数据整理。

3.全球商用车分品类情况

分品类看，2024年全球重型载货车产量364.0万辆，同比下降2.3%；轻型商用车产量2089.9万辆，同比下降2.7%；客车产量29.0万辆，同比增长16.5%（见表3）。

表3　全球商用车分品类产量情况

单位：万辆；%

品类	2023年	2024年	2024年同比增速
重型载货车	372.4	364.0	-2.3
轻型商用车	2148.8	2089.9	-2.7
客车	24.9	29.0	16.5

注：重型载货车指用于运输货物的车辆，总质量≥16t的产品，包括牵引半挂车；轻型商用车指至少有四个轮子的机动车辆，用于载货及载客，总质量<16t的产品；客车指用于运送乘客，除驾驶员座位外包括8个以上座位的公共汽车和长途汽车。

资料来源：根据国际汽车制造商协会（OICA）数据整理。

（1）重型载货车

分区域看，2024年亚洲、大洋洲重型载货车规模最大，产量为258.1万辆，同比下降2.8%；欧洲重型载货车产量为33.4万辆，同比下降10.5%；美洲重型载货车产量为69.4万辆，同比增长4.7%；非洲重型载货车产量为3.1万辆，同比下降6.1%（见表4）。

表4　全球重型载货车分区域产量情况

单位：万辆；%

地区	2023年	2024年	2024年同比增速
亚洲、大洋洲	265.5	258.1	-2.8
欧洲	37.3	33.4	-10.5
美洲	66.3	69.4	4.7
非洲	3.3	3.1	-6.1
总计	372.4	364.0	-2.3

注：斯堪尼亚及戴姆勒未上报。
资料来源：根据国际汽车制造商协会（OICA）数据整理。

（2）轻型商用车

分区域看，2024年亚洲、大洋洲的轻型商用车产量为486.2万辆，同比下降13.2%；欧洲轻型商用车产量为208.4万辆，同比下降6.5%；美洲轻型商用车规模最大，产量1370.0万辆，同比增长2.8%；非洲轻型商用车产量为25.3万辆，同比下降22.6%（见表5）。

表5　全球轻型商用车分区域产量情况

单位：万辆；%

地区	2023年	2024年	2024年同比增速
亚洲、大洋洲	560.3	486.2	-13.2
欧洲	222.8	208.4	-6.5
美洲	1333.1	1370.0	2.8
非洲	32.7	25.3	-22.6
总计	2148.9	2089.9	-2.7

资料来源：根据国际汽车制造商协会（OICA）数据整理。

（3）客车

分区域看，2024年亚洲、大洋洲的客车产量为20.3万辆，同比增长18.7%；欧洲客车产量为5.1万辆，同比增长4.1%；美洲客车产量为3.5万辆，同比增长25.0%；非洲客车产量仅0.10万辆，同比增长25.0%（见表6）。

表6 全球客车分区域产量情况

单位：万辆；%

地区	2023年	2024年	2024年同比增速
亚洲、大洋洲	17.1	20.3	18.7
欧洲	4.9	5.1	4.1
美洲	2.8	3.5	25.0
非洲	0.08	0.10	25.0
总计	24.9	29.0	16.7

注：沃尔沃未上报。
资料来源：根据国际汽车制造商协会（OICA）数据整理。

4. 全球商用车市场发展趋势

（1）政策趋势

2024年全球商用车市场政策发展仍然以低碳化和新能源化为主，尤其是在欧美地区，政策力度不断加大，推动行业加速转型。

欧洲方面，尽管部分国家对欧七排放标准存在争议，但整体低碳转型方向并未改变。欧六标准的延长为行业提供了过渡期，同时，欧七标准的加速制定进一步推动商用车向新能源转型。此外，欧洲还通过财政政策支持和基础设施建设，如欧盟AFIR法规要求成员国到2030年部署覆盖71%~77%公共充电需求的充电设施，以促进新能源商用车的普及。

美国方面，加州作为政策先锋，出台了《先进清洁货车》（ACT）和《先进清洁车队》（ACF）法规，从销售和购置端双向推动零排放商用车的发展。根据ACT法规，加州要求到2036年所有新销售的中重型商用车实现100%零排放。此外，加州还通过积分政策鼓励企业销售零排放车辆。

这些政策不仅为商用车企业指明了转型方向，也为新能源商用车的市场推广提供了有力支持。同时，欧美政策的引领作用也为全球其他地区提供了借鉴，推动全球商用车市场加速向低碳化、电动化方向发展。

（2）竞争分析

2024年，全球商用车市场的竞争愈加激烈，国际领先企业继续推动新能源化和低碳化战略，同时推动智能化转型。

　　沃尔沃集团、戴姆勒、斯堪尼亚等国际领先企业将继续加大在新能源领域的投入。沃尔沃集团计划到 2030 年其欧洲电动重型汽车市场份额达到 50%。其与戴姆勒卡车合资的燃料电池企业 Cellcentric 计划在 2025 年开始商业化生产氢燃料电池系统，推动在长途卡车等领域的应用。斯堪尼亚计划到 2030 年实现南泰利耶工厂生产的卡车中有一半是电动卡车的目标。

　　在低碳化领域，沃尔沃集团计划到 2040 年实现全球新售出的轿货车 100%尾气零排放，并与供应商合作开发"去碳化工具箱"，帮助中小型供应商实施去碳化战略。戴姆勒计划到 2039 年实现欧洲、美国和日本所有新产品和服务的碳中和。斯堪尼亚通过推广可再生燃料和优化车辆技术，持续推进碳减排目标。

　　智能化方面，沃尔沃集团计划到 2025 年实现高度自动驾驶功能的商业化应用。其自动驾驶软件开发公司 Zenseact 与 Luminar 合作，通过激光雷达传感器、雷达、摄像头和超声波传感器等硬件，进一步提升自动驾驶的安全性和可靠性。戴姆勒卡车计划到 2027 年在美国推出 SAE L4 级自动驾驶卡车。其 Freightliner Cascadia 车型配备了先进的传感器和计算技术，能够实现完全无人驾驶的货运。斯堪尼亚从 2024 年 5 月起为卡车标配全新一代智能仪表盘 Smart Dash，采用双屏设计，支持触摸、按钮和语音控制，提升了驾驶安全性和用户体验。

　　国际领先车企持续推动商用车电动化与智能化发展，有助于巩固对全球商用车行业的引领作用。智能化技术的应用，如自动驾驶、车联网等，将进一步提升商用车的运营效率和安全性。需要注意的是，国际领先车企电动化与智能化的快速发展，可能会在国际市场上占据更多份额，从而增大其他国外企业进入欧美市场的难度。

（二）欧洲商用车市场情况

　　2024 年欧洲商用车市场逐步回温，全年销售 305.7 万辆，同比增长 3.9%（见图 1）。

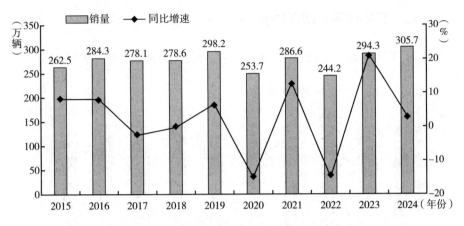

图1 2015~2024年欧洲商用车销量及同比增速

资料来源：根据国际汽车制造商协会（OICA）数据整理。

（三）美洲商用车市场情况

从销量看，2024年美洲仍为全球规模最大的商用车市场，全年销售1707.4万辆，同比增长4.9%（见图2）。

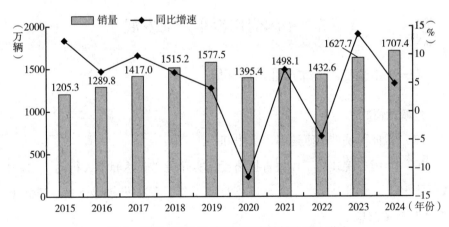

图2 2015~2024年美洲商用车销量及同比增速

资料来源：根据国际汽车制造商协会（OICA）数据整理。

（四）日本商用车市场情况

2024 年日本商用车销量为 69.6 万辆，同比下降 11.5%（见图 3）。

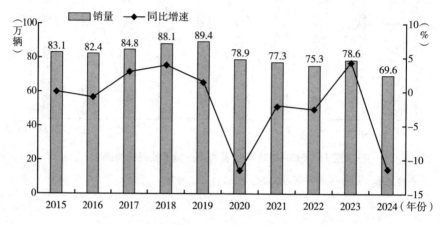

图 3　2015～2024 年日本商用车销量及同比增速

资料来源：根据国际汽车制造商协会（OICA）数据整理。

二　中国商用汽车产业发展

（一）中国商用汽车产业发展环境

1. 政策情况

（1）积极稳妥推进碳达峰、碳中和

2024 年国务院政府工作报告提出要扎实开展"碳达峰十大行动"，提升碳排放统计核查能力，建立碳足迹管理体系等，积极推进碳达峰、碳中和"1+N"政策落地。

2024 年 8 月，国家发展改革委等发布《进一步强化碳达峰碳中和标准计量体系建设行动方案（2024～2025 年）》，明确提出要加快研制交通运输等重点行业企业、新能源汽车等产品碳排放核算标准和碳足迹国家标准，电动汽车充电桩等能效标准以及汽车回收拆解标准等。10月，国家发展改革委等八部门发布《完善碳排放统计核算体系工作方案》，提出了碳排放统计核算工作的目标和八个方面的重点任务，为区域、行业、企业等指明了工作方向。

从政策趋势看，国家正补齐"双碳"相关标准，加速向碳足迹管理迈进。新能源汽车产业是"双碳"发展的重点领域，汽车企业是产业链实现"双碳"目标的基本主体。对商用车企业而言，要加快碳足迹管理能力的建立，支撑汽车产业高质量发展。

（2）加速新能源汽车普及并规范闭环管理

2024年，政府多部门密集出台的推广新能源汽车政策，为商用车电动化发展带来难得的变革机遇。其中，2024年2月，工业和信息化部等七部门联合发布《关于加快推动制造业绿色化发展的指导意见》，指出要强化技术创新与产业链升级，完善政策支持与监管机制。2024年12月，工业和信息化部发布《新能源汽车废旧动力电池综合利用行业规范条件（2024年本）》等，提出要加速行业集中度提升，淘汰低效产能；推动央企整合资源，并聚焦氢能、换电技术研发。

新能源汽车下乡及国四柴油车淘汰政策释放潜在需求，推动城配物流、短途运输新能源渗透率提升；电池回收政策明确技术指标，强化商用车企业管理，促进动力电池循环利用体系规范发展。

（3）加强物流基础设施与智慧交通建设

2024年，国家继续加大物流基础设施和智慧交通的建设力度。交通运输部、国家发展改革委发布的《交通物流降本提质增效行动计划》，提出推进运输结构调整，如铁路专用线进港区园区厂区，发展多式联运；推动智慧物流创新，完善全自动化码头、低空物流、网络货运等标准规范，开展智能网联汽车准入和通行试点，有序推动自动驾驶、无人车在重点区域示范应用。同时，中共中央办公厅、国务院办公厅发布《有效降低全社会物流成本行动方案》，该行动方案加强了投资政策支持，支持铁路货运、内河水运、物流枢纽等基础设施建设；推动物流枢纽场站、仓储设施、运输工具等绿色化升级改造；鼓励开展重大物流技术攻关，促进产业链供应链融合发展。这些措施不仅提升了物流效率和质量，也对商用车的需求结构产生重大影响，推动商用车向绿色化、高效化方向发展。

2. 标准法规情况

2024 年，我国商用车领域迎来重大标准法规调整，全年共发布 32 项强制性国家标准，涵盖环保技术升级、行车安全强化、新能源应用规范及智能网联系统应用四大方向，推动商用车行业向"零碳技术+主动安全+智能互联"三位一体路径快速发展。其中，两项重点法规值得关注。

（1）"四阶段油耗标准"正式实施

2024 年 9 月 29 日，工业和信息化部、交通运输部联合修订的《重型商用车辆燃料消耗量限值》发布，将于 2025 年 7 月 1 日实施，即"四阶段油耗标准"。此前，第一至三阶段标准分别于 2012 年、2014 年、2019 年实施。此次修订大幅加严了燃料消耗量限值，平均较上一版本加严 15%，并提供 CO_2 排放量参考值计算方法，测试工况也从旧标准转换为 CHTC 中国工况。这一标准对重型商用车行业影响深远，车企需通过提高发动机效率、降低空气和滚动阻力、优化车型等技术路线应对挑战，部分企业可能采用混动、电动化等技术实现降耗。

（2）三项智能网联汽车强制性国家标准发布

2024 年 8 月 23 日，工业和信息化部组织制定的《汽车整车信息安全技术要求》（GB 44495-2024）、《汽车软件升级通用技术要求》（GB 44496-2024）和《智能网联汽车 自动驾驶数据记录系统》（GB 44497-2024）三项强制性国家标准获批发布，标准内容将于 2026 年 1 月 1 日实施。这三项标准是我国智能网联汽车领域的首批强制性国家标准，旨在提升产品安全水平，保障产业健康发展。

GB 44495-2024 规定了信息安全管理体系及外部连接、通信、软件升级、数据安全等方面的技术要求和试验方法，适用于 M 类、N 类及装有至少 1 个电子控制单元的 O 类车辆。该标准有助于提升我国汽车信息安全防护水平，防范网络攻击。

GB 44496-2024 规定了软件升级的管理体系及用户告知、版本号读取、安全保护等方面的技术要求，适用于具备软件升级功能的 M 类、N 类和 O 类车辆。该标准为规范车企软件升级行为、保障消费者权益提供了标准基础。

GB 44497-2024 规定了自动驾驶数据记录系统在数据记录、存储、信息安全、耐撞性能等方面的技术要求，适用于 M 和 N 类车辆。其作用在于为事故责任认定及原因分析提供技术支撑，促进自动驾驶技术发展。

这三项标准是产生创新成果的重要体现，对我国智能网联汽车提升产业安全水平、保障行业健康发展具有重要意义。

3. 商用车运输情况

（1）货运量

2024 年，我国货运总量为 578.3 亿吨，同比增长 3.8%，其中公路货运量为 418.8 亿吨，同比增长 3.8%（见图 4），占整体货运总量的比重为 72.4%，货运增速较 2023 年有小幅回落。

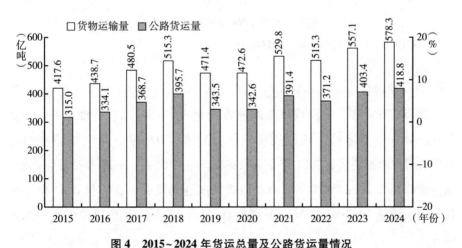

图 4　2015~2024 年货运总量及公路货运量情况

资料来源：根据国家统计局数据整理。

2024 年，我国货运市场延续复苏态势，货运总量及公路货运量保持稳步增长，增幅较 2023 年略有放缓但仍接近 4%。从货物运输结构来看，公路运输因其灵活性高，在整体运输中占比超70%，与2023年持平。铁路运输占比回落至8.9%，水路运输占比近两年呈小幅上升态势，2024年攀升至17%。国家运输结构调整成效显现，2024年铁路货运量占比较2015年提升0.9个百分点，水路占比提升2.3个百分点，公路占比相应回落，物流体系向绿色高效方向转型，综合运输效能不断提升（见图5）。

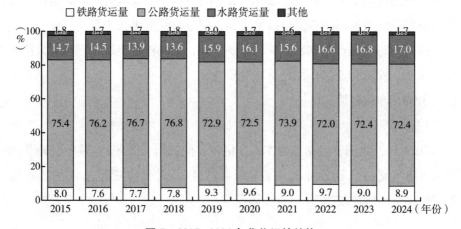

图5　2015~2024年货物运输结构

资料来源：根据国家统计局数据整理。

（2）快递量

2015~2024年，我国快递量增速发展呈现"高位增长—疫情冲击—恢复性反弹—稳步增长"的阶段性特征：2015~2021年，行业保持年均超25%的高速增长态势，2021年业务量突破千亿件大关；2022年受疫情影响，增速骤降至2.1%；2023年随消费回暖实现强劲反弹，业务量达1320.7亿件，同比增速19.4%；2024年延续恢复态势，业务量突破1750亿件，增速攀升至32.6%。从十年长周期看，剔除2022年异常值，行业增速呈现"阶梯式放缓"特征，反映快递市场正从规模扩张向高质量发展转型，单位业务量增速与经济增速的关联性显著增强，行业进入存量提质新阶段（见图6）。

（3）客运量

2024年我国客运量表现出持续爬升的趋势，旅客运输总量达170.8亿

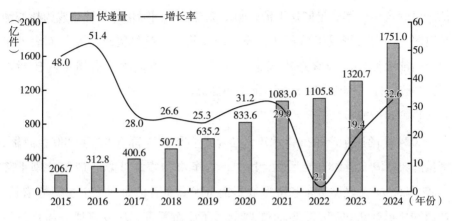

图6 2015~2024年快递量增长情况

资料来源：根据国家统计局数据整理。

人次，同比增长 8.5%，其中公路客运量为 117.8 亿人次，同比增长 7%，份额占比为 69%，较 2023 年下降 0.9 个百分点（见图 7）。

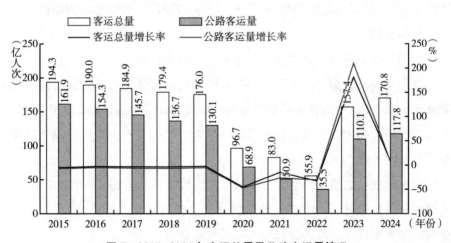

图7 2015~2024年客运总量及公路客运量情况

资料来源：根据国家统计局数据整理。

（二）中国商用车市场发展现状

2024 年，中国商用车产业在复杂的经济环境中呈现"结构性分化"特征。尽管全年产销总量同比下滑，但新能源化、国际化与数智化成为核心增长引擎。国内市场受运价低迷、投资减弱拖累，整体需求不足，而海外出口、新能源商用车及客车市场逆势增长，其中新能源重卡销量同比激增115.4%，出口量突破90万辆，创历史新高。

1. 产销情况

2024年商用车产销整体承压，全年产量同比下降5.8%至380.5万辆，销量降幅3.9%至387.3万辆。其中，货车市场表现疲软，产销分别下降6.8%和5.0%，轻型货车和微型货车销量降幅显著；而客车市场逆势增长，产销同比提升2.0%和3.9%，主要受益于旅游复苏、城乡交通一体化政策及新能源公交更新需求。

新能源商用车成为亮点，全年销量57.6万辆，同比增长28.8%，渗透率提升至14.9%；重卡领域新能源车型销量超7万辆，渗透率提升至13.6%，创历史新高。此外，政策驱动（如以旧换新补贴、新能源公交补贴）和出口拉动为市场注入活力，但国内需求受到运价低迷、固定资产投资放缓等因素的抑制。

2. 品类情况

商用车品类呈现"客车强、货车弱"的分化格局。

货车市场：重型货车销量90.17万辆，同比微降1%，但新能源重卡销量暴涨115.4%；中型货车受益于专用车需求（如危化品运输车、环卫车），产销同比增长超15%。受物流需求疲软影响，轻型货车销量同比基本持平，微型货车则下降31%。

客车市场：大型、中型客车产销呈两位数增长，轻型客车小幅下滑。新能源客车占比提升至24.1%，政策推动的公交电动化及海外出口（如比亚迪新能源客车蝉联全球出口冠军）是关键驱动力。

专用车：环卫车、冷链物流车等细分领域需求增长，推动中卡市场扩张，专用车市场多元化趋势显著。

3. 区域情况

中国商用车市场在2024年呈现明显的区域分化特征，受政策导向、经济结构、基础设施及市场需求差异影响，各区域在车型偏好、新能源渗透率及市场竞争格局上表现迥异。以下是主要区域的发展现状分析。

（1）华中及西北地区：传统燃油车主导，新能源重卡逐步渗透。西北地区（如新疆、甘肃）及中部省份（如河南、湖北）因资源运输、基建工程需求旺盛，仍是中重型燃油卡车的核心市场。2024年，西北地区的中重卡销量占比超过30%，主要服务于煤炭、矿产等大宗货物运输。然而，随着环保政策趋严，新能源重卡在中部黄河流域（如山西）及西南地区（如四川）的渗透率显著提升。例如，山西依托煤矿运输场景，新能源重卡销量同比增长115.4%，渗透率达13.6%，成为全国新能源重卡推广的标杆区域。

（2）华北及华东地区：轻卡需求活跃，新能源轻客加速普及。华东（如山东、江苏）及华北（如河北、北京）地区因城市物流和商贸活动密集，轻型货车（轻卡）和新能源轻型客车（轻客）成为市场主力。2024年，华东地区轻卡销量占全国总量的40%以上，福田汽车、上汽五菱等企业凭借高性价比产品占据主导地位。同时，新能源轻卡在东部城市群（如长三角、京津冀）加速普及，10月渗透率达25%，在政策推动下，城市物流车、环卫车电动化进程加快。

（3）西南地区：新能源与基建双轮驱动。西南地区（如四川、重庆）依托"成渝地区双城经济圈"建设，商用车需求呈现多元化特征。一方面，新能源重卡在港口牵引、城建渣土运输领域快速渗透，10月新能源商用车渗透率同比提升11个百分点至25%；另一方面，中重卡因川藏铁路等基建项目需求保持稳定增长，陕汽集团、中国重汽等企业通过本地化服务网络强化市场竞争力。

（4）华南地区：客车市场逆势增长。华南（如广东）地区受益于旅游复苏和城乡交通一体化政策，客车市场表现突出。2024年，金龙、宇通等客车企业在华南地区销量同比增长超20%，中大型新能源公交客车因政策补贴推动成为采购重点。此外，长三角地区凭借完善的充电网络，新能源客车渗透率领先全国，宇通客车在此区域的市占率超过30%。

各区域政策落地力度不一，加剧市场分化。例如，中部省份通过"以旧换新"补贴加速国三车辆淘汰，带动新能源车置换需求；而西北地区因充电设施覆盖率不足（低于40%），新能源推广仍依赖氢燃料试点项目。此

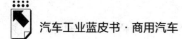

外，东部地区凭借海外出口优势（如山东重工、一汽解放海外基地），推动商用车出口持续增长，缓解国内库存压力。

4. 出口情况

2024 年我国商用车出口量达 90.4 万辆，同比增长 17.5%，成为全球第一大商用车出口国，主要特征包括以下几方面。

市场多元化：东南亚、南美、非洲为主要增量市场，欧洲高端市场占比提升。例如，比亚迪新能源客车出口 3582 辆，蝉联全球冠军；中国重汽重卡出口 12.8 万辆，同比增长 0.5%。

产品结构升级：新能源车型出口占比扩大，中高端电动客车、智能卡车逐步替代传统燃油车。例如，宇通客车通过欧盟认证进入欧洲，福田汽车规划在欧洲推广电动车型。

本地化战略深化：车企加速海外生产基地布局，如江淮汽车在墨西哥、一汽解放在南非建厂，目标到 2030 年实现 50% 海外销量本地化生产。

此外，汽车零部件出口同比增长 6.8%，达 1056 亿美元，与整车出口形成协同效应。

（三）中国商用车发展趋势

1. 市场趋势

2024 年，商用车市场销量 387.3 万辆，同比下降 3.9%，总体看处于历史较低位，主要是由于宏观经济进入高质量发展阶段，经济增速逐渐放缓，且单位 GDP 对货运需求量降低，公路货运周转量增速仅为 3.9%，不及宏观经济增速，对商用车市场需求的支撑力度减弱。从全年看，商用车需求量大的消费与投资领域依旧低迷，未达预期效果。

2025 年，国际局势复杂多变，全球经济温和增长，但仍面临诸多不确定性；国内经济增速放缓压力依然突出，运输需求持续处于低位。商用车产业市场总量保持稳定，但整体结构仍处于变化之中，动力方面由传统能源转向多种能源共同发展；市场方面由国内市场为主转向国内外齐头并进；驾驶体验方面由提升传统 NVH 转向智能驾驶、网络互联。

（1）市场需求空间基本稳定

我国商用车市场发展总体由"增量市场"逐渐转为"存量市场"。"十三五"期间，商用车市场需求从 350 万辆迅速上涨至 500 万辆；进入"十四五"以后需求收缩，2022 年跌至谷底 330 万辆；2023 年市场小幅上扬，目前稳定在 400 万辆左右，预计未来也将长期稳定在 400 万~420 万辆。随着我国经济由高速发展转向高质量增长，单位 GDP 对物流运输的需求量正在降低，转而向高价值低运输需求方向发展；同时传统类基础设施建设占比也在逐步降低，转而向高附加值的新型基础设施建设转移。预计未来社会整体发展对物流需求基本平稳，这也将促进商用车市场需求整体平稳。

（2）多种能源类型共同发展

2024 年，新能源商用车迎来爆发性增长，整体渗透率从 10% 迅速提升至 14.9%。在国家"双碳"目标的大背景下，商用车行业多能源类型共同发展的趋势已十分明显。纯电动商用车已成大势所趋，在城市物流配送、公交、环卫、城建渣土、电厂、钢厂等场景均已实现大规模应用。氢能由于其高热能、零污染等优势，已成为近期发展的重要方向，虽然短期内需求仍有限，但在政府、企业等多方推动下，将持续增长。天然气商用车近几年发展迅猛，一方面，由于供应增加，使用成本低廉；另一方面，基础设施逐渐完备，加气便利性大大增加，预计未来天然气仍将是商用车领域重要的燃料类型。

（3）海外出口市场持续扩展

近几年，我国商用车出口量实现大幅度增长，已从"十四五"初期的 20 万辆级增至 2024 年的 90 万辆级，未来虽然增速将有所放缓，但仍将保持增长态势，主要有三方面原因。第一，"一带一路"倡议推动，共建国家进入物流车、工程车高需求阶段，海外市场需求呈现增长态势；第二，我国产品综合竞争力和品牌影响力持续提升，国际市场认可度不断提高，有利于国内企业出口量的提升；第三，国内商用车市场产能相对过剩，市场竞争激烈，国内企业纷纷将海外市场作为重要突破口，企业出口的内驱力增强。未来海外市场比例仍将提升，成为商用车核心重要市场。

（4）智能网联需求不断提升

随着智能技术、AI 技术的不断成熟，车联网、物联网的协同发展，2024 年智能车、网联车市场需求已明显增加，未来客户对自动驾驶、智能互联的需求将进一步提升。商用车用户需求的核心是降低成本、提升收益、保障安全，以 L2++为代表的自动驾驶技术已能够满足长距离运输中减少司机数量的需求，由"双驾"变"单驾"可长期减少司机数量，节约司机成本。近年来，随着"80 后""90 后"司机比例增加，司机对驾驶体验的需求也不断增加，"人—车—路—货—云"一体化协同发展将进一步提升运输效率、提升客户的体验，未来基于网联的一体化发展将成为商用车又一重要方向。

2. 产品趋势

（1）商用车油、气、电将"三分天下"

商用车本质是生产工具，价值创造是第一属性，随着物流行业发展，结合客户端到端运营场景的差异化需求，不同能源的商用车将会发挥不同的作用，中国未来的商用车将逐步走向油、气、电"三分天下"的新格局。电动车随着补能设施普及、动力电池技术成熟、TCO 优势逐步显现等原因，适用场景将从短途运输延伸到中长途运输，渗透率稳步提升；随着天然气供需关系稳定，油气价差波动平稳，燃气车将在长途干线场景持续处于高位；燃油车因其高动力、低自重、适宜性等优势将守牢份额。

（2）智能化与网联化深度融合

随着自动驾驶技术不断成熟，少人化甚至无人化需求正加速落地。其中 L2++已经实现商用车商业化运营，800~1500km 长途运输场景已经能够实现从原先的双驾驶员转变为单驾驶员；基于 5G-V2X 技术的干线物流自动驾驶将率先在封闭场景（如港口、矿区）实现商业化运营落地，2026 年部分高速路段开放 L4 级自动驾驶试点。

商用车企业正布局构建车路云一体化生态，将与智慧交通系统深度协同，通过云端数据平台实现车队管理、能耗优化、路径规划等全生命周期服务，推动智能网联渗透率在 2029 年达到 80%以上。

（3）多燃料内燃机与低碳技术全面渗透

氢燃料商用车在长途干线物流场景的应用将逐步成熟，2028 年氢能重卡商业化规模有望突破 10 万辆；氨燃料船舶动力技术向陆运延伸，2030 年清洁燃料商用车市场份额将达 15%。

受政策等因素驱动，车企将构建涵盖生产、使用、回收的全生命周期碳足迹核算管理体系，通过轻量化材料、低碳工艺和循环经济模式，实现单车碳排放强度下降 40%。

（4）产品开发与商业模式加速创新

为适应日益激烈的商业竞争，车企将面临持续稳定竞争力和需求快速迭代的挑战，模块化平台架构和差异化拓展开发是大多数车企的选择，基于滑板底盘技术的模块化设计成为主流，支持快速适配不同上装需求，产品研发周期缩短 30%。

随着新能源渗透率快速提升，客户需求也在发生着剧烈变化，车电分离、整车租赁、运力承包、补能、软件升级等商业模式将覆盖 50% 以上客户，收入比重有望过半。

（5）全球化催生产品多样化

2020 年后，国内商用车市场呈现国际化竞争形势。伴随中国制造业水平快速提升，中国商用车品牌力、产品力也在大幅提高，中国商用车企业纷纷加速海外拓展和布局。这种国内车企参与国际竞争的趋势，将中国商用车企业推到全球化的大舞台参与竞争。但全球市场地域特点、文化习俗、经济水平、能源需求、排放标准等各不相同，对产品和服务的需求也呈现多样化。

3. 技术趋势

近年来，中国商用车产业在新能源化和智能化的浪潮中加速转型升级，展现出强劲的发展势头。新能源商用车的渗透率持续攀升，正从政策驱动向市场驱动过渡。同时，我国能源结构朝向多元化发展，不同地区的电能、氢能等能源的成本优势和便利性愈发凸显。未来，新能源技术路线和能源的多元化发展将成为长期趋势。

（1）新能源领域技术升级迭代

动力系统升级：新能源商用车的三电技术正朝着平台化、集成化、模块化方向发展。

电池技术革新：新能源商用车的应用场景正从特定场景向区域、长途运输场景拓展。电池集成方案从标准电池+框架向一体化电池框架过渡，布置位置也从驾驶室后背向底挂方向演变。在充电技术方面，换电与充电模式将长期共存，充电技术发展迅猛，星星充电等供应商已发布960kW超充技术，未来将匹配中重卡长途快充车型。

电驱技术迭代：800V高压平台与碳化硅（SiC）配置已实现产品化落地。电驱桥凭借更高的集成度和效率，逐渐成为未来的发展趋势。同时，中重卡OEM及零部件厂商普遍采用平台化设计，电机平台呈现多样化发展，扁线绕组逐步替代传统圆线绕组，U-Pin绕组占据主流地位，而X-Pin绕组则是未来的发展方向。

电控技术优化：在电控技术方面，分布式驱动控制技术成为主流，通过高精度扭矩分配算法和动态协调策略，显著提升车辆在复杂工况下的驱动效率与整车稳定性。此外，动力域功能安全正向系统级纵深发展，构建覆盖电池管理系统、电机控制器和整车控制器的冗余架构，以保障车辆的高可靠性。

（2）智能网联领域技术升级突破

智能化不仅是商用车行业的技术趋势，更是提升运营效率、经济效益和车辆安全性的刚需。商用车的智能化转型不仅能降低驾驶员的劳动强度，还能通过智能调度和自动驾驶辅助系统，提高运输效率和安全性。未来，商用车智能网联将朝着更智能、更高效、更安全的方向发展，为行业带来深远变革。

智能驾驶技术突破：智能驾驶技术正成为商用车发展的关键驱动力。端到端大模型重构了技术路径，显著提升了场景泛化能力和驾驶行为拟人化水平。随着芯片算力的不断提升，自动驾驶大模型的应用基础更加坚实，将加速高阶智能驾驶的规模化落地。然而，商用车企业也需积极应对AI基础设施和数据闭环能力建设的挑战。

网联数据与软件定义汽车：网联数据的深度整合与智能应用不断加强，车联网正演变成一个高度智能化的生态系统。软件定义汽车的趋势愈发明显，通过OTA技术，车辆能够进行远程升级和功能扩展，不仅延长了车辆的生命周期，还为用户提供了更加个性化的服务体验。然而，随着车联网的深入发展，网络安全和数据隐私问题也日益凸显，需要构建更加完善的安全防护体系。

总体而言，中国商用车产业在新能源化和智能化的双重驱动下，正加速迈向高质量发展的新阶段。通过技术创新和生态合作，商用车企业将不断提升核心竞争力，为实现碳中和目标和智慧物流体系的构建贡献力量。

（四）中国商用车竞争形势

1. 产业布局情况

（1）产业集群布局加速推进

中国商用车产业布局呈现"集群化、区域化、链式协同"特征，核心集中在三大经济圈及中西部新兴基地。

长三角集群（以上海、南京为中心）：定位高端制造与国际化，依托上汽集团、吉利商用车等企业，重点发展新能源重卡及智能网联技术。区域内形成电池（宁德时代）、电驱（汇川技术）等全产业链配套，2024年新能源商用车产量占全国35%。上海自贸区推动氢燃料电池试点，江苏"十四五"规划明确商用车电动化率达25%。

京津冀—山东集群（以济南、保定为核心）：聚焦重卡与专用车市场，中国重汽、福田汽车占据主导，依托港口（青岛、天津）辐射北方物流需求。山东依托潍柴动力打造"发动机—整车"垂直整合生态，氢能重卡示范项目落地加速。

珠三角经济区（以广州、深圳为核心）：凭借政策支持、产业集群与技术创新优势，在新能源商用车领域成绩斐然。政策层面，广东省对氢能商用车推广给予专项补贴；产业集群上，广州依托现代汽车氢燃料电池系统（广州）有限公司，打造氢能重卡研发生产基地；肇庆围绕小鹏汽车、宁德时代形成全链条产业集群，积极布局氢能电池材料研发。2024年，珠三角经济区新能源商用车产量占全国的20%，在区域政策推动下，产业发展迅猛。

中西部新兴基地（四川、陕西）：四川依托成渝地区双城经济圈政策，吸引比亚迪建设全球最大纯电动卡车基地（规划产能20万辆/年）；陕西以陕汽集团为核心，借力"一带一路"扩大中亚、东欧出口，2024年出口占比提升至18%。

（2）新能源与智能网联发展提速

2024年新能源商用车渗透率提升至14.9%。新能源商用车产业在政策驱动与客户价值的双重推动下，进入发展快车道。"双碳"目标、路权及设备更新等政策推动需求；快充、大电量等动力电池技术升级、辅助驾驶等智能化应用提升产品竞争力；技术路线多元化布局，纯电、混动、燃料电池齐头并进。企业布局加速，广汽发布"135"战略，比亚迪完善混动平台，宁德时代推出重型商用车电池。客车领域受益于公交更新及海外出口，新能源渗透率持续提升。整体来看，产业正从政策驱动转向技术与场景驱动，聚焦全产业链协同创新，拓展城市物流、港口矿山等细分场景，构建"车能路云"生态。

智能网联方面，逐步进入商业化落地阶段。一汽解放挚途科技L4级自动驾驶重卡在青岛港完成10万车次运营，成本降低22%；Deepway与顺丰合作推出智能牵引车，搭载华为ADS 2.0系统，其首款车型"深向星辰"已实现L2+级智能驾驶功能量产，实现干线物流场景覆盖。车路协同标准体系完善，《智能网联商用车技术路线图2.0》明确2025年L3级以上车型占比超30%。企业研发投入强度提升，比亚迪与地平线成立联合实验室，研发商用车专用域控制器。

（3）国际化布局逐步升级

海外竞争进入"品牌升级"新阶段，从"产品出口"到"体系出海"。2024年商用车出口量达90.4万辆，同比增长17.5%，占总销量的23.3%，形成"亚非拉基盘稳固、欧美高端突破"的格局，头部企业加速构建"研发—制造—供应链—服务"本地化生态。一汽解放在南非建成海外生产基地，2024年销量5000辆，市占率18%；陕汽集团在15个共建"一带一路"国家实现本地化生产，海外服务网点超380家；福田汽车规划"3+6+3"全球布局，在泰国、南非等地建立制造中心，配套属地化研发，适配区域标准。

2. 市场竞争形势

2024年，中国商用车行业呈现"存量竞争加剧、新能源与出口双轮驱动"的格局。头部企业通过全产业链整合和技术创新巩固优势，而新势力和跨界企业则借新能源赛道实现弯道超车。海外市场增长显著，企业海外布局逐步完善。未来，行业竞争将更加聚焦于技术迭代、全球化布局和用户全生命周期服务能力，缺乏核心竞争力的企业将加速出清，市场集中度或进一步提升。

（1）存量竞争加剧，市场集中度持续提升

2024年，中国商用车市场延续了存量竞争的特征，行业整体销量小幅下滑。据中国汽车工业协会数据，2024年商用车总销量为387.3万辆，较2023年下降3.9%，市场需求下滑，行业进入深度调整期（见表7）。头部企业凭借规模效应和全产业链布局，进一步巩固市场地位，而中小企业的生存空间持续压缩。行业TOP3企业合计市占率达42.6%，同比提升1.6个百分点，市场集中度进一步向头部倾斜，尾部企业面临末位淘汰压力。

表7　2024年商用车企业销量情况

单位：辆，%

企业	销量			市场占有率
	2023年	2024年	同比增长	
北汽集团	631067	612876	−2.9	15.8
长安集团	516436	564704	9.3	14.6
东风公司	510175	470829	−7.7	12.2
上汽集团	612638	381842	−37.7	9.9
中国重汽	323088	342738	6.1	8.8
一汽集团	245306	257951	5.2	6.7
江淮汽车	235452	236323	0.4	6.1
长城汽车	202330	177100	−12.5	4.6
陕汽集团	159002	167145	5.1	4.3
吉利集团	106180	109832	3.4	2.8
其他	489200	551864	12.8	14.2
总计	4030874	3873204	−3.9	100

资料来源：中国汽车工业协会。

（2）新能源商用车新势力崛起，传统车企加速转型

2024 年，新能源商用车国内销量 57.6 万辆，同比增长 28.8%，在"双碳"目标、客户价值驱动下，新能源商用车成为行业核心增长极。

跨界企业领跑市场：吉利集团以 10.5 万辆销量稳居第一，同比增长 9.3%，市占率 17.9%，其"远程"品牌通过技术迭代和全场景解决方案持续扩大优势。跨界企业如奇瑞集团、华晨集团增速显著，销量同比分别增长 22.5%、267.2%，依托灵活机制抢占细分市场。

传统车企加速新能源转型：长安集团、北汽集团新能源销量分别增长 52.3%、34.5%，通过整合电池与智能驾驶技术巩固地位。宇通集团和比亚迪集团在新能源领域表现亮眼，销量同比分别增长 108.6%、89.2%，推动新能源商用车向多元化场景渗透。整体来看，新能源赛道已从"政策驱动"转向"政策+市场"双轮驱动，企业需在电池技术、智能网联和商业模式上持续创新以保持竞争力（见表 8）。

表 8　2024 年新能源商用车销量情况

单位：辆，%

排名	企业	2023 年销量	2024 年销量	同比增长	市场占有率
1	吉利集团	95579	104510	9.3	17.9
2	东风集团	74238	72839	−1.9	12.5
3	长安集团	39184	59692	52.3	10.2
4	北汽集团	39772	53479	34.5	9.2
5	奇瑞集团	33214	40679	22.5	7.0
6	上汽集团	29056	28357	−2.4	4.9
7	宇通集团	13360	27871	108.6	4.8
8	金龙汽车	18515	24581	32.8	4.2
9	华晨集团	6588	24193	267.2	4.1
10	比亚迪集团	11511	21775	89.2	3.7
11	其他	86358	118237	36.9	21.6
总计		447375	576213	28.8	100

资料来源：中国汽车工业协会。

（3）海外出口成为竞争力重要呈现

2024 年，中国商用车出口销量达 90.4 万辆，海外销量权重提升至 23.3%，同比增长 17.5%。海外布局呈现以下趋势。

头部企业主导出口市场：北汽集团以 15.4 万辆出口量保持领先，中国重汽和江淮汽车紧随其后。江淮汽车出口增长 43.9%，其在中南美和东南亚市场的本地化生产模式成效显著（见表9）。

区域市场分化明显：亚非拉地区仍是主要出口目的地，经济型中重卡和轻型商用车需求旺盛，而在欧美高端市场渗透仍不足。例如，陕汽集团依托性价比优势在非洲市场站稳脚跟。商用车企业仍需加强高端产品研发、金融配套服务和品牌建设，以突破欧美市场壁垒。

本地化布局深化：长安集团和金龙汽车通过设立海外 KD（海外散件组装）工厂和服务中心，提升市场响应速度。一汽集团则借助"解放"品牌在共建"一带一路"国家扩大影响力。

表 9　2024 年商用车出口销量情况

单位：辆，%

企业	销量			市场占有率
	2023 年	2024 年	同比增长	
北汽集团	130797	154098	17.8	17.0
中国重汽	127180	127753	0.5	14.1
江淮汽车	80626	116035	43.9	12.8
长安集团	61801	104069	68.4	11.5
上汽集团	81728	65094	−20.4	7.2
东风集团	57440	64166	11.7	7.1
陕汽集团	56784	63312	11.5	7.0
一汽集团	45017	57307	27.3	6.3
长城汽车	48262	54502	12.9	6.0
金龙汽车	18824	22555	19.8	2.5
其他	61216	75455	23.3	8.3
总计	769675	904346	17.5	100

资料来源：中国汽车工业协会。

（五）中国商用车主要企业发展情况

1. 一汽解放汽车有限公司

一汽解放汽车有限公司是中国领先的中、重、轻型卡车及客车制造企业。2024 年，一汽解放继续保持强劲的市场表现，全年实现整车销售 25.4 万辆，同比增长 5%，其中中重卡销售 21.4 万辆，同比提升 7.8%。解放品牌价值连续 13 年领跑商用车行业，牵引车销量连续 19 年稳居行业第一，进一步巩固了其在商用车市场的领导地位。

一汽解放以实现高质量发展为核心目标，围绕"1 个统领，5 大战役，4 大任务，4 项保障"的战略布局，持续推进企业转型升级。以"坚持品牌统领，打造新中国第一个百年民族汽车品牌"为统领，一汽解放继续深化"稳固基本盘筑牢行业龙头地位、打造新引擎把握转型机遇、聚力新能源实现跃迁式突破、推进国际化加速海外突破、做实开源节流提升盈利水平"五大战役，确保在激烈的市场竞争中保持领先优势。

2. 东风商用车有限公司

东风商用车有限公司总部位于"中国商用车之都"湖北·十堰，是东风集团旗下中重型商用车核心业务板块。

东风商用车历经 50 余年的不懈追求，致力于打造成为世界一流的商用车企业，始终坚持"一切源于可靠"的品牌理念，践行以客户为中心的品牌向上战略，持续为客户提供满意的产品和服务，以 G、K、V 系列商品精准覆盖高端、主流、大众等细分市场。加快推动战略转型，面向资源运输、环卫、渣土/搅拌等完成全系列新能源商品布局，推出智慧港口无人集卡、高速干线智能驾驶、智慧矿卡等智能车辆，持续引领行业发展。公司坚持国际化发展道路，致力于世界前沿科技在商用车领域的研究与应用，把"东风商用车"建设成为最可靠的中国卡车品牌，致力于成为具备全球视野、国际化管理水平的商用车标杆企业。

2025 年是"十四五"规划收官之年，为推动实现"三个跃迁、一个向新"，加快建成卓越东风和世界一流企业，奋力谱写中国式现代化东风篇章，为强国建设、民族复兴伟业做出东风人新的更大贡献，东风商用车将做好"十五五"规划编制工作，围绕新能源转型突破、三电产业化布局及核心技术应用、智能化业务布局、二手车及海外业务拓展等方面，加速打造面向未来的核心竞争力。

3. 中国重型汽车集团有限公司

2024年，中国重汽经营业绩表现强劲，全年整车销量达35.9万辆，其中重卡销量24.5万辆，市场占有率高达27.2%，稳居重卡行业第一。中国重汽深度参与国际竞争，积极践行"一带一路"倡议，不断提升"SINOTRUK"国际品牌影响力，稳居中国品牌重卡出口第一。

2025年，中国重汽将持续深耕海外市场，推动品牌国际化；加快完善营销网络建设、培育和优胜劣汰，提升网络竞争力；加快新能源产品推广，抢抓增量机遇，不断丰富应用场景，从短途、封闭场景向更远运距、更多样化场景拓展；加快创新商业模式，以数字化、智能化为基础，围绕用户运营，打造车辆全生命周期资产运营管理能力。

4. 陕西汽车控股集团有限公司

陕汽集团业务涵盖整车、专用车、零部件、后市场四大板块，主要从事全系列商用车、汽车零部件和高端装备制造的研发、生产、销售及汽车后市场服务，产品覆盖重卡、中轻卡、新能源汽车等。

陕汽集团聚焦"双链"融合，完成氢能、纯电两大技术路线全系列产品布局。拥有省级企业技术中心、国内一流的陕西省节能与新能源重型商用车重点实验室，具备新能源商用车系统集成及核心零部件开发能力，在清洁能源与新能源、智能网联商用车领域处于行业前列，是全国智能网联汽车领域国家高端装备制造业标准化试点企业。

陕汽集团是我国商用车行业服务型制造的领跑者，打造了中国商用车行业领先的"制造+"与服务、互联网、金融等融合创新的产业生态，应用车队物流、车辆金融、车联网服务三位一体的全生命周期服务业态，率先推出"TCO托管"一站式"管家服务"，与行业一流品牌成立"三好"发展中心，创新打造"头挂一体化"模式，新能源商用车入驻陕西省氢能云服务

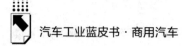

平台，为客户提供更高价值的一体化解决方案和服务，构建了成熟的产业生态服务体系。

5.北汽福田汽车股份有限公司

2024年，北汽福田销售61.4万辆。"黄埔夜会"昼访夜议，"营销夜训"赋能终端，实现新能源有效突破；纵深推进海外布局，泰国工厂下线海外第100万辆车；持续加大研发投入，A6重卡、卡文乐福、风景i系列等新重产品如期上市。

2025年创赢跃升，北汽福田将积极应对新一轮科技革命浪潮，矢志构建"市场规模大、科研实力强、管理体系优、奋斗生态好、企业格局高"的核心竞争力，从"中国领先"迈向"世界一流"。始终坚持规模领先战略，打造内涵式增长。以规模领先实现市场领先，着力从新能源、国际化、智能驾驶三大战略方向破局突围，确保未来战略安全，夯实内涵增长基础；始终坚持技术自立自强，打造核心竞争力。加速突破技术创新、核心模块自研、技术产业化，引进核心领域关键人才，实现混动、氢燃料、三电、智驾等关键核心技术自主可控，构筑面向未来的产业护城河。在伟大梦想的征程上，坚守初心、肩负使命，躬身入局做ESG建设的优等生，持续为构建人类命运共同体贡献力量，积极融入国家发展大局。

6.安徽江淮汽车集团股份有限公司

2024年是江淮汽车成立60周年，是实现"十四五"规划目标任务的关键一年，也是公司转型发展的一年。2024年，公司聚焦智能网联方向转型，抢抓发展机遇，坚持自主发展+开放合作战略，积极推进主营业务，不断推动江淮华为合作项目取得阶段性进展，上市公司市值一度突破千亿元。2024年10月17日，公司旗下帅铃ES6、无人驾驶巴士、无人矿卡等智能新能源产品接受习近平总书记检阅，并获得了充分肯定。2024年全年累计销售汽车40万辆，销售收入424亿元。商用车加快一体化运营，巩固了核心优势；轻型车累计销售11.3万辆，稳居行业第二；皮卡强化国内国际协同，累计销售6.3万辆，位居行业第二；瑞风RF8成功上市，进入中高端公商务市场，重塑瑞风品牌形象；出口业务抢抓产业链出海机遇，持续强化属地化运营，累计销售 24.9 万辆，其中欧系轻客出口跃居行业第一；安凯客车销量同比增长 35%，纯电动双层大巴闪耀巴黎奥运会。

2025 年是"十四五"规划的收官之年，也是江淮汽车进一步全面深化改革的关键之年。面对打造超高端豪华车的难得历史机遇，新的一年里，江淮汽车要以更加开放的姿态拥抱变革，以更加坚定的决心推进改革，以更加务实的举措推进转型，为实现江淮汽车高质量可持续发展努力奋进。

7. 东风汽车股份有限公司

2024 年，在汽车行业竞争环境异常复杂的情况下，东风股份顽强跑赢大市，经营呈现增长态势，在行业位势和出口位势两个关键指标保持前三。全年实现轻型商用车销售 18.5 万辆（含出口），受益于城市物流电动化政策及"以旧换新"补贴，纯电物流车销量突破 2.2 万辆；加速拓展东南亚、南美及中东市场，全年出口量达 2.5 万辆，同比增长 66%。率先建成行业领先智慧工厂，新一代 V 平台战略商品东风睿立达正式发布，彰显了东风股份加速新能源、向新再出发的决心。

2025 年，东风股份聚焦转型和创新，将坚持油电并举之路，重构东风股份国内营销业务，加强新零售能力、新盈利能力建设，推进 DFSW 新营销管理。将重点投放 18 款车型，商品布局重心将围绕睿立达全新一代 V 平台商品投放、自主动力平台构建、新技术应用等关键领域展开。持续以客户为中心，夯实制造保障能力，加强客户出勤管理与产销效率提升。坚定不移地贯彻"商品领先、效率驱动、全球发展"战略方针，持续推动在国内燃油、新能源、海外三大市场的突破。

8. 浙江吉利新能源商用车集团有限公司

吉利商用车集团成立于 2014 年，是世界 500 强企业吉利控股集团的全资子公司。集团总部位于杭州，负责集中开展"以研发为先导、以商业模式为基础"的投资发展与集团化的管理运营，已经形成四川南充、江西上饶、山东淄博、山西晋中、安徽马鞍山、浙江湖州、海南等制造基地布局。

吉利商用车集团以吉利控股集团中央研究院为依托,建立了专注于全品系商用车新能源和智能化技术开发的杭州研发中心,负责在乘用车技术基础上的全新一代绿色智能商用车产品的研发。形成了以纯电驱动和增程式电驱动的动力系统为核心的城市商用车,以及以液氢能源甲醇动力与换电技术的纯电驱动为核心的公路商用车两大核心技术路线。

吉利商用车集团聚焦绿色智能,历经9年以研发为先导的投资发展,在已经形成以城市商用车为主,兼顾公路商用车的全系新能源商用车产品的"12225"的战略架构基础上,又打造了万物友好、绿色慧联、阳光铭岛三个市场生态平台,大力开展实施以"商业模式为基础"的"1233"的市场生态,围绕未来发展,正在形成"423"长远发展战略架构,致力于实现"创造智慧互联,引领绿色商用"的企业使命,推动商用车产业变革。

9.江铃汽车股份有限公司

2024年,江铃汽车通过技术创新与市场拓展实现全面突破。全年总销量达34.12万辆,其中出口销量11.66万辆,创历史新高,营业总收入达到了383.74亿元,同比增长15.7%,归属于上市公司股东的净利润为15.37亿元,同比增长4.2%,核心经营指标均刷新纪录。品牌位列中国机械500强第53位,较2023年提升11位。

2025年是江铃汽车持续深化变革、加速勇毅前行的关键一年,公司将依托技术优势,提升产品竞争力,特别是在新能源商用车领域进一步发力,牢牢把握发展机遇,全面激发改革动力。面对中国汽车市场预计4.7%的中低速增长与行业竞争加剧的形势,江铃汽车聚焦新能源突破与全球化布局,加速新产品高质高效上市,加快新能源业务突破,推进海外战略落地,推动品牌向新向上,持续提升公司的经营质量和可持续发展能力,实现公司高质量发展。

10.庆铃汽车(集团)有限公司

庆铃集团是我国汽车行业重点骨干企业,1985年与日本五十铃合资设立重庆市第一家中外合资企业,1994年在香港联交所主板上市,经过40年创新发展，逐渐成为集产品研发、制造、销售、服务于一体，由14家子企业组成的综合性汽车产业集团。主要生产具有世界先进水平的五十铃轻、中、重型商用车和汽柴油发动机，以及庆铃自主品牌传统燃油和新能源商用卡车。

庆铃集团始终专注于商用卡车主业，秉承"让更多用户使用世界水准的商用车"发展理念，坚持对外开放合作，坚持走质量效益型发展道路，发展成为中国商用卡车行业技术质量领先企业。庆铃集团现有市级创新平台7个、高新技术企业5家、"小巨人"企业1家、专精特新企业6家、市级瞪羚企业1家。在全国汽车行业中，庆铃集团人均劳动生产率、人均销售额、人均利润均名列前茅，荣获重庆市首届市长质量管理奖、中国汽车工业整车二十强、全国质量诚信标杆典型企业等荣誉，2021年被国务院国资委评为"管理标杆企业"。

庆铃集团将不断筑牢新时代集团战略性新兴产业发展的技术研发、零部件资源、制造体系三大基石底座，打造技术质量领先、资源节约、扩展性强的高性价比产品矩阵，成为提供油、电、气、氢、混多技术路线和多应用场景的优质商用车生产服务解决方案的综合性汽车产业集团。

11. 宇通客车股份有限公司

宇通客车是中国客车行业领先企业，行业首家上市公司，集客车产品研发、制造与销售于一体，产品主要服务于公路客运、旅游客运、公交客运、团体通勤、校车、景区车、机场摆渡车、自动驾驶微循环车、客车专用车等各个细分市场。2024年，宇通客车全球销量46918辆，同比增长28.48%，全球占有率超10%。截至2024年底，新能源客车累计销售超19.6万辆。

宇通客车将继续围绕"电动化、智能网联化、高端化、国际化"四化战略，加速新能源产品迭代，发挥新能源及智能网联核心优势，巩固各细分市场领先地位，并稳步拓展国际市场，持续提升全球竞争力和品牌力。

12.厦门金龙汽车集团股份有限公司

金龙汽车集团创立于 1988 年，是中国客车行业首家上市公司。公司主营各型商用车的研发设计、制造与销售等，是全球领先的客车制造集团。

2024 年，金龙汽车集团坚持创新驱动，持续推进品牌价值、治理结构、核心科技、产业链延伸、智能制造、国际化发展、新型业务布局等"七大升级"，深入部署集团"七大统一平台"建设，加强关键核心技术攻关，丰富新能源汽车产品线，拓展新能源产业链，加快培育形成新质生产力，持续提升发展质量效益。全年销售各型车辆 5.12 万辆，其中大中型客车销售 2.89 万辆，同比增长 27.6%。在 2024 年世界品牌大会公布的"中国 500 最具价值品牌"排行榜中，金龙汽车集团合计品牌价值突破 2300 亿元，相比 2023 年品牌价值提升 321.24 亿元。其中，金龙客车品牌价值 967.82 亿元，海格客车品牌价值 890.72 亿元，金旅客车品牌价值 506.52 亿元。

三　中国商用汽车海外市场发展

（一）中国商用车海外市场发展综述

2024 年中国商用车市场呈现复杂的发展态势，国内产销数量均出现了不同程度的下降，出口成绩却十分出众。根据中汽协发布的数据，2024 年中国商用车出口持续保持增长态势，累计出口 90.4 万辆，同比增长 17.5%。其中货车出口 77.8 万辆，同比增长 17.8%；客车出口 12.7 万辆，同比增长 15.7%。

在新能源方面，2024 年新能源商用车出口实现了快速增长，全年出口量达到 4.6 万辆，同比增长 25.7%，增速明显高于商用车整体出口增速，成为行业发展的新趋势、新亮点（见表10）。

表10 2024年中国商用车出口情况

单位：万辆，%

车型	2024 年		2023 年	
	出口	同比	出口	同比
合计	90.4	17.5	77.0	32.2
货车出口	77.8	17.8	66.0	23.1
客车出口	12.7	15.7	11.0	72.7
其中,新能源出口	4.6	25.7	3.7	28.7

资料来源：中汽协统计。

1. 重型载货车海外市场发展情况

2024年全年我国重卡出口29.0万辆，同比增长5.1%，继续创造中国重卡出口新的历史纪录（见图8）。

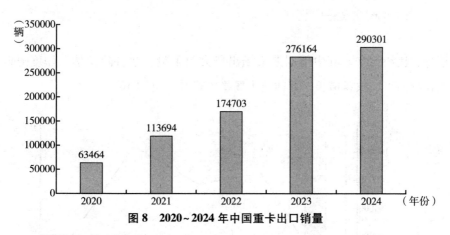

图8 2020~2024 年中国重卡出口销量

资料来源：中汽协统计。

（1）主要区域出口

2024年中国重卡出口以独联体、非洲、东南亚、中东等区域为主，以上区域出口销量合计占比超过90%。不同区域市场出现一定分化，其中独联体市场需求下降，非洲、东南亚、中东市场整体上保持增长（见图9）。

出口国家方面，2024年中国重卡出口180多个国家或地区，主要出口国家为俄罗斯、沙特阿拉伯、印度尼西亚、越南、菲律宾等，前五出口国家

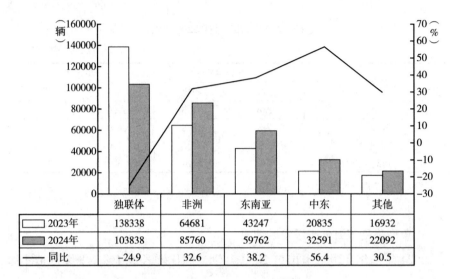

图9　2024年中国重卡出口区域

资料来源：海关统计。

销量占比约50%。其中俄罗斯市场出口大幅下滑，沙特阿拉伯、印度尼西亚和越南市场快速增长，菲律宾市场稳中略升（见图10）。

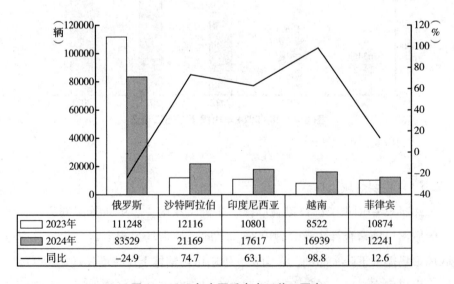

图10　2024年中国重卡出口前五国家

资料来源：海关统计。

（2）主要企业出口

根据中汽协数据，2024年我国重卡出口总量突破29万辆。其中，中国重汽出口销量稳居行业榜首，市场占有率超40%，展现出强劲的出口实力。陕汽集团、一汽集团、北汽福田和东风集团构成第二梯队，出口量均突破万辆。第三梯队由上汽红岩、江淮汽车、徐工汽车、成都大运和安徽华菱组成，年出口量均超过千辆。其余厂商出口规模相对较小（见图11）。

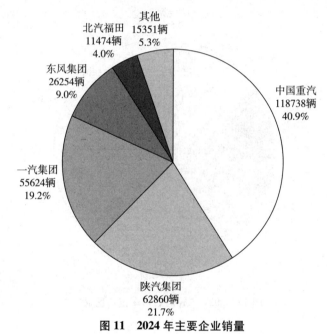

图11 2024年主要企业销量

资料来源：中汽协统计。

2. 轻型载货车海外市场发展情况

2024年，我国轻型载货车出口总量达18.9万辆，呈现显著的市场集中化特征。北汽福田以9.6万辆的出口量独占鳌头，市场份额高达51%，展现出强大的市场主导地位。江淮汽车以2.8万辆的出口量稳居第二梯队，在国际市场占据一席之地。东风集团、重庆长安、江铃汽车和鑫源汽车构成第三梯队，出口量均突破7000辆。其余企业出口规模集中在1000~5000辆区间，市场竞争格局较为分散。

从出口区域分布来看，我国轻型载货车主要销往美洲、独联体和东南亚三大市场（见图12）。其中，俄罗斯、越南、智利和墨西哥凭借强劲的经济发展势头和市场需求，已成为我国最重要的出口目的国。值得注意的是，受当地政策调整影响，阿尔及利亚市场出口量出现显著下滑。与此同时，全球多数国家对中国轻型载货车的进口需求持续增长，主要得益于产品在质量和技术水平上的提升与全球经济复苏带动的物流运输快速发展。

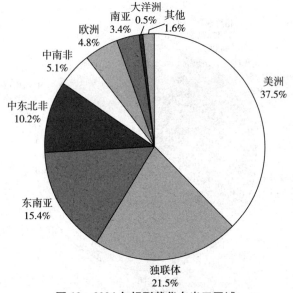

图12　2024年轻型载货车出口区域

资料来源：海关统计。

3.客车海外市场发展情况

（1）客车总体出口

2020~2022年，受新冠疫情持续冲击，全球经济陷入低迷，中国客车出口量连续三年下滑，行业遭遇严峻挑战。然而，凭借强大的产业韧性和市场适应能力，中国客车行业自2023年开始强势复苏，当年出口量回升至4.38万辆，成功扭转下行趋势。2024年，行业复苏势头进一步巩固，出口量突破6万辆，同比大幅增长超40%，创下近年新高，标志着中国客车出口已全面恢复并进入新一轮增长周期（见表11）。

表11　2020~2024年来我国客车出口销量情况

单位：万辆，%

项目	2020年	2021年	2022年	2023年	2024年
销量	4.11	3.7	3.08	4.38	6.2
同比增速	−34.4	−10.0	−16.8	42.2	41.6

资料来源：海关数据。

（2）主要企业出口

2024年，中国客车出口市场呈现传统与新能源双赛道竞争格局。在传统客车出口领域，"两通三龙"（宇通客车、中通客车、金旅客车、金龙客车、苏州金龙）延续强势表现，包揽销量前五，展现出传统劲旅的市场统治力。比亚迪以稳健表现位居第六（见表12）。

而在新能源客车出口这一新兴赛道，市场格局发生显著变化。比亚迪凭借领先的技术实力和精准的市场布局，成功登顶新能源客车出口榜首；宇通客车、苏州金龙、金旅客车分别位列第二至第四，彰显传统企业在新能源转型中的竞争力；金龙客车位居第六。这一格局变化反映出中国客车行业正在加速向新能源转型，新旧势力在技术革新中展开新一轮角逐。

表12　2024年我国客车主要企业出口情况

单位：辆

排名	车企	客车出口量	新能源客车出口量
1	宇通客车	14000	2700
2	金旅客车	8584	1394
3	金龙客车	7432	1051
4	苏州金龙	6534	1897
5	中通客车	6220	419
6	比亚迪	3582	3582
7	江铃晶马	3405	1113
8	福田欧辉	3304	534
9	亚星客车	2340	388
10	安凯客车	1991	401

资料来源：中国客车统计信息网。

（3）主要出口区域

2024 年，我国客车出口市场呈现显著的区域集中特征，TOP10 目的国合计贡献超 50%的市场份额。其中，沙特阿拉伯以 8585 辆的出口量领跑，同比大增 77%，市场份额达 10.5%，稳居第一；越南以 6813 辆的出口量紧随其后，同比增长 45%，占据 8.3%的市场份额；秘鲁虽同比下降 7%，仍以 5916 辆的出口量保持第三，市场份额 7.2%。其余 TOP10 国家出口量均低于 5000 辆。

从增长态势看，TOP10 国家呈现"6 增 4 降"的分化格局：埃及表现最为亮眼，同比增幅高达 144%；沙特阿拉伯、越南等市场也实现两位数增长；而秘鲁、墨西哥、哈萨克斯坦等市场则出现不同程度下滑。这一格局变化反映出我国客车出口市场正在经历结构性调整，新兴市场的重要性持续提升（见表 13）。

表 13　2024 年我国客车出口国 TOP10 排名

单位：辆，%

排名	出口国	出口量	同比增长	占比
1	沙特阿拉伯	8585	77	10.5
2	越南	6813	45	8.3
3	秘鲁	5916	-7	7.2
4	俄罗斯	4551	-1	5.6
5	墨西哥	3609	-6	4.4
6	埃及	3538	144	4.3
7	哈萨克斯坦	2610	-24	3.2
8	阿联酋	2098	43	2.6
9	菲律宾	2042	15	2.5
10	智利	2004	36	2.4
行业出口总量		81820	16	100

资料来源：中国汽车流通协会。

4. 皮卡海外市场发展情况

2024 年，中国皮卡出口延续强劲增长态势，全年出口量达 25.4 万辆，同比大幅增长53.2%，彰显出海外市场对中国皮卡产品的高度认可。

从品牌竞争格局看，长城皮卡以5.45万辆的出口量稳居榜首；江淮皮卡紧随其后，出口量达5.37万辆，同比飙升89.1%，展现出强劲的增长动能；长安皮卡表现尤为突出，以4.45万辆的出口量和163.5%的同比增速跃居第三，成为增长最快的品牌。此外，江铃、福田等品牌也实现显著突破，增幅均超65%，共同推动中国皮卡出口规模再创新高（见表14）。

表14　2023～2024年主要企业皮卡出口情况

单位：辆，%

排名	品牌	2024年销量	2023年销量	2024年同比增长	2024年占比
1	长城	54502	48262	12.9	21.5
2	江淮	53692	28397	89.1	21.1
3	长安	44518	16893	163.5	17.5
4	上汽大通	42222	44334	-4.8	16.6
5	江铃	17300	10083	71.6	6.8
6	福田	16778	10109	66.0	6.6
7	比亚迪	11038	—	—	4.3
8	中兴	10335	5999	72.3	4.1
9	郑州日产	1900	1513	25.6	0.7
10	雷达	1706	206	728.2	0.7
11	其他	81	38	—	—
总计		254072	165834	53.2	100.0

（二）中国商用车海外市场发展面临的机遇和挑战

1. 我国商用车海外市场发展机遇

（1）国际合作为商用车国际化创造良好条件

"一带一路"倡议的深入推进及RCEP区域性合作为中国商用车出口创造有利条件。一方面，"一带一路"和RCEP覆盖了众多国家，尤其是东盟、中亚等新兴市场，这些地区对商用车的需求持续增长，为中国汽车制造商和零部件供应商提供了广阔的市场空间；另一方面，在降低关税、优化供应链便利化、减少非关税壁垒以及加强区域合作等方面，RCEP 为中国商用车的国际化发展提供了良好的市场环境。

（2）海外商用车市场广阔

全球商用车市场规模庞大，尤其是在亚太地区，新兴经济体及发展中国家凭借快速的经济增长、加速的城市化进程以及大规模的基础设施建设，商用车需求量持续攀升，展现出巨大的市场潜力与发展机遇。与此同时，在俄罗斯国产汽车产量急剧下降导致的汽车市场出现较大空白的背景下，中国商用车凭借优异的性价比、完善的产业链供应链体系和强大的制造能力，为俄罗斯市场提供了充足的产品支撑，未来发展潜力较大。

（3）中国新能源汽车产业拥有先发优势

随着全球碳减排目标的深入推进，新能源商用车的市场需求正呈现稳步增长的态势。尽管中国商用车的主要目标市场目前仍集中在经济欠发达地区，这些地区对新能源产品的接受度相对有限，但在全球碳中和的宏观趋势下，发达国家对新能源商用车的需求正显著提升，成为推动行业变革的重要力量。为加速绿色转型，许多国家通过减免关税、提供销售补贴、完善充电基础设施以及制定严格的排放标准等政策，大力推动新能源商用车的普及与应用。与此同时，中国拥有成熟的产业链体系、领先的新能源技术储备以及具备规模化生产的成本优势，这为中国企业进军国际市场创造了重要契机。

2. 我国商用车海外市场发展面临的挑战

我国商用车出口面临多重挑战。在地缘政治风险方面，地方保护主义抬头和区域冲突频发显著增加了海外投资运营的不确定性。贸易壁垒持续升级，2024 年俄罗斯大幅上调汽车报废税，巴西、墨西哥提高进口关税，美国、加拿大等国计划对中国电动汽车征收高额关税，进一步加大了市场开拓难度。在技术标准方面，各国认证体系差异显著，缺乏统一的互认机制，导致企业面临重复认证和高昂的合规成本。

在市场结构方面，出口过度依赖亚非拉等发展中国家，在欧美日等高端市场品牌影响力不足。当前，发展中国家陷入价格竞争困境，制约了企业利润空间和品牌提升。售后服务体系短板明显，海外服务网络覆盖不足，备件供应不及时，维修成本高，影响了消费者体验和品牌忠诚度。金融支持体系亟待完善，存在产品创新不足、海外服务能力欠缺等问题，特别是在定制化金融产品和消费信贷业务方面存在明显短板。

（三）中国商用车海外市场发展趋势

1. 商用车海外市场发展研判

根据国际货币基金组织（IMF）2025年1月的预测，2025年全球经济增速预计稳定在3.3%，持续的经济复苏将为商用车市场需求提供有力支撑。随着技术升级、产品力增强及出口模式从贸易出口向投资出口转变，国际市场对中国商用车品牌的认可度持续提升，出口市场仍将是重要增长点，尤其是在新兴市场和发展中国家，需求潜力巨大。预计2025年中国商用车出口总量将达到95万辆左右。

2. 商用车海外市场发展思路

面对出海窗口，中国商用车企业在新阶段需筹谋模式全球化、价值链本地化，以在风险波动的全球环境中持续捕获增量机遇，真正实现品牌国际化。针对模式全球化，应围绕品牌、组织及运营探索全球化布局，提升识别全球高潜市场能力，加速全球化布局进度；探索海外组织属地化能力，逐步构建完善的生产、营销、商务、服务等能力；提升海外市场的合规性，及时识别潜在运营风险，强化业务的可持续发展。针对价值链本地化，企业需在国际市场谋求"研产供销服"因地制宜，并在渠道、营销、生态链上实现本地化。

3. 商用车企业全球化发展建议

在全球经济深度融合的背景下，中国商用车迈向国际化需多维度协同发展。

（1）全面升级国际化运营能力

科学合理的组织架构是企业海外市场高效运作的重要保障。在开拓国际市场时，车企需精心设计组织架构，明确各部门职能，优化工作流程，确保决策高效、执行有力。烦琐的流程和低效的组织运作可能导致决策滞后，错失市场机遇，因此，简洁高效的管理模式是国际化成功的关键。

人才是企业国际化发展的核心驱动力。当前，国际化人才短缺是普遍面临的挑战，车企需具备长远眼光，制定系统的人才发展战略，培养一支具备全球化视野和跨文化沟通能力的团队。不仅要注重产品研发、品牌建设、生产运营及渠道拓展等领域的人才储备，还需加强企业内部组织管理、流程优化及人力资源体系建设。同时，积极推进本地化人才团队建设，深入了解当地文化和工作方式，提升团队协作效率与执行力，为国际化经营提供坚实的人才支持。

在国际化进程中，车企可能面临政治、经济、法律等多重风险。为此，建立完善的风险管理机制至关重要。企业需对潜在风险进行全面分析和预判，制定详细的应急预案，确保在复杂多变的国际环境中稳健发展。此外，积极参与国际汽车行业组织，推动技术法规的互认与合作，深入研究目标市场的政治、政策、文化及经济环境，为海外市场的长期布局奠定坚实基础。通过系统性风险管理和国际合作，车企能够在全球化竞争中占据有利地位，实现可持续发展。

（2）大力聚焦产品研发与技术创新

产品与技术能力是企业综合实力的直接体现，持续提升研发水平、技术创新能力以及质量管理水平，是企业在国际竞争中脱颖而出的关键。企业需要紧密围绕行业发展趋势和客户的实际需求，构建科学、高效且灵活的研发体系，深化以企业为主导的产学研合作，密切关注全球技术前沿动态，推动产业技术的持续创新与突破。

在质量管理方面，企业应充分认识到产品质量对品牌声誉和市场口碑的重要性。在完善国内现有质量管理体系的基础上，进一步加强对海外产品、海外生产基地以及供应链环节的全流程质量管控，确保产品在全球范围内保持一致的品质标准。通过有效的质量管理，企业不仅能够提升产品的市场竞争力，还能赢得更多国际客户的信任与认可，为企业的国际化发展奠定坚实基础。

（3）依据自身情况，选用合适发展模式

综观汽车产业发达国家的国际化进程以及其他行业的全球化发展路

径，其通常会经历从整车出口、海外散件组装（KD）、本地化生产到国际化经营的多个阶段。这一过程中，企业往往通过贸易出口、投资建厂、并购重组、合资合作以及技术协作等多种方式实现市场拓展。对于商用车企业而言，国际化发展应遵循稳扎稳打、循序渐进的原则，灵活采用多样化的发展模式。

在实施过程中，企业需结合自身的产业基础、发展需求以及目标市场的政策环境与市场特点，选择重点市场进行突破。通过在重点市场的深耕细作，积累经验与资源，并根据市场反馈及时调整和优化商业策略，为后续拓展其他市场奠定基础。同时，企业应坚持深度本地化的发展思路，积极响应当地政府对汽车产业发展的政策导向，与本土企业、研究机构合作开展新技术和新产品的研发，构建本地化的供应链和物流体系，助力提升生产效率和降低成本，有效规避外部环境带来的潜在风险。

（4）不断健全品牌和服务生态体系建设

品牌与服务生态体系的构建，是商用车企业迈向国际化发展的关键环节。作为居民生活中的重要大宗消费品，汽车的产品品牌形象、历史积淀以及售后服务体系，直接影响着消费者的购买决策。当前部分国际市场对"中国制造"仍存在"低质低价"的固有印象，中国商用车品牌在海外的知名度与认可度仍有较大提升空间。为此，车企需从竞争对手、产品卖点、用户需求等多个维度制定策略，全面提升国际形象与品牌认知，逐步构建全球化品牌战略。

在销售渠道方面，企业可以通过共享销售网络、创立独立品牌、直销或直销与代理相结合等多种模式，快速进入新市场，拓展销售渠道，捕捉更多商业机会。同时，借助独立官网、新兴社交媒体平台以及本地媒体等多元化传播渠道，开展全方位的品牌推广，提升品牌曝光率与影响力，增强消费者对新能源产品及服务的信任度。

此外，企业还应将科技创新能力与社会责任融入品牌的核心价值中，塑造一个兼具技术实力与社会担当的品牌形象，从而赢得全球消费者的信赖与支持。

四　新能源商用车发展概述

（一）新能源商用车发展现状

1. 整车市场现状

2024 年新能源商用车市场呈现快速发展的态势，新能源商用车销量达到 57.6 万辆，同比增长 28.8%，渗透率提升至 14.9%。分车型来看，新能源客车共计销售 14.2 万辆，同比增长 37.9%；新能源卡车销量 43.4 万辆，同比增长 26.1%，其中新能源重卡销量 7.2 万辆，同比增长 115.4%，轻、中、重型货车、客车均全面发力，在商用车各类型使用场景中加速渗透，尽管如此，与新能源乘用车超过 50% 的渗透率相比，新能源商用车市场仍有巨大潜力，2025 年新能源商用车销量有望超过 78 万辆，预计渗透率将提升至 19% 左右。

2. 新能源商用车标准、法规及政策现状

随着"双碳"目标的推进和环保要求的提升，新能源商用车行业迎来了快速发展的机遇。我国在新能源商用车的标准、法规及政策方面不断完善，为行业的健康发展提供了有力支持。

在标准方面，我国新能源商用车标准体系已经基本建立，覆盖了从设计、制造到使用、维护的全过程。截至 2024 年 12 月，国家标准化管理委员会已批准发布的新能源汽车领域相关国家标准共 84 项。这些标准不仅包括整车安全、性能要求，还涵盖了动力电池、电控系统等关键零部件的技术规范。此外，针对在用新能源商用车的检验检测标准也在逐步完善，为新能源商用车的安全运行提供了保障。

在法规方面，我国通过一系列政策推动商用车的节能减排和环保性能提升。例如，《新能源汽车产业发展规划（2021~2035 年）》明确提出加强对整车及动力电池、电控等关键系统的质量安全管理，健全新能源汽车安全标准和法规制度。同时，国六排放标准的全面实施，进一步限制了传统燃油商

用车的市场空间，为新能源商用车的发展创造了有利条件。

在政策方面，从国家到地方，通过政策引导、技术标准提升、市场推广支持和基础设施建设等多方面措施，全面推动新能源商用车的发展。

2024年5月，国务院印发《2024~2025年节能降碳行动方案》，方案明确提出了具体的节能降碳目标，商用车领域将面临更为严格的排放标准和能耗要求。方案强调推进低碳交通基础设施建设、推进交通运输装备低碳转型、优化交通运输结构，包括加快淘汰老旧机动车，提高营运车辆能耗限值准入标准，逐步取消各地新能源汽车购买限制，落实便利新能源汽车通行等支持政策，推动公共领域车辆电动化，有序推广新能源中重型货车，发展零排放货运车队，加强充电基础设施建设。随着政策的推动，新能源商用车（尤其是电动商用车）迎来快速发展期。

2024年7月，国家发展改革委和财政部联合发布《关于加力支持大规模设备更新和消费品以旧换新的若干措施》，措施指出，提高新能源公交车及动力电池更新补贴标准。推动城市公交车电动化替代，支持新能源公交车及动力电池更新。更新车龄8年及以上的新能源公交车及动力电池，平均每辆车补贴6万元。报废国四及以下排放标准的营运货车，并购置新的中重型新能源货车，补贴标准较柴油货车提高1万~1.5万元/辆。

2024年5月，深圳市发展和改革委员会印发《深圳市构建重卡换电服务网络试点工作方案》。结合现有产业特点，旨在打造引领全球的重卡换电产业生态，培育具有国际竞争力的重卡换电运营龙头企业，构建重卡换电服务网络体系，带动深圳重卡整车和换电设备企业的全球化发展。深圳首先试点启动重卡底盘式换电规模化应用，推广5万辆换电重卡，覆盖港口内部拖车、集疏港运输车、厢式货车等各类车型，并同步配套建设重卡换电场站。其次，带动粤港澳大湾区的环线运营重卡电动化，推动以深莞惠的城际集疏港、深港两地跨境运输为示范，以珠三角高速公路网为基础，布局重卡换电网络，在粤港澳大湾区推广10万辆换电重卡。最后，形成全国组网，发挥深圳与内地的对口合作优势，重点导入定点矿区、固定线路及港口货运等特色应用场景，构建全国重点区域之间的高速公路干线重卡换电网络。

3. 新能源商用车交通运输情况

基于政策推动、技术进步以及运营成本优势等因素，新能源商用车的运营场景逐步拓宽，典型运营场景主要包含以下几类。

城市物流配送：新能源轻卡、微卡以及面包车等车型，凭借其零排放、低噪声的特点，能够在城市限行区域自由通行，且运营成本相对较低。例如，一些大型电商企业和快递巨头，纷纷采用新能源物流车组建配送车队，在提高配送效率的同时，也降低了运营成本。

公共交通：新能源公交车是新能源商用车在公共交通领域的主要代表。许多城市大力推广新能源公交车，以改善城市空气质量和居民出行体验。新能源公交车具有续航里程长、乘坐舒适性高、运营成本低等优点。一些城市的新能源公交车占比已经超过半数，并且逐步向中小城市普及。此外，新能源出租车也在部分城市试点运营，为市民提供更加绿色、便捷的出行服务。

环卫运输：环卫车辆的工作场景主要集中在城市市区，对车辆的环保性能要求极高。新能源环卫车，如电动垃圾清运车、洗扫车等，能够有效减少尾气排放，降低对城市环境的污染。同时，新能源环卫车的运营成本较低，且车辆的智能化程度较高，能够提高环卫作业的效率和质量。目前，一些大型环卫企业已经开始大规模采购新能源环卫车，推动环卫运输行业的绿色转型。

资源短倒：在部分路线相对固定，运距300公里以内的资源类运输场景，新能源重卡全生命周期内TCO优势显著，目前电动重卡渗透率已经超过50%，随着技术的持续进步，该场景下渗透率将持续提升，最终实现资源类短倒场景全覆盖。

（二）新能源商用车发展趋势

1. 法规标准及政策趋势

新能源商用车处于快速爆发期，标准体系已逐步形成，未来随着行业持续的高速发展，将形成更加完善的标准体系，同时参与国际标准体系的制定。

从政策角度来看，补贴政策虽逐步退坡，但仍在发挥余热。同时公共领域电动化、绿色货运与物流试点、老旧车辆更新为新能源车辆等政策接棒，均在持续大力扶持新能源商用车的发展，促进市场规模的扩张。

2. 技术趋势

新能源商用车未来将是多技术路线共存的态势，根据不同的应用场景，纯电动将会集中在中短途运输，燃料电池在中重型、中长途场景下有望被大规模应用，长期来看，氢能在中长途市场将具备较强竞争力。未来技术发展将主要围绕以下几个方面。

（1）新能源平台开发

开发专属于新能源车辆的平台，在整车布置方面，采用电驱桥，取消传动轴，可以充分利用车架空间，采用楔式造型，风阻系数降低至 0.35 左右，有利于车辆在高速行驶时降低风阻，提升续航能力。

（2）补能速度

随着新能源卡车电池技术不断突破，动力蓄电池能量（简称"电池能量"）正往高水平发展，超一半的充电重卡电池能量已达 422kWh 以上，可支持 500 公里续航。但同时，在用的充电设施在补能效率上发展较为滞后，难以满足大功率充电需求。从车端充电功率的分布来看，大部分重卡充电功率仅在 150~250kW，单次充电时长仍需 45 分钟以上，补能效率不高。未来将进一步突破大功率充电技术的创新应用，积极支持超充等大功率充电技术的落地，提高补能效率。

（3）轻量化

当前电量升级趋势明显，但同时带来的是整车自重增加，新能源车辆未来将从新材料、新技术、新工艺、新设计等方面降低整车自重。从整车结构来看，利用汽车结构的多学科、多目标优化设计方法，持续完善整车设计；从轻量化材料的应用方面来看，镁铝合金、新型塑料和纤维增强复合材料均具有较大潜力。

（4）智能化

电动化是重卡新能源化的第一阶段，智能化将是重卡新能源化的第二阶段。从技术角度来看，新能源重卡搭载智能驾驶系统，通过 AEB（自动紧急制动)、车道保持、盲区监测等功能,可在复杂路况下提供精准预警,减少碰撞风险,有效降低事故率。还可对驾驶员疲劳状态进行监测,及时预警,避免因疲劳驾驶引发事故。从场景角度来看,在港口、矿山等固定的短倒运输场景中,智能重卡以其高效、精准的运输能力显著提升了作业效率,降低了运营成本,在长途干线运输场景,多辆新能源重卡可通过 V2V(车车通信)形成编队,后车自动跟随头车,降低风阻,减少能耗,提升运输安全性,从而提升新能源重卡的运输收益。未来随着技术的不断突破,新能源智能化技术的应用场景也将逐步拓宽。

3. 市场需求趋势

在新能源商用车的导入期,其渗透率的提升主要来源于政策驱动,这些政策主要集中在路权和补贴方面,随着技术的不断突破,商品的不断完善,用户接受度也在不断提升,未来新能源商用车渗透率的提升将由前期的政策驱动转变为政策驱动+客户价值的双轮驱动,2025 年也将是新能源商用车的发展拐点。

(1)政策驱动

第二批公共领域车辆全面电动化先行区试点启动。前期工业和信息化部、交通运输部等八部门在 15 个城市启动第一批公共领域车辆全面电动化先行区试点工作。一年来,15 个城市积极创新、协同推进,累计推广公共领域新能源汽车 43.4 万辆,建设公共充电桩 44.7 万个,已完成三年目标的69% 和 64%,并推动在车网互动、智能网联、换电模式应用等方面开展有益探索和示范应用,形成一批典型案例、模式,取得积极成效。第二批试点在第一批的基础上,进一步明确了试点目标、试点内容、试点范围、节能减排目标,第二批在技术集成、场景细分和政策协同上更为深化,同时注重区域平衡与量化目标管理。同时进一步深入开展车网互动、光储充换、智能网联等新技术新模式创新应用,与县域充换电设施补短板"车路云一体化"试点、汽车以旧换新等形成工作合力,全面拓展新能源汽车市场化应用。

2025 年 1 月 8 日,国家发展改革委、财政部联合发布《关于 2025 年加力扩围实施大规模设备更新和消费品以旧换新政策的通知》,其中包含加力推进城市公交车电动化替代，更新车龄 8 年及以上的城市公交车和超出质保期的动力电池，平均每辆车补贴额由 6 万元提高至 8 万元，在落实 2024 年支持政策基础上，将老旧营运货车报废更新补贴范围扩大至国四及以下排放标准营运货车，此政策将持续提升新能源商用车渗透率。

（2）客户价值驱动

在部分短距离运输场景，纯电重卡总体拥有成本（TCO）已经优于传统能源车辆；主要应用场景如场矿短倒、港口运输、城市渣土、电厂钢铁水泥园区物流等。短途运输场景在重卡运输场景中占比近半，同时随着铁运、水运中长途运力的持续提升，预计短途运输场景占比还将持续提升至 60%～70%，未来几年仍然是重卡增量市场，前景广阔。随着新能源商用车市场规模的扩大，包括电池在内的零部件成本下降、规模化生产带来的整车制造成本下降、充换电等相关配套设施的完善带来营运成本下降。

目前用户对新能源中重卡的需求正从单一的产品采购转向全生命周期的综合服务，涵盖了经济性最优、补能最便捷、智能化与网联化需求提升、定制化服务等多个方面。

（三）存在的问题和挑战

1. 技术方面

一是当前电动重卡的电池能量密度限制了其续航里程，大多数纯电动重卡的续航里程在 300 公里以下，难以满足中长途干线运输的需求；二是充电时间较长，补能效率较低，尤其是在中长途场景中，频繁充电会极大地影响用户的运输效率；三是电池的使用寿命与更换成本较高，增加了车辆的全生命周期成本；四是商用车行业智能化与网联化的应用仍有待提升，从而实现更高效的物流调度和管理。

2. 产业方面

市场竞争激烈，格局不稳定。新能源中重卡市场竞争激烈，目前市场参与者包含传统重卡企业、工程机械背景厂商以及新势力厂商，由于市场参与者众多，竞争激烈，新能源中重卡的价格竞争逐步加剧，行业盈利水平受到

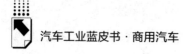

一定影响。

产业生态和商业模式仍不完善。新能源中重卡生态建设中包括补能服务、售后服务、二手车市场等后市场环节仍需进一步发展。商业模式上，目前主流的商业模式包含独立运营、租赁运营和多方联营等，但整体的盈利能力与抗风险能力仍有待提升。

经销商转型运营困难。传统经销商需要从传统的销售模式向服务型模式转型，且新能源重卡的技术复杂性和服务要求更高，经销商需要提升其专业能力以适应市场需求，存在较大难度。

3. 配套方面

充电基础设施建设相对滞后，无法满足大规模推广的需求，特别是长途运输场景中，充电桩和换电站的布局不足，限制了新能源中重卡的应用范围。

五　商用汽车产业发展建议

（一）政策方面

2024 年，商用车行业在国家与地方政策引导下围绕安全、经济、绿色三大核心方向深化改革，通过完善法规、补贴激励、技术标准升级等措施加速行业高质量发展。

1. 安全管理体系全面升级

交通运输部等多部门密集出台法规强化客货运输安全监管，发布了《农村客货邮融合发展适配车辆选型技术要求》《关于加快推进农村客货邮融合发展的指导意见》，明确农村客货运输车辆技术标准，推动客货邮一体化发展；通过修订《道路危险货物运输管理规定》《道路货物运输及站场管理规定》等政策，出台降低轻微违法行为罚款额度、取消部分随车证件违规处罚等措施，在简化行政流程的同时规范市场秩序。

在地方层面，江苏、青海、福建等地通过地方性条例严格货车通行规则

（如江苏要求重型货车靠右行驶），强化超限超载源头治理，推广智能监测等科技治超手段。河北、新疆、广西、天津等地通过推进信用管理体系与交通运输标准建设，实施危险货物运输车辆限时通行、动态监督管理政策，进一步优化市场秩序。

2. 经济激励政策推陈出新

为推动产业升级，国务院发布《推动大规模设备更新和消费品以旧换新行动方案》，明确淘汰国三及以下柴油货车，支持新能源公交车电池换代并鼓励汽车贷款优惠及保险费率优化。与此同时，工信部等多部门发布配套政策，通过调整新能源汽车购置税减免技术要求（如提高燃料电池系统功率密度）降低车辆换新成本。地方政府积极响应国家号召，形成中央与地方联动的激励机制，如浙江计划 2025 年前淘汰国三老旧货车，西藏对新购国六货车最高补贴 6.5 万元，江西、宁夏等地实施收费公路差异化收费，海南实施港口降费等，降低物流成本，湖北、安徽等地细化报废更新补贴标准。

3. 绿色低碳转型成重要战略

国家各部门发布了《绿色低碳转型产业指导目录（2024 年版）》《2024～2025 年节能降碳行动方案》等一系列低碳、减排相关政策，明确了绿色低碳转型的发展道路，其中包括重点区域新增的公交、物流车辆新能源比例不低于 80%，水泥、焦化行业运输车辆全面采用新能源或国六标准，逐步取消新能源汽车购买限制等，大力推广多式联运、共享交通等绿色运输模式。在地方层面上，河南提出 2025 年重型货车绿色能源替代率超 50%，内蒙古、海南等地推进低碳交通体系建设。通过细化政策标准与目标、增强激励与扶持政策、建立执行监督机制、推动技术创新与合作等方式，确保商用车行业绿色低碳发展目标的有效落实。

（二）产业培育方面

1. 产业政策体系优化：夯实制度基础

加快商用车碳积分制度落地。商用车作为交通领域碳排放主体，亟须建立与乘用车双积分体系联动的碳积分制度。通过分阶段实施差异化积分考核标准，对新能源商用车给予正向激励。当前工业和信息化部已启动相关研究，需加速制定细则，明确积分交易机制与惩罚措施，倒逼企业技术升级。

强化排放标准与碳中和衔接。在排放标准基础上，推动污染物与温室气体协同控制。建议将零碳燃料内燃机技术纳入政策框架，针对长途重卡等场景建立低碳燃料认证体系。同时完善商用车碳排放核算标准，争取2028年前实现碳足迹标识全覆盖，与国际碳关税机制接轨。

2. 技术创新驱动：构建多元技术路线

场景化新能源与低碳化技术突破。针对城市物流、港口运输等高频短途场景，推广换电模式、换氢模式与智能充电网络，2028年前，实现纯电商用车渗透率大幅突破。对于长途干线运输，加速氢燃料电池和氢气内燃机等零碳低碳技术的产业化，通过示范城市群建设降低终端用氢成本，2030年燃料电池重卡成本较柴油车具备更强竞争力。同步推进氢燃料、氨等替代燃料技术储备，形成"纯电为主、氢燃突破、燃料多元"的技术矩阵。

智能化与数字化深度融合。建立商用车全生命周期数据管理平台，整合车辆运行、能耗、维修等数据，为政策制定提供支撑。推广网联技术应用，通过智能调度系统提升车队运营效率。重点突破L4级自动驾驶在矿区、港口等封闭场景的商业化应用，2025年前形成10个以上规模化示范项目。

3. 市场结构优化：培育新型产业生态

出口市场提质扩容。构建"整车+供应链"协同出海模式，在东南亚、中东等目标市场建设KD工厂和备件中心，降低关税壁垒影响。针对欧盟碳边境调节机制（CBAM），建立出口产品碳足迹数据库，2030年前完成主要车型全生命周期碳排放认证。优化海外服务体系，通过远程诊断技术将售后服务响应时间缩短至24小时内。

后市场服务能力升级。推动经销商从单一销售向"销售+租赁+金融+维保"综合服务转型，2027年前培育50家营收超百亿元的服务型龙头企业。建立二手商用车评估标准体系，推广新能源商用车电池健康度检测技术，提升残值评估准确性。发展再制造产业，实现发动机、变速箱等核心部件再制造率提升至30%。

4. 产业链协同：打造韧性供应链

纵向协同创新机制。建立"整车厂—零部件商—科研院所"联合攻关平台，针对电驱桥、高密度储氢罐等关键技术实施揭榜挂帅。推广比亚迪与一汽解放的电池合作模式，通过标准化电池包设计降低新能源车型开发成本20%以上。完善芯片、稀土等战略资源储备体系，建立6个月安全库存预警机制。

横向跨界融合示范。推动商用车企业与物流平台数据共享，开发基于实际货运需求的定制化车型。探索"车电分离"商业模式，由能源企业主导换电站建设，车企聚焦车辆运营。

（三）运营管理方面

1. 构建完善的安全管理体系

公路通行过程中存在诸多不可控因素，为确保相关从业者及参与者的生命财产安全，行业管理部门需持续完善道路安全管理体系，覆盖市场准入、车辆管理、从业人员管理等多个领域，进一步提升安全管理水平。

市场准入方面，应严格落实安全生产责任制，推动企业健全安全基础工作，确保安全管理贯穿于运输活动的全过程。加强对运输企业的动态监管，建立安全信用评价体系，推动行业安全管理的规范化和长效化。车辆管理方面，随着物联网、大数据等技术的快速发展，应加强对智能网联车辆的实时监测，实现对载运工具行驶状况、驾驶员状态以及货物安全的全方位监控，确保车辆运行始终处于安全可控状态。推动老旧车辆的更新换代，鼓励使用新能源和智能化车辆，提升整体运输工具的环保性和安全性。从业人员方面，继续加强对从业人员的资格认证考核，利用数字化手段开展常态化安全培训，提升从业人员的安全意识和应急处置能力。

2. 加大新能源商用车安全监管力度

随着我国新能源汽车产业的快速发展，新能源商用车保有量持续增长，智能网联技术的广泛应用带来了软件安全、网络安全及供应链安全等新型挑战，为驾驶员、乘客及货物安全增添了新的风险。

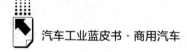

相关部门需从传统排放、驾驶安全等监管领域，扩展至数据管理、网络安全等新维度，构建全方位监管体系。道路运输监管部门应推行前瞻式监管模式，主动应对前沿技术可能引发的安全问题，加强对新能源商用车的实时监控和风险评估，确保车辆运行安全可靠。

3. 推进绿通物流执法标准统一、落地

近年来，政府出台了一系列促进绿通货运行业发展的政策，如完善鲜活产品目录、细化查验标准、优化通行服务等，但在地方执行中仍存在标准不统一、落实不到位等问题，导致从业者成本增加、效率下降，甚至引发争议和负面舆情。

相关部门需加强绿通国家标准的宣传和落实，对绿通运输从业者实施建档立卡、分类管理，并强化政务人员培训，提升前端管理水平。同时，加大对假冒绿通车辆的查处力度，杜绝混装、假冒行为。推进数字化查验装备的建设和应用，提高查验效率，确保绿通政策真正惠及行业，提升物流通行效率和服务质量。

4. 加强再制造市场监管

随着国三及国四商用车淘汰进程的推进，以及汽车以旧换新政策的实施，我国商用车二手车及再制造市场规模持续扩大，市场结构进一步优化，再制造产业在商用车产业链、价值链和创新链中的地位日益凸显。为规范再制造业务发展，推动行业健康有序可持续发展，相关部门需加大对后市场的监管力度和规则制定。

首先，应加快完善再制造相关法律法规，严格把控再制造产品质量，杜绝假冒伪劣产品流入市场；其次，扩大再制造零部件的试点应用范围，加大宣传推广力度，提升公众对再制造产品的认知和接受度；最后，鼓励企业加大技术研发投入，丰富再制造产品种类，拓展应用领域，推动再制造产业向高端化、智能化方向发展，为商用车行业的绿色循环经济提供有力支撑。

（四）企业发展方面

随着商用车的新能源化和智能化发展，以及市场转入存量竞争阶段，商

用车企应加大创新发展力度，打破传统的生态圈格局，寻找新的发展动能，以变革转型为新的驱动力，为自身可持续发展创造条件。

1. 积极加速变革转型

在新的时代环境下，商用车企业发展已进入新的阶段。主要体现在三个方面：一是企业领导层的年龄结构发生变化，70后、80后逐渐成为管理层的核心人物，企业创新能力和运营效率有所提升；二是经营活动开始加速数字化、智能化转型，提升企业经营管理及生产制造效率；三是开展营销变革，包括渠道变革、传播变革等，以客户为中心，打通客户的全价值链，在满足用户需求上深入细分场景。

各商用车企业要坚持发展方式向绿色化、智能化和国际化转型，借转型之机实现产业升级，走高质量发展之路；还要积极抢占新能源产业的新赛道，把握新能源发展带来的创新机遇、发展机遇和市场机遇，培育新的竞争优势和增长极。

2. 不懈坚持品牌向上

品牌向上战略是企业实现可持续发展的重要途径之一。当今商用车市场竞争十分激烈，品牌统领已成为各企业的核心战略，也是企业竞争力的重要组成部分。面对进口高端品牌对国内市场的冲击，以及国内企业加强出口的迫切需求，国内各整车企业不仅要在产品品质和服务体系上寻求突破，更要重点打造企业品牌竞争力。

3. 突破"卡脖子"技术及关键零部件

产业链供应链安全稳定是构建商用车行业新发展格局的基础，增强产业链供应链自主可控能力，需要通过针对当前产业的薄弱环节，统筹推进补齐短板和锻造长板工程，实施好关键核心技术攻关工程，尽快解决行业"卡脖子"问题。

各商用车企业应通过加强自身创新能力，围绕电动化、智能化等创新领域，针对被"卡脖子"的技术和关键零部件，利用国家政策及资金扶持，实现关键领域突破，并将其转变为自身新的业务增长极。

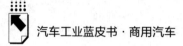

4.积极培育全球化发展视野

当前正处于全球化发展进程不断加快的时代,全球商用车市场面临百年未有之大变局,随着我国商用车出口销量不断提升,以及我国商用车品牌在国际上的知名度和影响力不断提升,国际化视野应成为各商用车企业制定长远可持续性发展战略的基础。拥有全球化视野,了解世界发展的趋势,当机会和危险来临时,才能作出迅速准确的判断。

在全球化竞争中,国内商用车企业应制定更高水平的战略规划、革新自身经营管理体系、创新产品及服务、焕新品牌向上战略,参与全球市场竞争,以绿色、智能发展为突破口,将中国商用车崛起作为全行业共同奋斗的理念。

5.营销服务模式持续创新

商用车市场持续低迷同样敦促各商用车企业开展营销服务模式创新,从传统的产品营销向价值营销转型,从传统的推销产品向推销服务、解决方案转型,力求更加贴近用户,更加满足用户需求。

目前,各车企营销服务模式的创新已经向选、购、用、管、修、换全生命周期深入发展,但是,仍需要更加贴近用户,为用户针对性地提供个性化解决方案,解决客户全生命周期痛点。通过营销服务创新,也可以摆脱价格战,从全产业链维度创造新的利润增长点。

(五)产品技术升级方面

1.强化核心技术自主创新,突破"卡脖子"技术

中国商用车产业在新能源化、智能化转型过程中,仍面临关键核心技术依赖进口的困境。例如,动力电池能量密度不足、氢燃料电池系统成本高,以及车规级芯片自主化率不足等。建议设立国家级技术攻关专项,聚焦高能量密度固态电池、低成本氢燃料电池以及智能驾驶芯片等核心领域,整合产学研资源,支持龙头企业与高校共建联合实验室,加速技术成果转化,构建开放协同的创新生态。

2. 完善新能源技术路线，实现多场景覆盖

新能源商用车渗透率持续提升，但技术路线需进一步细化以适应不同场景需求。中短途运输优先推广纯电动车型，重点突破快充技术；干线物流加速氢燃料电池重卡示范应用，推动液氢储运技术突破；在氢能基础设施不足地区，推广高效混动系统，实现传统动力与新能源的协同降碳。延续新能源购置税减免政策，扩大城市路权优先范围，并针对港口牵引车、冷链物流车等细分场景提供专项补贴。

3. 加快智能化技术落地，构建车路云协同生态

智能化是商用车技术升级的核心方向，但商业化应用仍面临技术成熟度与成本压力。积极推动自动驾驶示范应用，在物流园区、港口等封闭场景率先落地 L4 级自动驾驶技术，支持智能驾驶科技公司与物流企业合作，形成"技术验证—场景优化—规模推广"闭环。完善"车路云一体化"基础设施，建设智能道路感知系统与云端调度平台，通过 V2X 技术实现车辆与交通信号、路况数据的实时交互，提升车队运营效率。强化数据安全与标准建设，制定商用车数据采集、传输与存储的国家标准，防范智能网联系统被恶意攻击的风险，并推动车联网安全认证体系与国际接轨。

4. 推进轻量化技术应用，提升能效水平

轻量化是商用车节能减排的关键路径，但材料与工艺短板亟待补齐。推广高强度材料应用，将铝合金、碳纤维复合材料使用比例提升至 20% 以上，建立轻量化设计数据库，优化车架、货箱等关键部件结构。支持激光焊接、一体化压铸等先进工艺研发，降低轻量化材料加工成本，并通过规模化生产实现经济性突破。

5. 构建标准化体系，推动技术成果转化

完善新能源技术标准，制定纯电动、氢燃料电池商用车全生命周期碳排放核算标准，明确各环节安全规范，推动新能源产业链标准化建设。统一智能化技术接口，联合车企、通信企业与科研机构，制定智能驾驶系统与道路基础设施的交互协议，避免技术路线碎片化。

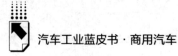

6.深化国际合作，提升技术话语权

参与国际标准制定，主导或联合起草 ISO 商用车智能驾驶、换电模式等国际标准，推动中国技术规范成为全球共识。技术引进与海外研发协同，在东南亚、非洲等地区设立研发中心，针对高温、高湿等特殊环境开发适应性产品，同时引入欧洲先进电控技术，提升产品可靠性。

车型篇

B.2
2024年中重型载货车
发展报告

摘　要： 2024年中国中重型载货车市场在多重挑战中保持平稳发展，全年销量达102.9万辆，同比增长1.1%，市场集中度进一步提升，前五企业市占率达84.7%。行业呈现结构性调整特征，牵引车占比有所下滑但仍居主导，新能源车型渗透率继续提升，电动重卡在特定场景快速渗透，氢燃料技术加速突破。行业转型趋势显著，动力技术形成油、气、电三分格局，智能化加速推进L4级封闭场景应用，轻量化与模块化设计重塑产品形态。未来竞争将围绕新能源技术迭代、智能生态构建和全球化布局展开，行业加速向绿色低碳、高效智能方向演进。

关键词： 商用车　中重型载货车　汽车市场

一 中重型载货车发展现状

（一）市场情况

1. 总体情况

在宏观经济增速放缓、货运行业运力过剩以及油气价差波动等多重因素的影响下，我国中重型载货车市场仍处于转型升级和结构调整的关键时期，市场整体表现低迷，复苏速度低于预期。2024 年中重型载货车（GVW>6吨；包含中重型货车、中重型货车非完整车辆和半挂牵引车）全年实现销量102.9 万辆，较上年同期增长 1.1%（见图 1）。

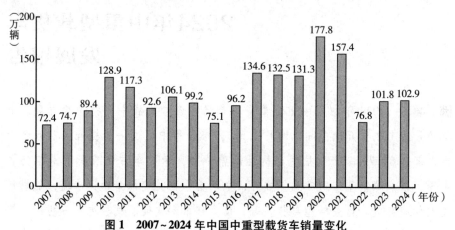

图 1　2007~2024 年中国中重型载货车销量变化

资料来源：根据中国汽车工业协会数据整理。

2. 竞争情况

2024 年，前十名销量最高的企业中，北汽重卡排进前十，同比增长最大，除北汽福田、江淮汽车、成都大运、包头北奔外，其余均实现销量同比正增长。其中，中国重汽排名第一，销量 25.5 万辆，市占率 24.8%，较上年上涨 1.2 个百分点。一汽解放排名第二，市占率 20.9%，上涨 0.8 个百分点，东风集团、陕汽集团、北汽福田列第三、四、五位。前五名企业的市场占有率达 84.8%，市场集中度进一步加强（见表 1）。

表1 2023~2024年中重型载货车企业销量和市场份额变化

单位：万辆，%

企业	销量			市场占有率	
	2024年	2023年	同比增长	2024年	2023年
中国重汽	25.5	24.0	6.5	24.8	23.6
一汽解放	21.5	20.5	4.7	20.9	20.1
东风集团	15.4	15.1	1.9	15.0	14.9
陕汽集团	15.1	15.0	1.0	14.7	14.7
北汽福田	9.6	11.7	-17.5	9.4	11.5
江淮汽车	3.5	3.8	-6.2	3.4	3.7
成都大运	3.4	4.0	-15.1	3.3	3.9
徐州徐工	2.1	1.6	29.9	2.1	1.6
包头北奔	1.1	1.2	-9.6	1.1	1.2
北汽重卡	0.7	0.3	155.9	0.7	0.3
其他	4.9	4.7	4.9	4.8	4.6

资料来源：根据中国汽车工业协会数据整理。

（1）主要企业销量

中国重汽销量25.5万辆，同比增长6.5%，市占率24.8%，同比提高1.2个百分点，是市占率增幅最大的企业。一汽解放销量21.5万辆，同比增长4.7%，市占率20.9%，同比上升0.8个百分点。东风集团销量15.4万辆，同比增长1.9%，市占率15%，同比上升0.1个百分点。陕汽集团销量15.1万辆，同比增长1%，市占率14.7%，与上年持平。北汽福田销量9.6万辆，同比降低17.5%，市占率9.4%，同比下降2.1个百分点，是市占率降幅最大的企业。

（2）主要企业各品系分布

中重型载货车市场主要细分为牵引车、载货车、专用车和自卸车四大领域。牵引车方面，一汽解放、中国重汽、北汽福田、东风集团、陕汽集团分列前五，其中一汽解放占比27.8%、中国重汽占比19.8%、北汽福田占比13.8%；载货车方面，一汽解放、东风集团、中国重汽、北汽福田、江淮汽车分列前五，其中一汽解放占比30.0%、东风集团占比27.6%、中国重汽占比17.2%；专用车方面，东风集团、中国重汽、北汽福田、陕汽集团、一汽解放分列前五，其中东风集团占比44.0%、中国重汽占比12.9%、北汽福田占比8.1%；自卸车方面，东风集团、中国重汽、北汽福田、陕汽集团、一汽解放分列前五，其中东风集团占比15.0%、中国重汽占比13.9%、北汽福田占比13.4%（见图2）。

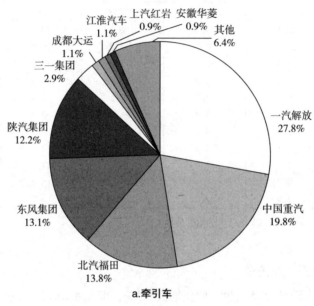

a.牵引车

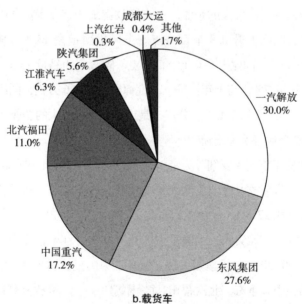

b.载货车

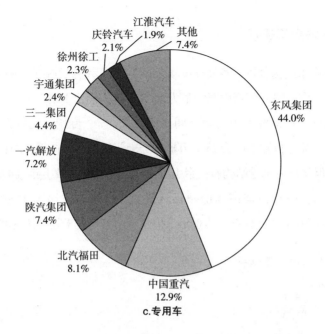

c.专用车

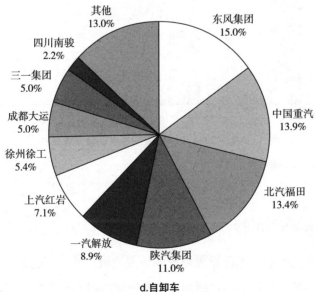

d.自卸车

图2 2024年中重型载货车分品系占比

注：载货车包含普通厢式车和仓栅式车。
资料来源：根据终端零售数据整理。

（二）各品系情况

从品系需求结构分析，各细分市场表现各异，牵引车占据近一半的市场份额。从销量上看，2024 年牵引车销量为 46.8 万辆，同比下滑 7.2%，是降幅最大的品系，载货车销量为 26.0 万辆，同比增长 13.0%；专用车销量为 13.7 万辆，同比增长 15.1%；自卸车销量 15.8 万辆，与上年销量基本持平，同比增长 0.2%（见图 3）。但从整体销量结构看，牵引车占比为 45.8%，较上年（49.8%）下降 4.0 个百分点，但它占据市场份额仍然最大，自卸车占比为 15.5%，较上年（15.6%）下降 0.1 个百分点，体现出工程建筑领域仍处于较低迷的状态。

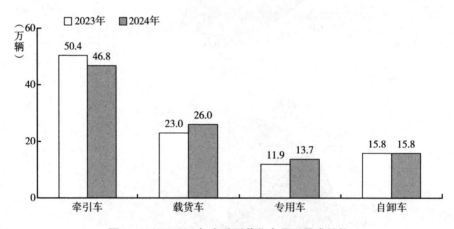

图 3　2023~2024 年中重型载货车品系需求结构

资料来源：根据终端零售数据整理。

（三）区域市场情况

2024 年中重型载货车区域市场发展呈现地域差异。一些地区因消费市场需求的回暖刺激了载货车需求增长；其他地区则因油价上涨、回程货源难找等原因，市场需求减少。总体而言，中重型载货车市场在不同区域的表现有较大差异，主要是受到当地经济活动、政策支持等多种因素的影响。从区域需求结构上看，2024 年国内中重型载货车销量超过 5 万辆的省份有河北、山东，份额分别为 9.9% 和 8.0%；销量 3 万~5 万辆的省份有江苏、广东、山西、河南、四川（见图 4）。北京、西藏中重型载货车销量涨幅超 50%，山西降幅最大，为 29%。

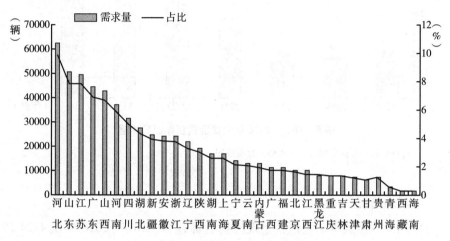

图 4　2024 年中重型载货车市场区域需求状况

资料来源：根据终端零售数据整理。

（四）行业进出口情况

1. 出口情况

2024 年，中国中重型载货车行业的出口呈现积极发展态势。传统的主力市场（如俄罗斯和中亚地区）车辆保有量已接近饱和，加之全球经济环境的波动，需求明显减缓，其他新兴市场则展现出强大的发展潜力：中东地区的沙特阿拉伯，得益于大规模的基础设施建设项目，对中重型载货车的需求持续增长；非洲的加纳、阿尔及利亚等国家，随着城市化进程的加快和资源开发项目的推进，对中重型载货车的需求也呈现快速增长的势头；在亚太地区，越南凭借其活跃的制造业和贸易业，对中重型载货车的需求同样强劲。这些市场的共同推动，促进了中国中重型载货车行业的出口增长。2024 年我国中重型载货车出口销量 32.5 万辆，同比增长 8.0%，高于中重型载货车市场整体增速，出口销量持续攀升（见图 5）。

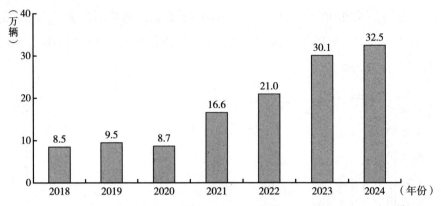

图5　2018~2024年中重型载货车出口销量

资料来源：根据中国汽车工业协会数据整理。

2. 进口情况

中国中重型载货车进口量呈现先扬后抑趋势，2016~2020年从4124辆增至12207辆，2020年后持续下滑至2024年的2842辆。主要影响因素包括：国产车竞争力提升、政策导向、市场需求结构变化及全球经济与贸易环境复杂化。未来短期进口量或进一步承压，但高端专用车及新能源技术引进等领域存在结构性机会，政策驱动可能带来局部增长。行业需聚焦高附加值车型、技术合作，平衡竞争与产业升级（见图6）。

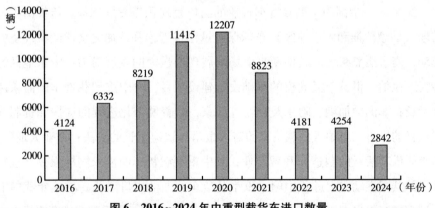

图6　2016~2024年中重型载货车进口数量

资料来源：根据终端零售数据整理。

进口品牌呈现结构集中的特点，依然以沃尔沃、戴姆勒、斯堪尼亚、曼为主。各品牌具体销量见图7。

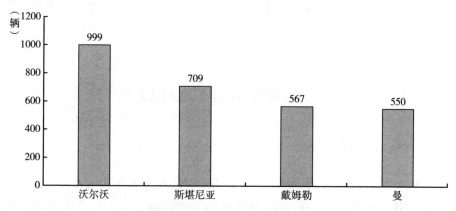

图7　2024年中重型载货车进口品牌销售数量

资料来源：根据终端零售数据整理。

（五）国际市场情况

重卡国际市场呈现多样化发展趋势。随着监管政策和排放标准变得越来越严格，行业集中度在稳步上升，主机厂正在加速技术革新，并积极拓展国际市场。

1. 销量格局

全球重卡销量总体保持稳定，欧美、日韩以及其他市场准入门槛较高的地区占据主导地位。中国重卡产品的可进入市场规模相对较小，主要集中在亚非拉等传统地区。

2. 监管政策

全球各地的重卡认证制度和法规框架基本保持稳定，但某些地区监管政策持续加强，排放标准不断提升，这促使行业朝着绿色、合规的方向发展。

3. 国际化布局

由于本土市场竞争日益激烈，海外重卡品牌开始放眼全球，积极布局国际市场。许多品牌已在海外建立了整车及零部件组装厂，实现了本地化生产。

4. 技术变革

智能网联、新能源等前沿技术在重卡领域迅速发展，重塑了行业技术生态，并推动了产品向智能化、电动化转型。

二　中重型载货车发展趋势

（一）市场增长潜力

2024 年，我国中重型载货车市场销量为 102.9 万辆，同比增长 1.1%，基本保持稳定。行业需求稳定的主要原因如下。一是宏观经济整体稳定，2024 年我国 GDP 同比增长 5%，增速较 2023 年仅下降 0.2 个百分点，为中重型载货车的市场需求带来平稳的发展环境。二是拉动政策力度明显，2024 年《交通运输大规模设备更新行动方案》的实施为国三排放的中重型载货车更新提供大额补贴，进而为 2024 年市场需求提供核心保障。三是出口市场整体稳定，虽然中重型载货车海外出口面临多重风险，但 2024 年出口销量仍稳定在 30 万辆级，在国内市场持续低迷的环境下，稳住了整体销量。

2025 年，宏观环境仍将继续保持平稳，消费、投资增速稳中向好，《交通运输大规模设备更新行动方案》等强力政策将延续并加强，新能源车等提前置换，海外出口将保持稳定，预计中重型载货车市场将呈现稳中微增的态势。但最终需求总量仍受到诸多抑制因素影响，如车多货少的整体环境、燃气车提前购买的部分透支、部分海外国家政策的剧烈变化、单车运力的稳定上升等，预计增长幅度有限。

1. 积极因素

（1）宏观经济整体平稳，托底中重型载货车需求稳定

中重型载货车市场需求与宏观经济直接相关，是经济变化的晴雨表，2025 年我国宏观经济目标设定为 5% 左右，《提振消费专项行动方案》的发

布与实施，将有效带动居民消费信心的增加和收入增长，预计 2025 年我国居民消费将有明显提振，同时房地产、汽车等大宗消费品政策的持续利好，也将带动一大部分制造业回升，从而利好物流行业，直接促进中重型载货车销量稳健增长。

（2）老旧营运货车报废更新政策发布，国四更新迎来重大利好

2025 年 3 月，交通运输部等三部门联合发布《关于实施老旧营运货车报废更新的通知》，明确对国三、国四老旧货车淘汰给予补贴，同时支持更新国六排放或新能源车辆，由于 2025 年政策中包含的国四车辆大部分为提前更新淘汰车辆，因此这将使原本的淘汰周期大大提前，有力地推动有更新需求的车主更换新车，为 2025 年中重型载货车市场带来重大利好。

（3）品牌效应与产品竞争力持续提升，海外市场保持稳定

我国中重型载货车出口量已从 2021 年的 10 万辆级迅速增至 2023 年、2024 年的 30 万辆级。主要得益于三方面的原因：一是随着共建"一带一路"国家经济发展，中重型物流车、工程车的需求不断提升，基于各国家与中国的友好关系，这些因素将有利于中重型载货车出口；二是我国中重型载货车的品牌影响力和产品竞争力持续提升，国际市场认可度不断提高，已经能够依靠性价比优势抢占国际品牌份额；三是国内中重型载货车企业产能高达 225 万辆，而国内需求仅为 70 万辆，市场竞争激烈，国内企业均将海外市场作为销量增长的重要机遇，因此企业出口的内驱力强，有助于扩大海外市场销量。基于以上三点原因，预计未来海外市场仍将是中重型载货车的核心重要市场。

（4）新能源需求增长明显，部分客户提前置换

2024 年，新能源中重型载货车虽然存在续航里程短不能满足不同场景需求的问题，但由于其突出的使用成本优势，在城建渣土、城市环卫、钢厂、电厂等场景下需求增长迅猛，国内市场渗透率由 2023 年的 4.7% 大幅提升至 2024 年的 12.1%。部分用户为能够享受新能源车的低使用成本，提前处置传统能源车，这将促使未来短期内，提前置换新能源中重型载货车的用户增加，对整体市场需求空间有一定提升作用。

2. 制约因素

（1）市场运力过剩，运价持续低迷，用户换车周期延长

2024 年中重型载货车市场保有量在 1000 万辆左右，但根据货运需求计算的市场实际需求仅为 880 万辆，市场运力相较需求呈现过剩态势，车多货少的现象严重。此外由于市场长期保持车多货少状态，货运行业运价持续低迷，用户购车信心不足，用户换车周期大大延长。未来短期市场运力过剩的现象仍将继续存在，运价方面短期也难以回暖，用户换车周期仍将明显长于正常换车周期。以上因素将是未来短期抑制国内中重型载货车市场复苏的主要因素。

（2）燃气车适度提前透支，抑制未来短期更新需求

2024 年，中重型载货车中燃气车型的渗透率由 2022 年的 6.4% 大幅增至 20%。由于近年天然气价格处于历史低位，同时柴油的价格持续上涨，燃气车与柴油车的使用成本差距较大。因此对于使用场景匹配的用户，特别是年行驶里程超过 15 万公里的用户集中在 2023 年、2024 年更换燃气车，但这部分用户原车辆未到更新周期，实际上属于提前换车状态。用户提前换车的行为直接导致 2023 年、2024 年购置的燃气车透支了未来短期的需求，因此将对 2025 年以及未来短期市场增量形成抑制作用。

（3）部分国家政策发生变化，个别海外市场出口风险高

2023 年、2024 年中重型载货车出口快速增加，其中与东欧的部分国家对我国车辆需求的大幅增加有直接关系。但进入 2025 年，部分国家出于扶持自主产业、调整政治关系等多方面因素考虑，对我国出口的中重型载货车友好度整体下降，导致我国继续向东欧的部分国家出口车辆存在较大风险。由于该地区在整个中重型载货车出口中的占比较高，因此该风险在 2025 年以及未来一段时间将成为制约我国中重型载货车出口的重要因素。

（4）单车运能持续上涨，单位货运量需求车辆减少

从当前客户结构看，组织用户的比例不断增加，车辆的智能化、网联化水平也在不断提升，车辆运行路线更加合理，车辆空驶率不断降低；叠加网

络货运平台的兴起，"货找车"的难度大大降低，整个货运行业的运输效率在持续提升，单位货运量所需要的车辆数量将持续降低，这也将对市场产生一定抑制作用。

（二）竞争趋势

2024年，中重型载货车行业正站在新一轮技术革命与市场变革的交汇点。国内国际双循环格局深化、新能源化加速渗透、用户价值诉求迭代升级，推动行业竞争从单一产品维度向全价值链生态演进。中重型载货车竞争逻辑已突破传统制造领域，逐步演变为涵盖产品定义、技术架构、服务模式及生态协同的综合较量。

2024年，中重型载货车市场TOP5企业合计销量达86.6万辆，合计市占率85.5%，同比上升0.4个百分点，中重型载货车行业集中度进一步提升（见表2）。

表2　2024年中重型载货车企业销量情况

单位：辆，%

排名	企业	2023年销量	2024年销量	同比增长	市场占有率
1	重汽集团	239848	255365	6.5	24.8
2	一汽集团	205162	214774	4.7	20.9
3	东风集团	151435	154317	1.9	15.0
4	陕汽集团	149787	151237	1.0	14.7
5	北汽集团	119564	103484	-13.4	10.1
6	江淮汽车	37673	35346	-6.2	3.4
7	大运汽车	39662	33671	-15.1	3.3
8	徐工集团	16267	21134	29.9	2.1
9	北奔汽车	12283	11105	-9.6	1.1
10	吉利集团	8839	9057	2.5	0.9
11	其他	37714	39760	5.4	3.9
	总计	1018234	1029250	1.1	100.0

资料来源：根据中国汽车工业协会数据整理。

1. 国内竞争：结构性调整与生态化突围

2024 年，国内商用车市场呈现"存量博弈深化"与"增量赛道重构"并存的竞争格局。受基建投资增速放缓、物流运输效率提升及排放标准升级影响，传统重卡、轻卡市场或延续调整态势，但新能源商用车、专用车及智能化车型将打开增量空间。竞争焦点正从价格厮杀转向技术储备、场景适配能力及生态协同效率的综合比拼。

（1）新能源化：从政策驱动到市场内生

国补退出后，地方牌照政策、路权倾斜及运营补贴成为新能源商用车推广新动力。头部车企加速电动化平台迭代，燃料电池商用车在港口、矿区等封闭场景形成示范效应，带动氢能产业链协同发展。二、三线品牌面临技术迭代与成本控制的双重压力，部分企业或退出主流竞争。

（2）智能化：从单一功能到场景解决方案

高阶自动驾驶技术开始突破商业化临界点。龙头企业联合科技巨头，在干线物流场景试点 L3 级自动驾驶车队，通过节油降成本、提升安全性构建差异化竞争力。轻卡领域则聚焦城市配送场景，整合货厢智能调度、路径优化算法，形成"人—车—货—场"协同解决方案。智能化竞争倒逼车企从硬件制造商向出行服务商转型。

（3）生态化竞争：产业链整合与模式创新

头部车企通过战略联盟重塑产业话语权。例如，福田汽车联合宁德时代、博世成立新能源创新实验室，共同开发域控制器架构；江淮汽车与货拉拉深化战略合作，定制城配物流专用车型。同时，金融、保险、二手车等增值服务成为捆绑用户的关键。

2. 出口竞争：区域分化与价值链攀升

全球商用车市场呈现"东升西降"格局，中国商用车凭借性价比优势及新能源技术积累，加速拓展海外市场。但贸易壁垒、技术合规性及本土化运营成为新挑战，倒逼企业从"产品出海"向"价值链出海"升级。东南亚、中东、非洲等区域成为出口主战场。中国重汽在越南建立 CKD 工厂，针对当地复杂路况定制自卸车。然而，欧盟 CE 认证、俄罗斯 OTTC 认证等准入门槛抬高,部分企业因技术适配不足遭遇市场挫折。同时,中国新能源商用车标准逐步获得国际认可。

3. 后市场延伸:服务生态化与数据资产化

2024年,商用车后市场正从传统的维保服务升级为数据驱动、技术密集的价值链高地,竞争焦点向数字化服务、能源补能网络、二手车标准化及金融创新领域集中。车企、科技公司、第三方服务商及资本力量深度交织,推动后市场从"散乱差"向"生态化"蜕变,竞争烈度与复杂度远超以往。后市场竞争的本质是数据资产化、服务产品化、生态闭环化的能力比拼。车企通过控制数据接口与核心配件,试图构建"硬件+服务"双循环;科技公司依托算法与流量优势,打造开放服务平台;传统服务商则在夹缝中寻找垂直领域突破口。这种多维竞争推动后市场集中度快速提升,预计到2025年,头部5家服务商将掌控超60%的市场份额,行业正从"蓝海混战"向"寡头博弈"过渡。

2024年商用车行业竞争已突破传统边界,形成"产品+技术+服务+生态"的四维战场。国内市场的结构性调整要求企业精准卡位新能源与智能化赛道,出口市场需平衡规模化扩张与合规性运营,后市场则成为挖掘数据价值、构建生态壁垒的关键。未来,能够整合供应链、定义新标准、构建服务生态的企业,方能在全球商用车产业变革中占据优势地位。行业洗牌加速之际,亦是头部企业重构竞争格局的历史性机遇。

(三)产品趋势

在全球能源转型、物流效率升级与"双碳"目标的推动下,中国中重型载货车行业正经历从传统燃油驱动向新能源化、智能化、高效化与全球化全面转型的深刻变革。

1. 动力革命:中重型载货车油、气、电将三分天下

随着物流行业发展,结合客户端到端运营场景的差异化需求,不同能源的中重型载货车将会发挥不同的作用,中重型载货车将逐步走向油、气、电"三分天下"的新格局。

（1）电动重卡将从短途特定场景向中长途运输场景渗透

港口、矿山、钢厂等短倒运输场景中，换电模式与超充技术可大幅提升运营效率，实现纯电动中重型载货车在封闭场景规模化落地；大容量电池（350~500kWh）与 800V 高压平台的应用，使电动重卡单次充电续航突破500 公里，结合补能设施的完善，中重型载货车运输场景将逐渐从倒短拓展至中长途运输场景。

（2）氢燃料电池重卡是长途重载的终极解决方案

主要驱动因素有两个，一是技术突破与成本下降：国产电堆功率密度突破 4.0kW/L，系统寿命超 2 万小时，氢耗降至 8kg/百公里以下。二是示范应用加速：鄂尔多斯、成渝氢走廊等区域已形成"制—储—运—加—用"全产业链闭环。

（3）混合动力与替代燃料的过渡性角色

LNG/CNG 重卡凭借低燃料成本（较柴油低 30%）与当量燃烧等先进技术，市占率长期处于高位。

2. 智能驾驶：从辅助驾驶到全场景无人化

（1）L2+级智能驾驶标配化

自适应巡航（ACC）、车道保持（LKA）、自动紧急制动（AEB）等功能中高端车型普及率超 70%。国产高端重卡已实现高速公路单车道自动驾驶，可有效降低司机疲劳度，并能实现 800~1500km 长途运输场景从原先的双驾转变为单驾驶员。数字孪生技术的突破与应用，也加速了智能驾驶的发展，其中通过车端传感器与云端数据融合，构建车辆健康管理模型，可预测关键部件故障，实现维保成本降低 20%。

（2）封闭场景 L4/L5 级无人驾驶商业化落地

商用车自动驾驶正从 L2+级辅助驾驶向 L4/L5 级全自动驾驶演进，多模态传感器（激光雷达、摄像头、毫米波雷达）的深度融合，提升了复杂路况下的感知与决策能力。港口、矿山等封闭场景已实现 L4 级无人化作业。2027 年将推出支持动态场景自学习的 AI 司机系统，复杂路况决策速度较人类提升 3 倍。通过百万公里实车数据训练，夜间障碍物识别准确率突破 99.5%。

（3）政策与基础设施协同

国家正在大力推广"车路云"试点，其基于车、路、网、云、图等高效协同的自动驾驶技术将会在多场景逐渐应用落地，国内新一代商用车将搭载 5G-RedCap 通信模组，支持车—路—云毫秒级交互，2026 年可实现高速公路编队行驶间距控制精度±0.3 米。同时，车联网数据可与物流平台深度对接，形成动态能耗—运价匹配模型，降低车队运营成本 15% 以上。云端动态地图平台将覆盖全国 80% 干线物流网络，实时更新道路坡度、气象与交通管制信息，提升运输效率 20% 以上，智能运输生态体系将会加速重构。

3. 产品形态革新驱动商业模式创新

（1）轻量化技术驱动合规与高效

中重型载货车新能源渗透率正在快速提升，为解决续航问题，匹配的电池电量越来越大、越来越重，进一步压缩了整车装载重量，而且 2024 年欧洲发布了商用车 NCAP 主动安全评级，会引领商用车安全门槛更高，因此探索超强度复合材料在商用车上的应用成为关键课题，其中碳纤维增强复合材料将在驾驶室、车架等核心部件普及，2027 年可实现整车减重 15%，同时满足 C-NCAP 五星安全标准。陶瓷基刹车片技术预计 2029 年覆盖全系重卡，摩擦系数稳定性提升 30%。

（2）产品开发与商业模式加速创新

为适应日益激烈的商业竞争，车企将面临持续稳定竞争力和需求快速迭代的挑战，模块化平台架构和差异化拓展开发是大多数车企的选择，基于滑板底盘技术的模块化设计成为主流，支持快速适配不同上装需求，产品研发周期缩短 30%。

随着新能源渗透率快速提升，客户需求也发生着剧烈变化，其中续航焦虑、初始购置成本压力突出，车电分离、整车租赁、运力承包、补能、软件升级等商业模式将覆盖 50% 以上客户，收入比重有望过半。

4. 全球化竞争：从成本优势到技术输出

市场结构：头部效应强化，区域分化显著。全球中重型载货车市场呈现

"双核驱动"格局：中国与欧美品牌主导高端市场，新兴经济体成为增量主战场。2025 年，中国仍为全球最大市场，但南亚/东南亚销量占比有所提升，超越北美成为第二大市场。头部企业集中度持续攀升，戴姆勒、Traton（大众商用车）等国际巨头占据技术优势，而中国本土品牌通过性价比与本地化服务，在非洲、中东等"一带一路"地区实现份额突破。

技术路径：新能源与智能化重构竞争力。欧美企业依托氢燃料、混动技术巩固高端市场，如戴姆勒氢能重卡在欧洲干线物流渗透率超 10%。中国品牌则以纯电动、换电模式抢占新兴市场，2025 年新能源重卡渗透率达 13.6%，宁德时代 CTP 电池、华为 MDC 智能驾驶平台赋能产品升级。政策驱动下，国六排放标准与碳关税倒逼企业加速技术迭代，形成"低碳技术+全生命周期服务"的竞争壁垒。

竞争策略：全球化布局与本地化深耕。国际巨头通过并购整合强化区域覆盖，如 Traton 收购纳威司达布局美洲市场，中国车企则采取"技术输出+产能合作"模式。同时，印度、东南亚等新兴市场成为必争之地，本土化生产与供应链协同成为突破关键。

（四）技术趋势

1. 全铝车身技术

随着全球环保政策趋严及物流效率需求提升，铝合金因良好的轻量化性能在车身设计中优势凸显：相比传统钢制车身可减重 10%~20%，降低燃油消耗，提升载货效率。此外，铝材吸能性是钢材的两倍，可提升车身碰撞安全性。通过铆接、黏接等工艺，可以解决铝合金焊接难题，结合一体压铸技术可进一步简化生产流程，降低成本并提高结构强度。

尽管全铝车身初期成本较高，但铝材回收率高达 90% 以上，可有效降低全生命周期成本。

未来，随着材料工艺突破与产业链协同，全铝车身将从中高端车型向主流中重型载货车渗透，预计 2025 年全球铝车身占比有望突破 18%，成为商用车绿色转型的关键技术路径。

2. 新能源专属轮胎技术

中重型商用车向新能源方向发展已是行业共识，由于采用电机驱动及能量回收功能，驱动和制动的特性与传统车辆具有较大差异，主要表现为：驱动力瞬间加大，增大了轮胎打滑概率；制动能量回收策略优先采用后驱动轮进行制动，导致轮胎制动力负荷加大；新能源车电池重，同等装载条件下轮胎载荷大；另外新能源商用车多应用于短途、煤炭、砂石料运输场景，路况相对较差。以上变化驱使国内外轮胎企业开发新能源车专属轮胎，主要技术包括：①低滚动阻力：采用特殊胎面配方和结构设计，减少轮胎变形和能量损失。用以降低能耗，延长续航里程；②高承载：通过加强胎体和帘线材料，提升轮胎的承载力和耐久性，用以适应新能源车电池重量的增加；③耐磨性：通过使用高耐磨橡胶材料和优化胎面花纹设计来克服启动迅猛及能量回收带来的磨损，延长轮胎寿命，以降低 TCO[①]。中重型新能源商用车轮胎技术通过低滚动阻力、高承载能力、耐磨性方向的改善，提升了车辆性能，降低了 TCO，推动了新能源商用车的发展。

3. 大功率燃料电池技术

燃电"3+2"示范城市群最大补贴功率 110kW 奖励政策接近尾声，接续政策有望提升补贴限值接近 200kW。目前已有七个省份不同程度实施了氢能车辆免费高速通行政策，且不断有新的省份加入氢能车免费行列，显著降低了氢能车辆的使用成本，TCO 向传统车逼近。未来国家通过"两纵四横"、重大专项扩大城际示范区，燃电干线物流牵引车将逐步上量，200～300kW 燃电功率需求呈上升趋势。燃电发动机在进一步提升效率、降低成本的基础上，大功率电堆产品将会是市场需求主流，目前国内已陆续发布400kW 单堆产品，国外仍以双堆构型应对为主。大功率单堆、单发动机集成技术也将是未来最值得持续关注的技术趋势之一。

4. 氢气发动机技术

重型氢气发动机作为"双碳"背景下的一种零碳动力解决方案，相关

---

① TCO：总拥有成本（Total Cost of Ownership），指的是购买和使用一辆汽车在整个生命周期内所产生的全部费用。

的研究与开发仍处于技术积累和示范探索阶段。可以预见，在今后一段时间内，氢气发动机将成为国内外的研究热点，其技术研究方向将主要集中在以下四个方面：①"卡脖子"零部件开发：如大流量、高寿命、耐氢脆氢燃料喷射器等；②燃烧方面：针对氢气易发生非正常燃烧等难点，开发氢气超稀薄高效燃烧系统，抑制爆震等非正常燃烧；③电控方面：针对高瞬态控制精度和响应性等难点，完成重型氢气发动机电控系统开发；④排放处理方面：在机内层面，实现超稀薄燃烧、近零排放与快速瞬态响应的折中，在机外层面，开发耐水高效后处理系统。

5. AI 语音交互技术

随着 AI 大模型技术的不断发展，其强大的语言理解与生成能力、知识推理能力、上下文感知能力为车载语音交互进化提供了技术保障。车载语音助手利用大语言模型可以理解复杂的上下文，支持多轮对话，提供更连贯的交互体验，通过分析语音中的情感，大模型可以调整回应方式，提供更人性化的服务，通过向量知识库搭建，学习复杂的用车、修车知识，精准回复用户与车辆相关的问题，进一步提升商用车运行效率和安全性，向用户提供丰富的情绪价值。

6. 车机软硬解耦技术

商用车主机厂在车机系统开发中通常面临传统车机系统因软硬件紧耦合导致的重复开发、升级困难、扩展性差等痛点问题，车机软硬解耦技术可以有效解决这一问题。它采用分层架构设计，通过标准化 API 接口协议构建硬件抽象层（HAL）和平台化服务层，将车载信息娱乐等上层应用与车机硬件分离。该技术采用 SOA 模块化设计理念，通过抽象化接口技术屏蔽异构硬件差异，使软件系统可跨不同硬件平台移植运行。

该技术实施后主要体现三大优势：一是支持硬件能力向第三方开放，以构建更丰富的生态系统；二是支持软硬件独立迭代升级，可通过 OTA 持续更新软件功能；三是提高软件复用率，支持软硬件并行开发，缩短开发周期。

7. 兆瓦级充电技术

兆瓦级充电旨在满足重型电动交通工具快速充电需求，提升充电效率。现阶段纯电动重卡存在充电时间过长、续航里程短、电池接受能力不适配、充电设备安全隐患及不统一兼容全部车型等痛点难点。未来，充电功率将普遍达到1MW，依靠短时间补能实现长续航里程，技术将朝着提升设备性能、优化电池适配性方向发展，通过改进冷却技术解决散热问题，提升充电效率，消除安全隐患。同时，智能充电管理与兼容性提升技术也将不断进步，完成不同车型的自动适配，助力成本降低，促进兆瓦级充电技术广泛应用与产业发展。

8. 智能配电技术

商用车行业正加速向智能化和电动化转型，智能配电系统将在提升车辆能效、安全性和可靠性方面发挥关键作用：随着商用车电动化渗透率持续提升，传统配电系统的机械式保险丝已无法满足复杂场景下的精细化电力管理需求，Efuse与能源管理系统的深度结合成为趋势，通过算法优化配电策略，结合车辆负载、路况及电池状态动态调整电力分配，可降低能耗，并延长电池寿命；智能配电控制模块，可实时监测电流、电压及温度参数，实现毫秒级故障诊断与自适应保护，显著降低因电路过载引发的安全隐患，为高阶智驾提供稳定的电力保障；同时支持远程OTA升级，提升配电系统的灵活性和可维护性。

9. 混合动力技术

伴随着节能减排法规的逐步加严，混合动力技术作为重要的过渡性技术被国内各OEM所重视。相比于纯电动卡车，混合动力车具有无里程焦虑、购置使用成本低、场景适应性强、基础设施依赖度低等优势，未来一段时间内在城市、中短途、山区等特定运输场景下仍有较大发展机会。混合动力技术的短板同样明显，系统复杂度高、可靠性风险增加、制造成本高等方面对其应用带来了挑战。预计从系统构型上，未来串联、并联、混联系统构型会由于用户使用场景的差异而并存。从技术角度，混动系统的集成化设计、热管理、强化能量回收、车联网技术、预见性技术和AI技术的应用是发展趋势。

三　中重型载货车发展问题及建议

（一）存在的问题和挑战

1.市场需求波动剧烈，结构性矛盾突出

2024年，中国中重型载货车市场呈现"总量趋稳、结构分化"的特征。全年销量102.9万辆，同比增长1.1%，但重型载货车受政策调整和经济周期影响，销量波动显著，主要依赖补贴政策支撑。市场从"增量竞争"转向"存量竞争"，但新能源和高端产品供应不足，传统燃油车产能过剩问题加剧，部分企业面临库存压力。

2.核心技术依赖进口，新能源化进程面临瓶颈

尽管新能源商用车渗透率持续提升，但重型载货车领域仍面临动力电池能量密度低、氢燃料电池成本高等技术瓶颈。电控系统、智能驾驶芯片等核心部件依赖进口，自主化率不足30%，制约产业安全性和竞争力。2024年，国内企业在智能化技术合作方面虽取得突破，但关键底层技术仍受制于人。

3.环保与合规压力持续升级

环保政策趋严，国六排放标准全面实施后，部分企业因技术储备不足导致产品竞争力下降。例如，柴油车限行政策在重点城市扩大，而新能源重卡因充电基础设施不足难以快速替代传统车型。此外，轻量化技术虽能降低能耗，但高强度材料应用比例不足15%，工艺优化滞后。

4.二手车流通体系滞后，循环经济潜力未释放

2024年，全国中重型载货汽车销量持续复苏，但二手车交易仍存在评估标准缺失、数据透明度低等问题。缺乏全国统一的二手商用车交易平台，导致车况信息不对称，市场活跃度受限。

5.国际市场竞争加剧，品牌溢价能力不足

2024年中国重型载货车出口结构以中低端产品为主，附加值较低。尽管中国重汽、陕汽集团等企业通过"一带一路"布局海外工厂，但在高端

市场仍难与戴姆勒、沃尔沃等品牌竞争。欧洲市场对中国品牌的技术认可度不足，售后服务网络覆盖率不足，制约品牌国际化进程。

（二）发展建议

1. 优化政策体系，引导供需动态平衡

需求侧：延续新能源购置税减免政策，扩大城市路权优先覆盖范围，重点支持公共领域电动化（如港口牵引车、城市渣土车）。供给侧：建立产能动态监测机制，对传统燃油车产能实施"红黄绿灯"分类管理，重点支持氢燃料、纯电动等技术创新，推动产品结构向高端化转型。

2. 强化核心技术攻关，完善自主可控产业链

设立国家级专项基金，聚焦高能量密度固态电池（目标能量密度≥400Wh/kg）、低成本氢燃料电池（单套成本降至 50 万元以下）及车规级芯片研发，支持龙头企业与科研院所共建联合实验室。推动"技术—标准—市场"协同创新，如借鉴华为与一汽解放合作模式，加速智能驾驶技术商业化落地。

3. 优化环保与轻量化标准体系

制定重型车全生命周期碳排放核算标准，对低排放车型实施阶梯式税收减免，引导企业向"零碳制造"转型。推广高强度铝合金、碳纤维复合材料应用，建立轻量化设计数据库，目标将材料减重比例提升至 20% 以上。

4. 发展二手车市场，构建循环经济生态

建立全国统一的二手车评估认证平台，推动车况数据透明化，规范交易流程。延续"以旧换新"补贴政策，对淘汰国四及以下车辆的企业给予置换补贴。探索动力电池梯次利用模式，联合第三方机构建立回收体系，提升资源利用效率。

5. 推进国际化战略，提升全球竞争力

依托"一带一路"，在东南亚、非洲等地区建设海外生产基地和备件中心，目标将售后服务网络覆盖率提升至 50% 以上。参与国际标准制定，推动中国技术标准（如换电模式、智能驾驶）与国际接轨，增强品牌话语权。例如，支持一汽解放、中国重汽、东风集团等企业主导 ISO 商用车标准修订。

B.3
2024年轻型载货车发展报告

摘　要： 本报告介绍了2024年中国轻型载货车发展现状，综合分析了轻型载货车发展趋势及影响因素，提出了纯电车型电池性能与续航矛盾突出、充电基础设施城乡失衡与场景适配不足、应用场景局限性引发"内卷式"竞争等问题，就轻型载货车未来发展，提出政策赋能构建长效激励机制、完善标准与监管体系、聚焦核心痛点攻关技术突破等意见建议。

关键词： 轻型载货车　产业布局　模式创新

一　轻型载货车发展现状

（一）国内市场情况

1.国内市场销量

2024年，中国经济在复杂严峻的国内外环境下，保持了总体平稳、稳中有进的发展态势，高质量发展扎实推进。2024年，汽车产销量再创新高，继续保持在3000万辆以上规模。商用车市场表现相对疲弱，产销未达400万辆预期；新能源汽车继续快速增长，年产销首次突破1000万辆，销量占比超过40%。轻型载货车行业增长乏力，全年共计销售190万辆，在整体商用车市场下滑的背景下，仍保持了微增，同比上升0.28%。国家推出的"两新"政策支持（除新能源冷藏车以外）对轻型载货车市场影响不大，显示出市场需求的稳定性和韧性（见图1）。

2024年中国轻型载货车销量增速呈现"L"形走势。受经济大环境

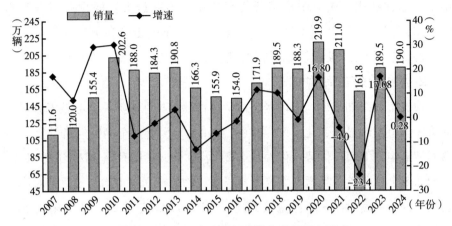

图1 2007~2024年中国轻型载货车销量和增速

资料来源：根据中国汽车工业协会数据整理。

影响，从第一季度到第三季度的经济下行压力逐步加大。上半年轻型载货车市场的月度销量同比基本保持正增长，但是增幅逐步回落；下半年的月度同比进入负增长阶段（见图2）。2024年7月24日，《关于加力支持大规模设备更新和消费品以旧换新的若干措施》正式发布，加大对汽车"两新"的补贴力度。但是在整体层面上，对乘用车的力度大于商

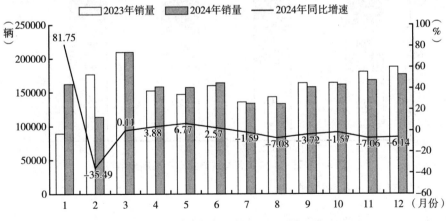

图2 2023~2024年中国轻型载货车月度销量和增速

资料来源：根据中国汽车工业协会数据整理。

用车，而在商用车中对中重型载货车的支持力度最大，轻型载货车基本没有得到支持，所以2024年下半年轻型载货车的走势基本反映了市场供需情况，也反映出投资领域下行的基本面。

2. 国内市场产品结构情况

根据市场终端数据，国内轻型载货车产品结构在政策调整与技术升级的双重驱动下呈现显著变化，N1类（总质量≤3.5吨）车辆因经济性和全生命周期成本（TCO）优势，份额从2021年的49.2%提升至2024年的52%，增加2.8个百分点。其增长主要受益于城市物流配送需求增加及政策对小微货运车辆的鼓励。N2-蓝牌受"大吨小标"治理政策影响，其份额从2021年的39.4%下降至2023年的27.6%（政策过渡期部分企业合规化调整），2024年上升至34%，显示政策严格执行后市场回归理性，需求刚性较强。N2-黄牌份额从2021年的3.8%下降至2024年的2.4%。N3类（总质量>12吨）份额从2021年的7.6%上升至2024年的11.6%，但整体波动较小，主要服务于工程运输、大宗物流等重载场景。随着新能源技术普及和城配物流精细化需求增强，N1类及新能源车型占比有望持续提升（见图3）。

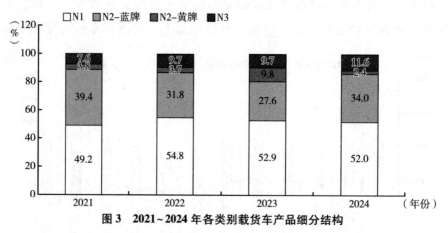

图3　2021~2024年各类别载货车产品细分结构

资料来源：市场终端数据。

3. 国内市场企业竞争格局

2024年轻型载货车（不含皮卡）市场销量较同期微降，TOP5企业合计市场份额达到 71.0%。头部企业中，北汽福田全年销售 43.5 万辆，同比增长 2.1%，市场份额上升 1.1 个百分点，继续保持行业领先。重庆长安全年销售 17.9 万辆，同比增长 8.5%，市场份额上升 1.2 个百分点，保持行业第二。东风汽车全年销售 15.1 万辆，同比下降 2.9%，市场份额微降，排行业第三；华晨鑫源、吉利商用车 2023 年、2024 年连续两年保持高增长态势，2024 年销量同比分别增长 37.6% 和 59.5%，市场份额分别上涨 1.9 个和 1 个百分点（见表1）。

表1　2023~2024 年轻型载货车（不含皮卡）企业销量及份额变化

单位：辆，%

企业	销量		同比增速	份额	
	2024 年	2023 年		2024 年	2023 年
北汽福田	435465	426671	2.1	32.2	31.1
重庆长安	179838	165709	8.5	13.3	12.1
东风汽车	151414	155960	-2.9	11.2	11.4
江淮汽车	104041	115575	-10.0	7.7	8.4
华晨鑫源	88772	64520	37.6	6.6	4.7
TOP5 小计	959530	928435	3.3	71.0	67.5
中国重汽	86696	82595	5.0	6.4	6.0
江铃汽车	61932	62832	-1.4	4.6	4.6
上汽大通	20387	33568	-39.3	1.5	2.4
中国一汽	39693	35827	10.8	2.9	2.6
吉利商用车	33634	21086	59.5	2.5	1.5
TOP10 小计	1201872	1164343	3.2	88.9	84.7
其他	149913	209589	-28.5	11.1	15.3
总计	1351785	1373932	-1.6	100.0	100.0

资料来源：根据中国汽车工业协会数据整理。

4. 国内区域市场销售

2024 年运价持续低迷，终端市场换车需求动力不足，存量竞争激烈，国内市场表现仍相对疲弱，全国轻型载货车（不含皮卡）整体销量下降 11.6%。分区域看，销量仍然集中在山东、湖北、河北、河南、广东等地区，TOP10 省份中除湖北外，其余省份均出现不同程度负增长，其中四川、河南、河北下滑较严重，与 2023 年形成强烈反差（见图4）。

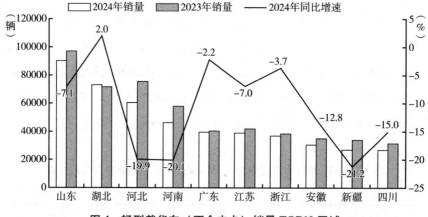

图 4　轻型载货车（不含皮卡）销量 TOP10 区域

资料来源：根据企业数据整理。

（二）海外市场情况

1. 海外市场销量

2024 年中国轻型载货车出口表现亮眼，全年出口量达 43.3 万辆，同比增长 30.96%，显著高于商用车出口整体增速 17.5%。轻型载货车（不含皮卡）出口量为 17.9 万辆，同比增长 8.5%，占轻型载货车（不含皮卡）国内外总销量的 13.2%，自 2022 年出口比重连年提升。而反观国内轻型载货车（不含皮卡）销量则下降 3.0%，比重也持续下滑（见表 2）。自 2021 年以来，中国汽车出口持续提升，成为汽车出口第一大国，其中轻型载货车出口这一增长主要得益于海外市场需求结构性增长，共建"一带一路"国家及非洲、东南亚、中东等地区因基建投资活跃，这些地区的中短途物流、城市配送及工程配套运输需求，推动轻型载货车成为核心运输工具，对轻型载货车需求持续攀升。新能源轻型载货车也成为增长引擎，国家通过老旧柴油车淘汰补贴、新能源购置税减免等措施，加速了海外市场对新能源轻型载货车的接受度。例如，东南亚多国将新能源轻型载货车纳入政府采购清单，进一步拉动出口。

表2　2022~2024年轻型载货车（不含皮卡）国内与出口销量与份额变化

单位：辆，%

类别	销量			比重		
	2024 年	2023 年	2022 年	2024 年	2023 年	2022 年
出口销量	178576	164544	105093	13.2	12.0	9.6
国内销量	1173209	1209388	994057	86.8	88.0	90.4
整体销量	1351785	1373932	1099150	100.0	100.0	100.0

资料来源：根据中国汽车工业协会数据整理。

2. 国内企业海外出口情况

2024年行业总出口量17.9万辆，北汽福田和东风汽车是主要增长引擎，合计贡献超六成增量。中国一汽以741.5%的增速（基数低）成为黑马，但江淮汽车、上汽大通等企业出口量下滑，显示出市场竞争激烈，中小型企业承压。市场集中度持续提升，TOP5企业2024年合计出口15.2万辆，占总出口量的84.9%，较2023年提升7.4个百分点。TOP10企业占比达95.4%，市场高度集中于头部企业，其中北汽福田以9.6万辆出口量、53.8%的份额稳居第一，且份额同比提升7.3个百分点，龙头地位进一步强化。东风汽车凭借高增速跃升至第二，份额达11.8%。轻型载货车出口市场呈现"强者恒强"格局，北汽福田和东风汽车主导增长（见表3）。

表3　轻型载货车（不含皮卡）企业2023~2024年出口量和份额变化

单位：辆，%

企业	出口量			份额	
	2024 年	2023 年	增长率	2024 年	2023 年
北汽福田	96330	76490	25.9	53.8	46.5
东风汽车	21117	14474	45.9	11.8	8.8
江淮汽车	17368	19561	-11.2	9.7	11.9
江铃汽车	10231	9387	9.0	5.7	5.7
长安汽车	6974	7601	-8.2	3.9	4.6
TOP5 小计	152020	127513	19.2	84.9	77.5

续表

企业	出口量			份额	
	2024 年	2023 年	增长率	2024 年	2023 年
华晨鑫源	6845	8268	-17.2	3.8	5.0
山西成功	4471	3026	47.8	2.5	1.8
中国重汽	3861	3055	26.4	2.2	1.9
上汽大通	2039	5321	-61.7	1.1	3.2
中国一汽	1683	200	741.5	0.9	0.1
TOP10 小计	170919	147383	16.0	95.4	89.6
其他	8163	17161	-52.4	4.6	10.4
合计	179082	164544	8.8	100.0	100.0

资料来源：根据中国汽车工业协会数据整理。

2024 年皮卡出口市场呈现"总量激增、格局洗牌"特征，江淮汽车、河北长安等企业通过高性价比产品和区域市场深耕实现逆袭，新能源车企开始布局。皮卡出口总量达 25.4 万辆，同比大幅增长 53.2%，呈现爆发式增长态势。皮卡出口 TOP5 企业合计出口 21.2 万辆，占比 83.5%，但较 2023 年份额下降 5.7 个百分点。其中长城汽车以 5.45 万辆出口量蝉联第一，但份额从 29.1% 下滑至 21.5%，龙头优势减弱。江淮汽车同比增长 89.1% 和河北长安同比增长 163.5% 成为增长主力，出口量分别达 5.37 万辆、4.45 万辆，份额提升至 21.1%、17.5%，跃居第二、第三位。江铃汽车同比增长 71.6%，北汽福田同比增长 66% 亦表现强劲。比亚迪首次进入榜单，出口 1.1 万辆，占 4.3% 份额，反映出新能源皮卡开始渗透国际市场。中小型车企表现亮眼，山东唐骏出口量暴增 728.2%（基数低），河北中兴同比增长 72.3%，企业快速扩张。尽管 TOP10 企业仍占据近 100% 份额，但非头部企业增速显著（见表 4）。

表4　皮卡企业2023~2024年出口量和份额变化

单位：辆，%

企业	出口量			份额	
	2024年	2023年	增长率	2024年	2023年
长城汽车	54502	48262	12.9	21.5	29.1
江淮汽车	53692	28397	89.1	21.1	17.1
河北长安	44518	16893	163.5	17.5	10.2
上汽大通	42222	44334	-4.8	16.6	26.7
江铃汽车	17300	10083	71.6	6.8	6.1
TOP5小计	212234	147969	43.4	83.5	89.2
北汽福田	16778	10109	66.0	6.6	6.1
比亚迪	11038	0	—	4.3	0.0
河北中兴	10335	5999	72.3	4.1	3.6
郑州日产	1900	1513	25.6	0.7	0.9
山东唐骏	1706	206	728.2	0.7	0.1
TOP10小计	253991	165796	53.2	100.0	100.0
其他	81	38	113.2	0.03	0.02
合计	254072	165834	53.2	100.0	100.0

资料来源：根据中国汽车工业协会数据整理。

3. 海外市场区域销量情况

分区域看，拉美、俄罗斯、澳大利亚为主要出口区域。分国家来看，墨西哥、俄罗斯、智利、澳大利亚、沙特阿拉伯出口规模位居前五，其中墨西哥、沙特阿拉伯、乌拉圭、哥伦比亚出口量/出口额增速都高速增长；澳大利亚和厄瓜多尔的出口下滑较多（见表5）。

表5　轻型载货车2024年主要出口国家

排序	国家	出口量			出口额		
		2024年（辆）	2023年（辆）	增长率（%）	2024年（万美元）	2023年（万美元）	增长率（%）
1	墨西哥	86203	56329	53.0	102848.7	53874.9	90.9
2	俄罗斯	35083	33872	3.6	59649.0	53886.9	10.7
3	智利	32966	25982	26.9	39450.9	30811.9	28.0
4	澳大利亚	20793	26306	-21.0	35889.8	43821.5	-18.1

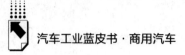

续表

排序	国家	出口量			出口额		
		2024 年（辆）	2023 年（辆）	增长率（%）	2024 年（万美元）	2023 年（万美元）	增长率（%）
5	沙特阿拉伯	18959	12581	50.7	24054.4	16245.4	48.1
6	越南	18652	15486	20.4	12420.0	10329.3	20.2
7	秘鲁	12457	12072	3.2	14112.5	12912.9	9.3
8	乌拉圭	11864	6991	69.7	11922.2	6647.9	79.3
9	厄瓜多尔	10643	11771	-9.6	11639.7	12929.6	-10.0
10	哥伦比亚	10203	5317	91.9	12134.4	5152.8	135.5
	其他	185947	156180	19.1	207294.1	172894.6	19.9
	合计	443770	362887	22.3	531415.6	419507.9	26.7

注：选取商品名称 14 吨以下的柴油/汽油货车。

资料来源：根据海关出口数据整理。

二　轻型载货车①发展趋势

（一）技术趋势

1. 电动化推进：政策细化与技术迭代驱动新格局

2024 年，轻卡新能源化进程加速，实现跨越式增长，全年销量 11.7 万辆，同比增长 129%，全年渗透率高达 17.5%，12 月渗透率最高达到 26.2%，政策支持与技术进步形成双重驱动力（见图 5）。

（1）政策与市场协同

2023 年国家提出"推动大规模设备更新和消费品以旧换新"政策，2024 年国务院《推动大规模设备更新和消费品以旧换新行动方案》落地实施，加快老旧燃油商用车淘汰，激发新能源替换需求。同时，推行公共领域

---

① 轻型载货车主要包括轻卡和皮卡，皮卡占比不足 30%，轻卡的电动化率也远高于皮卡，因此本部分主要围绕轻卡展开。

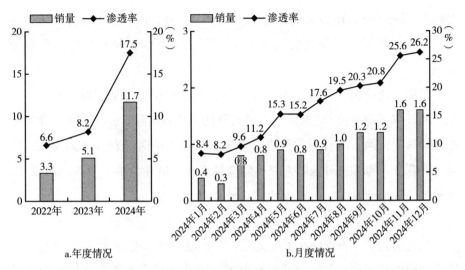

图5　轻卡新能源销量及渗透率

资料来源：上险数据。

车辆电动化试点政策，如2023年八部门联合发文，推动公交、环卫、物流等场景的新能源化进程。此外，政府给予新能源商用车购置税减免、运营补贴（以旧换新最高每辆2万元），并赋予新能源车牌路权优先（如城市配送车辆不限行），既降低用户成本，又提升运营效率。

（2）地方政策差异化

氢能产业基础较强的地区（如广东、上海、成都）聚焦氢燃料轻卡推广，通过专项补贴（最高30万元/车）、加氢站网络建设（如上海规划"百站千车"）、高速通行费减免（如吉林对氢能车免收高速费）等政策，推动氢能轻卡在港口、化工园区等场景落地。而充电设施完善的城市（如北京、浙江）则主攻纯电轻卡，通过扩大路权（如太原、芜湖放宽新能源货车通行限制）、换电模式创新（如京津冀布局"3分钟换电"站点）提升电动轻卡渗透率。

冷链物流重点区域（如海南、山东）推出"超低温冷机+电池一体化"轻卡专项补贴，要求货厢温控精度达±0.5℃；城市配送密集地区（如广州、重庆）则强化绿色通行权，允许新能源轻卡全天候进入核心城区，并配套

"数字货运平台+碳积分兑换"等运营激励。此外，山西、内蒙古等地针对矿区、高原场景，优先支持混动轻卡应用，提供购置税减免与油电差价补贴。

东部发达地区（如长三角、珠三角）侧重全生命周期成本（TCO）优化，通过"车电分离+电池银行"模式降低用户初始购车成本30%，并推出电池健康度保险、碳资产质押贷款等金融工具。中西部省份（如安徽、四川）则聚焦基础设施建设，对三、四线城市充电桩建设给予30%税收抵扣，并通过"光储充换"一体化站点解决城乡补能差异。

（3）技术路线分化

纯电动轻卡：占据绝对主导地位，占比超90%。受电池成本下探驱动，产品结构加速向电量两极分化：小电量（<60度）车型聚焦高频次短途城配，综合成本低至0.4元/公里；大电量（>120度）车型续航突破350公里，适配中距离跨城运输，推动100度电产品占比升至51%，替代传统80~90度电市场。

混动轻卡：占比7.7%，呈现技术多元化。甲醇增程凭借0.5~0.6元/公里的经济性优势快速崛起，占混动市场40%份额，冷链与跨城运输成核心场景；大电量增程产品（纯电续航≥200公里）通过"纯电+混动"双模式覆盖城配与长途需求，逐步取代小电量车型成为主流。

氢燃料轻卡：仍处示范期，封闭场景商业化验证加速，加氢效率与低温适应性提升推动港口、园区等场景渗透。

2. 集成化升级：系统级创新重构产业链价值

（1）智能电驱桥

新一代电驱桥集成电机、减速器及热管理系统，支持扭矩动态分配。集成化设计大幅提升了电驱桥的空间利用率和性能表现。将电机、减速器、差速器和逆变器集成模块化单元，可消除机械接口损耗。作为新能源商用车动力系统的核心，高度集成的电驱系统正随着技术路线的多元化与能源形式的革新而持续迭代升级。目前已涌现出多种集成解决方案，包括"二合一"总成（电机+减速器）、"三合一"总成（电机+减速器+电机控制器），乃至更高集成度的"多合一"总成。电驱桥技术设计不仅能够实现整体结构紧凑化，还通过电机直驱的方式，大幅提升传动效率，进而增强车辆动力性能，同时有效降低能耗与车身自重，不仅优化车辆底盘的空间利用，为电池组等关键部件的布局创造更多灵活性，还显著提升运输效率与运营经济性，精准契合商用车用户的核心需求。

（2）材料轻量化

在"双碳"目标及全球环保法规趋严的背景下，轻卡行业材料轻量化已成为技术升级的核心方向之一。通过材料革新、工艺优化与结构设计协同，轻量化技术不仅降低能耗与排放，更推动车辆综合性能跃升。铝合金货厢替代传统钢制货厢，减重达40%~50%，抗腐蚀性提升3倍以上，成为城配轻卡标配。镁合金轮毂较铝合金再减重30%，单轮成本下降，适配高端轻卡车型。某主流品牌镁合金轮毂量产车型实测综合工况能耗下降5%，且抗冲击性能提升20%，推动其在冷链、危化品运输等高附加值场景普及。碳纤维增强塑料（CFRP）用于驾驶室顶盖、保险杠等非承重部件，提升碰撞吸能效率，逐步从示范项目走向商业化量产。超高强度钢（UHSS）1500MPa级热成型钢应用于车架纵梁、A柱等关键部位，较传统钢材减重的同时，提升抗扭刚度，满足碰撞安全与承载需求。轻量化技术使4.5T级轻卡整备质量降至2.8吨以下（较传统车型减重15%），用户年运营成本节省超2万元。然而，材料成本波动（如镁合金价格波动）、回收体系不完善（复合材料难降解）仍是规模化推广的瓶颈。未来，随着"以塑代钢"技术成熟、循环经济政策完善，轻量化将向"全材料—全生命周期"低碳模式升级，成为轻卡行业竞争的核心差异化壁垒。

3. 数字化赋能：全价值链数据穿透

（1）AI驱动正向开发

AI技术在轻型商用车研发领域的应用正加速行业创新。通过构建数字孪生模型，企业可模拟实际运营场景（如城市配送、冷链运输），优化整车设计，例如，模拟百万公里路谱数据，优化车架结构设计，缩短轻卡底盘开发周期，提升车架刚度。

（2）零碳智能制造

5G+工业互联网实现生产全流程追溯，关键工序自动化率提升，单台制造成本下降。以东风汽车股份有限公司襄阳智能制造和绿色工厂为例，仅总装车间就配置了50台套AGV，实现了分装物料的自动转运，各线体之间通过PBS、EMS、AGV等，实现自动转接，是国内首创的轻型商用车AGV柔性总装线，全长300多米，产线可装配600多种车型，纯电车、混动车、燃油车等多种车型实现自由切换。品控智能，精益物流，周转库存下降50%，物料上线自动化率达97%，包装材料循环利用率达95%，产能提升75%，国际领先，直接拉动下游企业东风康明斯产值增长超60%。同时工厂还建设了国内首套烟尘颗粒物集中式收集仓，颗粒物和有机物排放达到了国家环保A级标准。工厂还建立了56兆瓦光伏电站，年发电量1310万千瓦时，覆盖30%生产用能，年减碳3.2万吨，达到绿色工厂标杆企业标准。这就是产业转型升级"数字赋能、制造焕新"的缩影。

（二）产品趋势

1. 合规化持续升级

随着工信部《货车类道路机动车辆产品上装委托加装管理实施细则》的落地，轻型载货车行业合规化进程加速深化。政策明确自2025年7月1日起，二类底盘改装需由主机厂认证的委改厂完成，禁止经销商自行选择非清单内企业改装，此举将彻底改变行业生态。政策要求主机厂对委改厂实施清单化管理，推动上装生产从"分散无序"转向"集中可控"。主机厂需对委改厂资质、工艺、质检全流程认证，确保改装环节符合国六排放、安全技术规范（如GB 7258）等强制性标准。为适配合规化委改，主机厂将加速推进底盘—上装一体化设计，新一代轻卡底盘预留标准化接口（如PTO取力器、电路快插接头），支持模块化上装快速适配，使改装周期缩短。同时，通过数字化平台实现上装参数云端同步，确保改装后整车公告一致性，避免"大吨小标"等违规风险。短期看，委改成本可能上升10%~15%，但长期将淘汰30%不合规中小企业，推动市场向头部集中。主机厂需构建"底盘研发—委改协同—

数据监管"全链条能力，以合规化为抓手抢占新一轮技术制高点。

2. 智能网联化重塑轻型载货车定义

（1）自动驾驶功能分级落地

L2级（AEB/LKAS）重点优化城市物流场景的频繁启停与低速避障能力，L3/L4级限定于封闭场景（港口/园区），需满足无人装卸接口标准（如货厢与AGV机械臂毫米级对接）及远程监控平台强制接入要求。

（2）车路协同（V2X）深度集成

基于DSRC与C-V2X混合通信架构，轻卡实现与交通信号灯、路侧单元的实时交互。例如，某物流企业试点"绿波通行"轻卡，通过V2I获取信号灯时序，城区配送效率提升25%。

（3）载重动态控制技术普及

智能底盘系统根据货物重量（±50kg精度）自动调整制动力分配与悬架刚度，侧翻风险降低40%，同时满足GB 7258对制动距离的强制合规要求。

（4）轻卡智能座舱正从"功能堆砌"向"场景化服务生态"升级

语音交互与货运平台API的深度融合成为提升运营效率的核心抓手。头部货运平台（货拉拉、满帮）已开放标准化API接口，与主机厂车机系统深度耦合。座舱平台进一步整合金融、保险、维修服务。据行业实测，智能座舱使司机日均有效工作时长增加2小时，月均收入提升18%~22%，推动轻卡从"生产工具"向"创收生态终端"转型。

（5）智能网联化正重塑轻卡产品定义，从"运输工具"转向"智能运力节点"

预计2027年，符合新标的智能网联轻卡将占市场销量50%以上，带动"车路云一体化"、数据服务等衍生市场规模突破1200亿元。企业需以标准为锚点，构建"技术—场景—合规"三位一体的竞争力，方能应对新一轮行业洗牌。

3. 全球本地化深度适配

在全球化与区域市场差异化需求驱动下，轻型载货车企业加速推进"全球本地化"战略，通过技术定制、场景适配与商业模式创新，构建区域

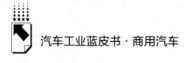

市场竞争力。

（1）东南亚市场

针对东南亚高温高湿、右舵交通规则等特点，轻卡产品可搭载耐高温电池冷却系统（工作温度上限提升至 55℃）、防腐蚀涂层货厢（盐雾测试超1000 小时），提升车辆出勤率；推出"按公里计费"轻卡租赁服务（如 0首付+0.15 美元/公里），日均成本仅为传统购车模式的 60%，适配中小物流企业轻资产运营需求。某中国品牌通过泰国本地化工厂实现右舵轻卡年产5 万辆，市占率突破 25%。

（2）欧洲市场

为满足欧盟碳关税（CBAM）与欧七排放标准，轻卡产品可聚焦零碳技术突破，通过 WVTA 整车认证与 CE 安全标识，适配 CCS2 充电协议与欧标交流桩（22kW），充电兼容性达 100%；德国 BAFA 对纯电轻卡补贴最高9000 欧元/车，推动 4.5T 级电动轻卡续航提升至 400 公里（WLTP 工况）。

（3）南美市场

针对高原地区与燃料多样性需求，可考虑电机峰值扭矩 450N·m，搭配涡轮增压发动机（燃效提升 20%）；开发乙醇汽油/压缩天然气（CNG）双燃料车型，降低燃料成本 40%。

未来，轻型载货车企业需构建"区域研发中心+本地化供应链+数据化服务平台"三角支撑体系，实现从"产品出海"向"生态出海"升级。

（三）市场趋势

从 2023 年开始，轻卡在经历了销量高峰期之后，市场面临运力饱和、城配行业竞争激烈的局面，行业利润低、盈利难，客户对运营成本关注度不断提升，进一步凸显了新能源的经济性优势，随着电池成本下降（2018 年1.5 元/Wh 降至 2024 年 0.4 元/Wh），纯电动 TCO 经济性进一步提升，将推动渗透率的持续提升。

1. 需求侧

当前用户需求正从"价格敏感"向"全生命周期成本（TCO）"深度转

型，个体用户理性化决策，电池质保期（主流8年/50万公里）与残值保障（如电池健康度≥80%可享高价回购）成为核心购车指标。价格敏感型用户向低线市场（三、四线城市）下沉，TCO导向型用户集中于头部物流企业。

2.供给侧

传统商用车企业依托规模化生产与渠道优势，聚焦纯电与柴油混动市场，通过低价策略（如小电量车型）和金融方案抢占份额；跨界竞争者以生态布局和技术创新破局，吉利通过租售网络与多技术路线布局（纯电/甲醇增程/氢燃料），实现市占率第一，宇通则以行业最低能耗（百公里电耗≤25kWh）形成大电量市场壁垒。短期市场集中度提升（CR10达83%），但格局未定。随着三电技术迭代与场景扩展，具备"全场景覆盖能力+生态协同优势"的企业将主导头部竞争，如搭建"运力服务云平台"，整合货源调度（接入货拉拉/满帮API）、充电桩导航（覆盖95%公共桩）、二手车置换（残值评估误差≤5%），提升用户黏性。而细分领域（如冷链氢能车、高原混动车）可能催生专业化龙头，行业将向"规模化巨头与垂直领域冠军并存"的格局演进。

三 轻型载货车发展存在的问题及建议

（一）存在的问题

1.纯电车型电池性能与续航矛盾突出

新能源轻卡普遍续航里程为200~300公里（NEDC工况），实际城际运输场景中（如冷链配送）续航缩水至150~200公里，难以覆盖单日300公里以上的长途需求。虽推出大电量车型（>120度电），但电池重量增加导致整备质量超4.5吨限制，实际载货量不足3吨，与传统燃油车相比经济性劣势显著。北方地区（如东北、西北）冬季气温低至-30℃，磷酸铁锂电池放电效率降至50%~70%，续航缩水30%~50%，且充电时间延长至2~3小时。部分企业尝试电解液配方优化（如比亚迪刀片电池2.0），但-20℃以下仍依赖PTC加热，能耗增加15%~20%。

2. 充电基础设施城乡失衡与场景适配不足

一、二线城市公共充电桩密度达 5 个/km²，但三、四线城市覆盖率不足 5%，农村地区基本空白。物流园区专用充电桩占比仅 15%，排队充电导致日均运营时间减少 2~3 小时。跨城运输场景中，高速公路服务区快充桩功率普遍低于 120kW，无法满足轻卡大电量需求。部分区域（如云贵高原）充电桩故障率高达 20%，运维响应周期超 48 小时。快充技术（30 分钟充至 80%）仅适配 800V 高压平台高端车型，占市场不足 10%；主流车型采用 400V 平台，快充仍需 1~2 小时。电池成本占整车 40%~50%（8 万~12 万元），叠加回收体系缺失（正规回收率<30%），用户年均维保成本超 1.5 万元。城乡渗透率断层，三、四线城市新能源轻卡渗透率不足 15%，充电桩覆盖率低于 5%。地方政府补贴力度弱，部分地区对氢燃料轻卡补贴高达 30 万元/车，但加氢站建设滞后（全国仅 500 座），纯电车型路权开放与充电补贴不同步，导致资源错配。城际干线缺乏换电网络，纯电轻卡续航难以覆盖单程需求；混动车型虽可油电切换，但燃油成本占比回升至 60%，用户转向意愿低。

3. 应用场景局限性引发"内卷式"竞争

短途场景内卷化，新能源轻卡 80% 集中于城市配送（日均<150 公里），同质化竞争引发厂家价格战与利润挤压，头部企业为抢占份额推出"零首付+贴息"政策，行业平均毛利率跌破 10%。部分企业通过减配（如取消液冷系统）降低成本，引发质量投诉率上升 30%。重载和城际场景因电池能耗高（百公里电耗>50kWh），经济性不敌燃油车，市场占比不足 5%。

4. 产业链配套不足

电池回收体系滞后，退役电池正规回收率不足 30%，黑市拆解导致环境污染与资源浪费。梯次利用技术（如储能基站）成本高（度电回收成本 0.8~1.2 元），商业化进展缓慢。三电系统维修依赖主机厂授权，县级网点覆盖率不足 20%；电池故障诊断设备单价超 50 万元，中小维修站无力承担，导致"修车难"问题突出。

5. 地缘政治与贸易壁垒

欧盟碳关税（CBAM）使出口成本增加 15%~20%；美国《通胀削减法案》限制中国电池供应链准入，本土化采购要求（如北美电池占比 ≥50%）推高制造成本；部分国家政府换届导致新能源补贴退坡（如德国 2025 年取消 BAFA 购车补贴），企业海外投资回报周期拉长；国内政策调整（如国四淘汰延期）影响市场预期。

（二）发展建议

1. 政策赋能构建长效激励机制

延续购置与运营补贴，延续新能源轻卡购置税减免政策至 2030 年，将单车补贴额度提升至 5 万~8 万元（按电量梯度设计），并针对冷链、危化品等专用车型额外追加运营补贴（如每公里 0.2 元），推动细分市场渗透率提升至 30%以上。对传统燃油轻卡实施"排放税+限行"双重约束，倒逼用户向新能源转型。试点城市（如深圳、成都）可率先将燃油轻卡限行区域扩大至城市核心区。以旧换新加速淘汰国四及以下燃油轻卡，为用户提供置换补贴（最高 3 万元/车）。

2. 完善标准与监管体系

技术标准升级，制定《新能源轻卡技术规范》，明确续航、载重、电池寿命等强制指标，建立商用车碳积分交易机制，将轻卡碳排放核算范围扩展至生产、使用、回收全链条。车企可通过电池梯次利用（如储能基站）获取额外积分。

3. 聚焦核心痛点攻关技术突破

电池技术升级，高能量密度电池产业化，支持宁德时代、比亚迪等企业攻关磷酸铁锂电池能量密度，推动固态电池发展和北方市场配套自加热技术（-30℃续航衰减≤20%）。L3 级自动驾驶规模化，完成城配场景（日均里程≤200km）L3 级自动驾驶标准制定，支持车辆在园区、港口实现无人装卸货，人工接管率≤1 次/千公里。材料与工艺革新，推广 1500MPa 级热成型钢车架、镁合金轮毂，降低轻卡整备质量，提高有效载货量。

4. 进一步推动模式创新

场景化产品开发，如冷链专用车型，开发独立温控电源冷藏轻卡，配备预冷功能，适配医药、生鲜等高附加值产品运输。城配模块化平台，开发可拆卸货厢设计（快递柜/冷链箱/危化品柜快速切换），提升适配率50%，租赁模式下用户可按周付费，降低中小物流企业资金投入。金融与运营模式重构，推行电池银行模式，由第三方资产管理公司持有电池资产，用户以租赁方式使用，降低初始购车成本，例如，宁德时代已试点"电池银行+换电"模式，单站日服务能力超200车次。搭建"轻卡运力大脑"平台，整合货源、充电桩、维修网点数据，提供按公里计费服务，试点企业数据显示，空驶率从25%降至12%，司机月均收入提升20%。

5. 推动金融创新

为破解新能源轻卡"购车成本高、使用风险大"的痛点，需构建适配行业特性的金融工具，降低用户门槛并提升市场信心。定制化险种开发，针对三电系统（电池、电机、电控）推出"全生命周期保障险"，覆盖电池衰减、充电故障（如过充起火），以及因续航不足导致的货物延误损失。保费基于车辆使用数据动态定价。引入"续航兜底保险"，承诺车辆实际续航低于标称值70%时免费提供备用车或补偿运营损失，并通过车载数据链实时评估风险，动态调整保费系数。建议相关部门将新能源商用车金融产品纳入"绿色金融"考核范畴，同时推动建立"电池—车况—运营"数据共享平台，为金融机构提供精准风控支持，降低不良贷款率至1%以下。通过上述创新，预计可推动新能源轻卡金融渗透率从40%提升至70%，加速行业规模化普及。

6. 建设高效补能网络，产业链协同构建闭环生态

城乡充电网络均衡布局，物流园区大功率快充，在长三角、珠三角等物流枢纽建设480kW超充桩（30分钟充至80%），配套"夜间谷电储能+日间放电"模式，降低充电成本。三、四线城市下沉支持，对县级城市充电桩建设给予投资补贴。氢能补能体系试点，在京津冀、长三角等氢能示范城市群布局"制氢—储运—加注"一体化站点。电池回收与梯次利用，以省为

单位建立电池回收联盟（如长三角电池回收中心），推行"一车一码"溯源管理，提升正规回收率。退役电池用于低速车（电动三轮车）、5G基站储能，梯次利用收益反哺用户，形成"生产—使用—回收—再利用"闭环。

7. 全球化合规能力建设

国际认证协同，推动中国轻卡标准与欧盟WVTA、东盟ASEAN认证互认，缩短出口周期，本地化生产规避碳关税风险。

轻型载货车行业需以"政策牵引技术突破、模式激活市场潜力、生态保障持续发展"为核心逻辑，构建"技术—市场—政策—产业链"四维协同体系。通过差异化政策设计、关键技术攻关、商业模式重构与全球化布局，推动行业从"规模扩张"向"价值创造"转型，助力"双碳"目标与交通强国战略实现。

B.4
2024年客车发展报告

摘　要：　本报告综合分析我国客车行业情况。2024年客车市场结构性调整显著：公路客运受旅游复苏拉动增长，城市公交因"以旧换新"政策回暖，海外市场依托"一带一路"出口持续增长，新能源车型成重要增长极，但轻客销量微降。行业向新能源化、智能化、轻量化深度转型，政策与市场趋势将持续强化这一方向。当前，行业面临国内需求矛盾、国际竞争风险、核心技术短板和产业链分配失衡等挑战，建议通过长效机制建设、技术创新协同、品牌全球化布局和产业链韧性强化等举措，推动产业高质量发展。

关键词：　客车　新能源客车　智能网联技术

一　客车行业发展现状

（一）市场总体情况

近年来，我国客车行业呈现显著的市场波动与结构性调整特征。受国民经济持续增长及汽车产业快速发展的双重驱动，城市私家车保有量持续攀升，叠加轨道交通网络日趋完善，传统城市公交运输需求呈现递减态势。

2024年我国客车市场呈现分化发展态势，根据客车信息网数据，6米以上大中型客车实现销售12.61万辆，同比增幅达33.39%（见图1）；而受客运市场"大转小"结构调整影响，根据中汽协数据，轻型客车（含专用车）销量为39.21万辆，同比微降1.95%。

当前市场显现积极回暖信号，宏观经济持续复苏、公共出行需求释放，叠加"以旧换新"政策激励，行业呈现稳步回升态势。交通运输部统计数据显示，2025年春运期间全社会跨区域人员流动量突破90.2亿人次，同比增长7.1%，其中公路营业性客运量达3366万人次，同比增长5.8%。这表明客运市场基础需求依然强劲。随着新型城镇化进程推进及城乡交通网络优化，客车行业转型升级有望迎来新的发展机遇。

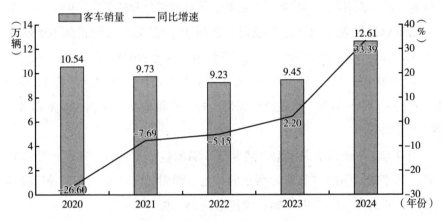

图1　2020~2024年我国客车市场销售情况（6米以上）

资料来源：根据客车信息网数据整理。

（二）国内市场情况

1. 国内市场概述

2024年，国内客车市场在政策推动、市场趋势转变以及各类数据变化的交织影响下，呈现独特的发展态势。

政策方面，多项政策为客车市场注入活力。2024年6月，工业和信息化部、财政部、国家税务总局联合发布公告，调整享受车船税优惠的节能、新能源汽车产品技术要求，明确了新能源客车享受免征车船税的新标准，从续驶里程、单位载质量能量消耗量等多方面提出技术规范，这对新能源客车产品升级起到引导作用。2024年5月，交通运输部等十三部门出台重磅文件《交通运输大规模设备更新行动方案》，提出城市公交车电动化替代行动，鼓励老旧新能源公交车及动力电池更新，推动10年及以上老旧城市公交车辆更新，直接刺激新能源公交客车的市场需求，为客车企业带来新的营收增长点。

市场趋势方面，旅游客运市场复苏持续带动公路客车需求增长。2024年，国内出游人次达到56.15亿、出游总花费5.75万亿元，分别同比增长14.8%、16.7%，接近2019年峰值水平。旅游市场的火热直接拉动了大中型传统动力公路客车的需求。同时，客运市场"大转小"趋势仍在延续，轻型客车因灵活性高、成本相对较低等优势，在通勤、租赁等细分领域受到青睐。

销量数据直观反映了市场变化。2024年，公交车实现销售63589辆，占比45.1%，同比增长39.7%；公路车实现销售74943辆，占比53.2%，同比增长30.6%。从细分市场看，6米以上客车市场全年累计销售12.61万辆，同比大增33.39%，除旅游市场带动外，也得益于国家相关政策刺激。

2.公路客车

2011年，7米以上大中型公路客运车辆销量攀至顶峰。随后，受高铁、飞机、私家车、网约车及城际列车的冲击，销量逐年下滑。2022年开始触底反弹，2024年销售34993辆，同比增长38.9%。

在公路客运市场中，以租赁、通勤服务为主的新能源客运车受补贴政策影响显著。2016年，7米以上大中型新能源公路客车销量达20913辆。2018年补贴退坡政策实施后，7米以上大中型新能源公路客车销量骤降，2020年仅售2127辆。2023年，随着旅游市场的复苏，公路客车销量持续攀升。2024年，旅游业持续回暖和新能源三电成本降低，公路客车销量继续上扬（见表1）。

表1 2015~2024年7米以上大中型公路客运车辆销量

单位：辆

细分类型	2015年	2016年	2017年	2018年	2019年	2020年	2021年	2022年	2023年	2024年
新能源销量	14471	20913	16197	6052	3845	2127	4075	4959	4143	9638
传统车销量	48633	44765	34346	26454	28271	16116	20683	8202	21044	25355
总计	63104	65678	50543	32506	32116	18243	24758	13161	25187	34993

资料来源：根据上险数据整理。

从市场竞争格局看，公路客运车辆销量集中度逐年提升。2024年7米以上大中型公路客运车辆销量前10位企业市场占有率达到97.86%，与

2018年相比增加8.11个百分点（见表2），主要原因是受法规趋严等因素影响，三、四线客车品牌加速退出。

表2　2018年和2024年7米以上大中型公路客运车辆销量前十企业

单位：辆，%

序号	2018年			2024年		
	制造企业	销量	占有率	制造企业	销量	占有率
1	宇通	15646	48.13	宇通	17749	50.72
2	苏州金龙	2742	8.44	苏州金龙	4203	12.01
3	金旅	2400	7.38	金龙	3936	11.25
4	金龙	2335	7.18	中通	2451	7.00
5	中通	1675	5.15	金旅	2415	6.90
6	申龙	1305	4.01	福田	1104	3.15
7	安凯	1115	3.43	安凯	824	2.35
8	东风	806	2.48	晶马	787	2.25
9	福田	575	1.77	比亚迪	493	1.41
10	晶马	573	1.76	亚星	281	0.80

资料来源：根据上险数据整理。

随着宏观环境变化，国民出行需求尤其是旅游出行需求增加，国内旅游客运等市场需求恢复，推动客车市场需求增加。营运车辆主要为客运车和旅游车，非营运车辆主要为团体车。客运车是为客运班线运输乘客设计和制造，用于运载乘客及其随身行李的客车；旅游车是为旅游班线设计和制造，从事运载游客的客车；团体车是为通勤市场设计和制造，从事单位、团体包车的客车，2020~2024年7米以上营运车与非营运车销量数据见表3。

表3　2020~2024年7米以上营运客车与非营运客车销量

单位：辆，%

细分市场销量	2020年		2021年		2022年		2023年		2024年	
	销量	占比	销量	占比	销量	占比	销量	占比	销量	占比
营运	12273	67.28	17827	72.01	8120	61.70	19998	79.40	28865	82.49
非营运	5970	32.72	6931	27.99	5041	38.30	5189	20.60	6128	17.51

资料来源：根据上险数据整理。

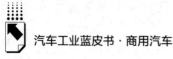

3. 城市公交车

2013~2015年，随着新能源"补贴"政策正式落地，公交行业进入爆发期，新能源技术和产业链迅速发展，新能源车辆销量快速增长，2016年达到顶峰。2016~2018年，新能源车补贴政策持续完善，公交行业发展进入平稳期。2019年，新能源车补贴逐步退坡，行业进入调整期，同时受2020年新冠疫情影响，地方财政预算紧张、客户收入及客户购买力下降，公交车销量同比大幅下滑。2021年受新能源车补贴持续退坡及新冠疫情持续影响，2021年公交行业销量进一步大幅下滑。2022年是新能源购置补贴最后一年，拉动部分客户采购需求提前释放，行业销量同比小幅增长。2023年新能源补贴完成退出，市场需求量大幅下滑。2024年"以旧换新"政策实施，为市场注入新动力，推动公交行业销量触底反弹（见表4）。预测2025年，在利好政策的推动下，新能源公交车销量有望攀升。

表4　2020~2024年7米以上大中型公交车销量

单位：辆

年份	2020	2021	2022	2023	2024
新能源销量	53074	38263	41289	20862	30626
传统车销量	961	410	328	445	101
总计	54035	38673	41617	21307	30727

资料来源：根据上险数据整理。

从7米以上大中型公交车销量数据看，公交行业集中度不断提升，2024年销量前五家企业占比合计达到57.7%，较2020年提升4个百分点（见表5）。

表5　2024年7米以上大中型公交车销量前五企业

单位：辆，%

制造企业	销量	占有率
宇通	6374	20.7
中车时代	3746	12.2
远程	3334	10.9

制造企业	销量	占有率
金龙	2376	7.7
申沃	1915	6.2

资料来源：根据上险数据整理。

4.轻型客车

轻客作为客车行业的"顶梁柱"，广泛应用于物流运输、城市公交、校车服务、特种作业等多种场景，是客车行业应用最为广泛的细分车型。

根据中汽协数据，2024年我国轻客销量39.21万辆，同比微降1.95%（见表6）。

表6　2015~2024年轻客销量

单位：万辆

项目	2014年	2015年	2016年	2017年	2018年	2019年	2020年	2021年	2022年	2023年	2024年
销量	38.5	43.2	35.4	34.9	34.0	33.3	34.4	41.1	31.96	39.99	39.21

资料来源：根据中汽协产销数据整理。

轻客销量变化主要受到以下几个方面影响。①受政策"偏心"的影响。2024年7月，国家出台的老旧新能源公交客车更新补贴政策主要是面向6米以上大中型城市客车，惠及新能源轻型公交客车的不多。②在城配物流市场，受到轻卡和微卡车型的挤压，部分轻客物流车市场份额被蚕食，导致轻客销量减少。③文旅市场火热对轻客的需求拉动力度不够。④与民生较密切的轻客需求减弱，一定程度上影响了轻客销量。

从表7可以看出，日系轻型客车份额逐渐萎缩，行业集中度不断提升，市场前十的份额则从2015年的85.68%提升至2024年的96.53%。

表7 2015年和2024年轻客销量前十企业

单位：辆，%

序号	2015年			2024年		
	企业	销量	占有率	企业	销量	占有率
1	金杯汽车	95988	22.10	长安汽车	90137	22.99
2	江铃汽车	63141	14.50	江铃汽车	86557	22.07
3	南京依维柯	40720	9.40	上汽大通	69112	17.62
4	东风汽车	39466	9.10	福田汽车	45003	11.48
5	福田汽车	29606	6.08	江淮汽车	27530	7.02
6	长安汽车	23453	5.40	南京依维柯	21815	5.56
7	厦门金龙	22586	5.20	东风汽车	13481	3.44
8	江淮汽车	21280	4.90	厦门金旅	9607	2.45
9	厦门金旅	20263	4.70	厦门金龙	8698	2.22
10	上汽大通	18740	4.30	宇通客车	6579	1.68

资料来源：根据中汽协产销数据整理。

（三）海外市场情况

1.海外市场概述

2024年全球经济继续保持增长，主要经济体政治、经济基本稳定。中国客车产品品质已逐步得到市场认可，尤其是新能源产品的技术优势、成本优势加上交付优势，使中国品牌在欧洲、美洲市场新能源销量持续增加。预计2025年，各国经济继续恢复和发展。广大亚非拉国家仍会将公共交通作为一项民生工程去重点发展，公交、校车项目需求增加。同时，全球对环保的重视将推动纯电动客车需求的增长，尤其是在欧洲、北美和亚洲部分地区，纯电动客车需求将持续增长。根据海关数据统计，2024年我国客车出口8.8万辆，同比增长19.4%（见图1）。

2024年，从座位数维度来看，海外大、中、轻型客车出口量均呈现上升趋势。其中，大型客车出口量同比增长26.2%，中型客车出口量同比增长26.0%，轻型客车出口量同比增长7.4%（见图2）。

2024年，从出口区域看，因全球经济回暖，公共出行及旅游需求逐步

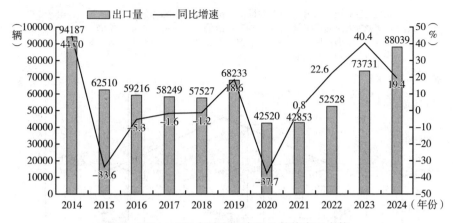

图 1　2014~2024 年我国客车行业整体出口走势

资料来源：根据海关数据库数据整理。

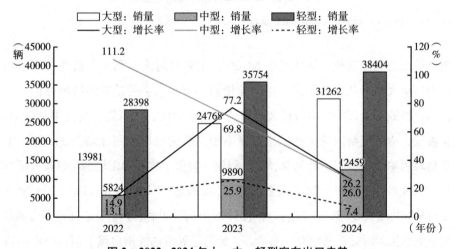

图 2　2022~2024 年大、中、轻型客车出口走势

资料来源：根据海关数据库数据整理。

复苏，"一带一路"建设促进经济合作和贸易往来，我国客车在各大洲的出口量均有不同程度的上升（见图 3）。

2. 大型客车

2024 年，我国大型客车出口量 3.13 万辆，同比增长 26.2%。从出口区域看，除美洲区出口量略有下滑，其他各区域出口量均增长。其中，大洋洲

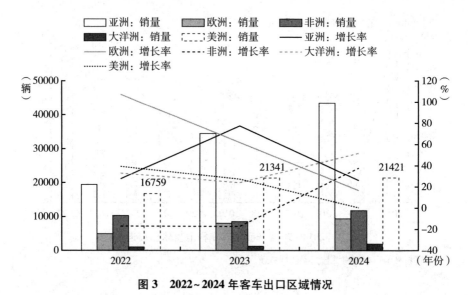

图3　2022~2024年客车出口区域情况

资料来源：根据海关数据库数据整理。

出口量增速保持首位，同比增长52.6%，主要是对澳大利亚、新西兰等市场的出口量大幅增长；亚洲出口量同比增长27.6%，主要是对沙特阿拉伯、菲律宾、科威特等市场的出口量大幅增长，而对泰国、俄罗斯、乌兹别克斯坦、蒙古国、哈萨克斯坦等市场的出口量下滑；非洲出口量同比增长34.8%，主要是对阿尔及利亚、坦桑尼亚、尼日利亚、马里、埃及等市场的出口量大幅增长，而对苏丹、刚果（金）、埃塞俄比亚、塞内加尔等市场的出口量下滑；欧洲出口量同比增长24.7%，主要是对英国、比利时、希腊、西班牙、挪威等市场的出口量增长，而对罗马尼亚、土耳其、葡萄牙等市场的出口量下滑；美洲出口量同比下滑6.8%，主要是对尼加拉瓜、多米尼加、乌拉圭、秘鲁等市场的出口量增长，而对墨西哥、智利、委内瑞拉市场的出口量大幅下滑（见图4）。

3. 中型客车

2024年，我国中型客车整体出口量较小，出口量为1.25万辆，同比增长26.0%。从出口区域看，欧洲区域出口量下滑，其他区域出口量均持续增长。其中，欧洲出口量同比下滑4.4%，主要是对罗马尼亚、葡萄牙、塞浦路斯等市场的出口量下滑；亚洲出口量同比增长19.9%，主要是对越南、沙特阿拉

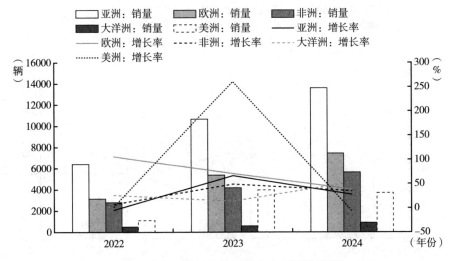

图4　2022~2024年大型客车出口区域情况

资料来源：根据海关数据库数据整理。

伯、蒙古国、阿联酋、阿曼、马来西亚、巴基斯坦等市场的出口量大幅增长，但对科威特、泰国、乌兹别克斯坦等市场的出口量出现下滑；非洲出口量同比增长31.9%，主要是对尼日利亚、博茨瓦纳等市场出口量增长；美洲出口量同比增长95.2%，主要是对尼加拉瓜、多米尼加、墨西哥等市场的出口量大幅增长，但对智利等市场的出口量出现下滑；大洋洲出口量同比增长48.1%，主要是对澳大利亚、新西兰市场的出口量持续增长（见图5）。

4. 轻型客车

2024年，我国轻型客车出口量3.84万辆，同比增长7.4%。从出口区域看，欧洲、美洲出口量下滑，其他区域出口量均持续增长。其中，欧洲出口量同比下滑54.6%，整体出口量小，主要是对荷兰、塞浦路斯等市场的出口量大幅下滑；美洲出口量同比下滑4.7%，主要是对玻利维亚、厄瓜多尔、秘鲁等市场的出口量大幅下滑，但对墨西哥、智利等市场的出口量有大幅增长；非洲出口量同比增长42.6%，主要是对埃及、尼日利亚等市场的出口量大幅增长，而对南非、塞内加尔等市场的出口量出现下滑；大洋洲出口量同比增长41.1%，整体出口量小，主要是对新西兰、澳大利亚市场的

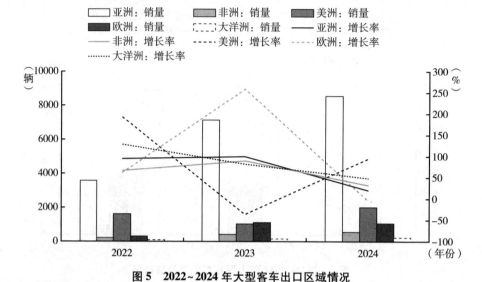

图5　2022~2024年大型客车出口区域情况

资料来源：根据海关数据库数据整理。

出口量增长；亚洲出口量同比增长14.6%，主要是对巴基斯坦、老挝、越南、尼泊尔、沙特阿拉伯等市场的出口量大幅增长，但对哈萨克斯坦、乌兹别克斯坦、菲律宾市场的出口量出现下滑（见图6）。

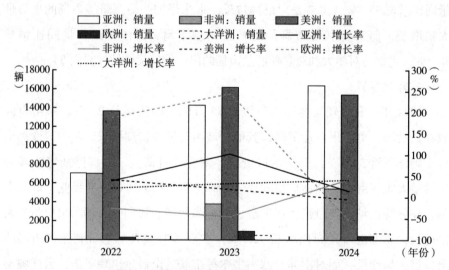

图6　2022~2024年大型客车出口区域情况

资料来源：根据海关数据库数据整理。

二　客车行业发展趋势

（一）市场趋势

2024年国内客车市场呈现结构性复苏特征，公交领域受益于政策驱动实现强劲回暖，旅游市场延续增长态势带动行业触底反弹。据预测，2025年在新能源公交以旧换新政策持续发力背景下，公交市场将延续复苏动能，公路客运虽存下行压力但渐趋企稳，全年行业有望保持温和增长。

1. 公交市场政策驱动复苏

随着《城市公共交通条例》正式实施，我国首次以立法形式确立公共交通优先发展战略，强化政府主体责任与公益属性定位。叠加公交车辆集中报废周期到来及新能源置换补贴力度加码，2024年公交市场采购量同比大幅回升，预计2025年新能源公交更新需求将持续释放。

2. 公路客运承压调整

文化和旅游部数据显示，2025年春节假期国内旅游人次同比增长5.9%，但增速较上年收窄28.4个百分点；旅游收入增速同比收窄40.3个百分点至7%。行业供给端持续扩张，2024年旅游相关企业数量突破220万家，同比增长17.2%，供需失衡导致竞争加剧。预计公路客运市场将经历短期调整后逐步企稳。

3. 网约服务场景深化拓展

客车网约化可实现按时间节点出行，减少候车等待，行程可把控，有效提高出行效率及出行体验，推动客运服务质量提升，促进客流回升。网约模式的优势带动网约服务场景在定制客运、定制旅游、定制公交等基础上拓展，站点巴士、网约公交等成为新兴出行方式。

4. 出行需求分层显性化

消费升级与性价比追求并行，催生高端定制、微循环小巴、共享巴士等多元化产品矩阵。定制化、高端化、小团化、平价化等多种出行场景崛起，驱动运输企业快速响应市场需求，运输企业加速构建"定制化产品+差异化服务"运营体系。

5. 车型结构"大转小"深化

交通运输部 2024~2025 年度客车达标车型公告显示，5~6 米车型占比提升 3 个百分点至 20.7%，领涨各细分市场。在高铁网络加密及私家车普及双重挤压下，作为短途接驳客运的轻型客车车型将能持续发挥"最后一公里"的服务优势，公路客车行业"大转小"趋势在 2025 年将加强。

6. 城乡客运一体化纵深推进

城乡客运公交化是推动城乡交通运输一体化，实现新型城镇化和乡村振兴协同发展的重要举措，有助于打破城乡交通二元结构，促进劳动力、资源要素双向流动。城乡客运公交化改造当前由发达区域向欠发达区域分批次深度推进，部分线路还采用客货邮融合模式来保障持续运营。通过降低票价、加密班次，客货兼顾运营，城乡客运公交化持续改善民生，畅通城乡经济循环。

7. 出口格局持续优化

2024 年，我国客车出口市场延续增长态势，全国客车出口总量约 8.8 万辆，同比增长 19.4%。从车型结构来看，大中型客车增长较快，累计出口 4.37 万辆，同比增长 26.1%，增长核心来源于"一带一路"（独联体/中东）地区。在新能源车型方面，欧洲、拉美、东南亚等地区在经济技术因素和环境保护等政策因素驱动下，新能源客车需求持续释放，成为中国客车出口的重要增长极。目前，海外新能源客车仍处于渗透率提升初期，需求呈现高增长态势。

（二）技术趋势

在社会稳步迈进、科技迅猛革新的浪潮下，客户对客车的需求正朝着多样化与高端化的方向加速演进。与此同时，技术创新为客车行业带来了翻天覆地的变革。各大客车企业纷纷主动求变，在电动化、智能化、高端化等关键技术领域全力布局，致力于推动客车产品的升级换代，塑造独特的市场竞争优势。

1. 车身技术

客车的内外饰设计正日益呈现家居化与科技化的融合趋势。大量智能家居元素被巧妙融入其中，高科技表面装饰广泛应用，显著提升了乘客的舒适度与视觉享受。内饰材料的选用更加注重环保与可持续性，搭配触控屏、氛围灯等智能化设计，极大地增强了乘客的互动体验。

座椅的电动化与智能化成为提升乘客体验的关键所在。可调节坐姿、电动腿托等功能，为乘客带来了更为个性化的出行感受。智能座椅还能依据乘客的体重与坐姿自动调整，提供最佳的支撑与舒适体验。

车身覆盖件越来越多地采用铝合金、碳纤维复合材料等轻量化材料，在有效减轻车身重量、提升燃油效率的同时，大幅增强了车身的结构强度与耐久性。

现代客车空调系统智能化程度显著提升，能够依据车内温度和乘客需求自动调节。部分先进系统还可通过传感器实时监测车内外空气质量，自动切换循环模式，确保最佳的空气环境。

骨架车架朝着轻量化、集成化、模块化方向发展，耐久性与安全性这两大核心属性不断强化。通过推广应用高强度钢、铝合金、复合材料等轻量化材料，有效降低车架重量。同时，借助计算机辅助工程技术，通过结构中空化、薄壁化、小型化设计，在确保强度与安全性的前提下，进一步提升车架的轻量化水平。车架集成化主要体现在辊压异型材的应用，实现了结构的高度集成。模块化设计则极大地简化了生产流程，提高了生产效率，降低了生产成本，还能快速响应市场需求变化，提供多样化的产品配置。

2. 底盘技术

底盘技术正通过集成化、线控化、智能化的深度融合，持续提升车辆的性能与安全性，以契合未来汽车发展的全新需求。车桥前轴朝着大转角、高耐久、免维护方向发展，以满足线控制动的需求；轮边制动逐步向线控制动方向迈进。驱动桥在满足齿轮低噪声要求的同时，高耐久、免维护及智能监控等也逐渐成为其主要发展方向。随着新能源车的发展，传统车桥正逐步被集成电驱桥所取代，传动系统朝着集成化方向加速演进。

悬架系统构型从"非独立"向"独立"转变，阻尼和弹性元件经历了从"被动"到"半主动"再到"主动"的发展历程。欧洲高端商用车前悬架已广泛采用独立悬架，减振器实现了多级阻尼连续控制，空气悬架标配电子控制 ECAS，具备左右车轮独立控制功能，可有效减少车架和车身振动，过滤路面振动，抑制车身侧倾和俯仰，实现车身高度自适应调节，显著提升了乘坐舒适性和操纵稳定性。

制动系统正沿着"液压/气压制动—电控制动—线控制动"的路径发展，制动系统集成控制功能从"纵向控制（ABS/EBS）"向"横向控制（ESC/ESP）"拓展。线控制动支持深度能量回收，具有高精度、响应快的优势，为智能驾驶功能的实现提供有力支撑。商用车气压制动已步入线控制动阶段，正朝着满足功能安全等级 D 的集成电子制动系统（IEBS）发展，未来将进一步向电子机械制动（EMB）迈进。液压制动从"机械助力"向"电控制动—线控制动"升级，有效提升制动性能，缩短制动距离。驻车制动从机械制动向线控制动发展，极大地提升了操纵轻便性。

转向系统按照"传统液压转向—电控转向—线控转向"的方向发展。乘用车电控转向系统已广泛应用，线控转向处于预研阶段；商用车转向系统正处于从传统液压转向向电控转向升级的关键时期，电控转向（电控液压 EHPS、电动助力 EPS）显著提升了低速转向轻便性和高速行驶稳定性，同时作为执行机构，为转向系统智能化功能的拓展提供有力支持。操纵系统按照"机械式—电动式"方向发展，方向盘从普通型向具备电加热、脱手检测等功能方向升级；转向管柱从机械式向具备电动自动调节、路感模拟器等功能方向发展。

3. 电子电气技术

电子电气架构（EEA）正加速向集中化、软件化、高效化方向演进。传统分布式 ECU 逐步被域控制器（如动力域、座舱域、自动驾驶域）所替代，并朝着"中央计算平台+区域接入架构"过渡，有效提升了算力集中度，简化了线束布局。软件定义汽车成为核心发展趋势，通过 SOA 架构实现软硬件解耦，支持 OTA 升级和功能灵活定制。在通信层面，车载以太网和 5G 技术有力推动了高速数据传输与车云协同，为自动驾驶和 V2X 需求提供坚实支撑。电动化驱动高压器件集成与智能热管理，优化了能耗与电池寿命。未来，EEA 将深度融合车路云技术，构建开放生态，推动客车向智慧交通节点转型。

车载操作系统和人机交互技术的飞速发展，让智能座舱成为现实，为驾驶员和乘客带来了更为丰富、个性化的人机交互体验，使他们能够更直观、便捷地与车辆进行互动。语音识别、手势控制等技术的广泛应用，极大地提高了操作的便利性与安全性。操作系统还能集成更多车辆控制功能，如自动驾驶辅助系统和能源管理。随着电动化和智能化的深入发展，客车的配电系统变得更为复杂，LED 和激光灯具的应用大幅提高了照明效率和寿命，智能灯具还能根据路况和天气条件自动调整亮度和照射角度。

4. 节能与新能源技术

电池技术正朝着高能量密度、快速充电、长寿命和成本效益的方向全力发展。电池技术的进步直接关系到车辆的续航能力和运营成本，固态电池因其更高的安全性和能量密度成为研究热点。未来，客车电池技术将更加注重安全、环保和经济效益的平衡。

驱动电机的高效率和轻量化是提升新能源客车性能的关键因素。电机高速化、电机和变速器深度集成、高效低黏度润滑油是提高效率的主要实现途径。随着新材料和电力电子技术的不断进步，电机在小型化、集成化方面取得了显著进展。未来，随着新能源汽车市场的不断扩大，客车驱动电机将呈现多元化发展态势，以满足不同工况需求。

电控技术正朝着集成化、智能化和模块化方向发展。随着半导体技术的进步，电控单元的功率密度和可靠性得到显著提升。集成化设计减少了组件数量，降低了成本和重量。智能化算法的应用提高了电控系统的响应速度和控制精度。模块化设计使电控系统更易于升级和维护。未来，新能源客车电控技术将更加注重软件定义功能，以适应快速变化的市场和技术需求。

电机控制器的发展趋势聚焦于提高功率密度、降低成本、提升可靠性等方面。随着第三代半导体材料如碳化硅的应用，控制器将实现更高的开关频率和耐压能力，减小体积和重量。同时，电机控制器将采用更先进的算法和大数据技术，实现智能化控制，包括状态识别、故障诊断等。软硬件解耦开发将成为趋势，以适应快速变化的市场需求和技术迭代。

热管理技术正朝着集成化、智能化和高效化方向发展。随着电池和电机性能的不断提升，热管理系统需要更有效地控制温度，以确保车辆安全和性能。集成化的冷却系统可以同时管理电池、电机和电子设备的温度，提高效率。智能化的热管理系统能够根据实时数据自动调节冷却策略，优化能耗。未来，随着环境适应性和乘客舒适性需求的提升，新能源客车热管理技术将更加精细化和个性化。

充电技术正朝着快速充电、无线充电和智能充电方向发展。快速充电技术通过提高功率和优化电池管理系统来缩短充电时间。无线充电技术利用电磁场传输电能，为客车提供无须物理接触的充电方式，提升了便利性。智能充电技术结合物联网和大数据，实现充电桩与车辆的智能互动，优化充电过程，提高充电效率和电网稳定性。这些技术的发展将进一步提升新能源客车的充电便利性和效率。

5. 智能网联技术

随着物联网、大数据、云计算等新兴技术的迅猛发展，车载信息系统将愈发丰富。车辆将集成更多传感器和通信设备，实现与道路基础设施、其他车辆以及云端平台的无缝连接。通过实时数据交换，有效提高道路安全性，减少交通事故，同时优化交通流量，提升运输效率。利用大数据和云计算技术，可提供基于用户行为和车辆状态的个性化服务，如动态路线规划、实时交通信息、远程故障诊断等。通过收集和分析大量车辆数据，能够提供更精准的交通预测、车辆管理和维护建议等。人工智能技术的应用将进一步优化服务体验，提供更加安全、高效、便捷的智能化服务。

智能驾驶技术正逐步从辅助驾驶向更高级别的自动驾驶迈进。通过更先进的传感器技术，如激光雷达、摄像头等，客车的智能驾驶系统将具备更强的环境感知能力，能够更准确地识别和响应复杂交通环境。智能交通系统利用大数据分析和云计算技术，可实现交通流量监测、拥堵预警、路线规划等功能，优化道路资源分配。车辆与智能道路基础设施协同工作，可实现车路信息共享，提高行驶安全性和交通管理效率。智能网联技术将持续推动客车行业的智能化升级，为乘客提供更加安全、便捷、舒适的出行体验。

智能网联技术的发展不仅能够显著提升乘客的出行体验，还将对提高运输效率、降低运营成本、减少环境污染产生积极影响。同时，也给法规、标准、基础设施建设以及网络安全等方面带来了新的要求和挑战。

（三）政策趋势

在政策的有力引领与推动下，客车行业正经历深刻变革。

1. 农村市场适配化与多功能拓展

（1）客货邮融合专用车型涌现

《关于加快推进农村客货邮融合发展的指导意见》的发布，为客车在农村市场的发展指明了新方向。交通运输部随后印发的《农村客货邮融合发展适配车辆选型技术要求（试行）》，督导客车生产企业加强相关车型的动态管理。这一系列政策促使客车企业聚焦农村需求，研发客货邮融合的专用车型。未来，此类车型将具备灵活的空间布局，可在保障乘客乘坐空间的同时，利用行李舱、内部物品存放区等高效代运邮件快件，实现客运与货运功能的有机结合。

（2）农村客运网络优化下的车型多元化

为满足农村客货邮合作线路的多样化需求，客车车型将朝着多元化方向发展。在农村客运网络覆盖广、通达深的基础上，针对不同客流量和运输需求，小型客车将凭借其灵活性，在镇村短途运输中发挥重要作用；而中型客车则适用于县城至乡镇等客流量相对较大的线路。同时，客车的舒适性和安全性也将不断提升，以适应农村复杂路况和多样化出行需求，如采用更先进的悬挂系统提升车辆在非铺装路面行驶时的平稳性。

2. 新能源化加速升级

（1）老旧新能源公交更新与电池更换

《推动大规模设备更新和消费品以旧换新行动方案》以及《新能源城市

公交车及动力电池更新补贴实施细则》的出台，明确了对新能源城市公交车及动力电池更新的补贴政策，这将有力推动老旧新能源城市公交的更新换代，以及动力电池的安全有序更换。客车企业将加大在新能源客车技术研发上的投入，提升电池性能，如提高电池能量密度以增加续航里程，缩短充电时间以提升运营效率。同时，在电池更换技术方面，也将朝着更便捷、高效的方向发展，以降低运营成本。

（2）新能源技术多元化发展

除了纯电动技术，插电式混合动力、氢燃料电池等新能源技术在客车领域的应用也将加速发展。不同技术路线将根据不同应用场景和需求实现差异化发展。例如，在城市公交线路中，纯电动客车凭借其零排放、低噪声的优势，将继续占据主导地位；而在一些对续航里程要求较高、加氢设施逐步完善的地区，氢燃料电池客车将迎来发展机遇；插电式混合动力客车则可在既有燃油基础设施和部分充电条件的情况下，提供一种过渡性的解决方案，满足不同地区和运营场景的多样化需求。

3. 安全与智能化提升

（1）安全标准强化推动技术升级

在新能源城市公交车辆动力电池更换工作中，相关政策明确要求确保整车安全，遵循严格的安全主体责任原则。这促使客车企业在车辆设计、制造以及电池更换技术等方面，全面提升安全标准。例如，采用更先进的电池管理系统，实时监测电池状态，防止过热、过充等安全隐患；加强车身结构设计，提高车辆在碰撞等事故中的安全性。同时，车辆的年检、安全管理、缺陷召回、事故调查等环节也将依据相关法律法规进一步规范化管理，推动客车安全技术的持续升级。

（2）智能网联技术助力运营管理

随着客车行业的发展，智能网联技术将得到更广泛应用。通过物联网、大数据、云计算等技术，客车能够实现与道路基础设施、其他车辆以及云端平台的无缝连接。在农村客货邮运营中，智能网联技术可优化运营线路，根据实时交通信息和货物运输需求，合理规划行车路线，提高运输效率。在城市公交领域，可实现车辆的智能调度，根据客流量实时调整发车频率，提升服务质量。同时，智能驾驶辅助技术也将不断发展，如自动紧急制动、车道偏离预警等功能，进一步提升客车行驶的安全性。

4. 绿色环保与可持续发展

（1）节能技术与环保材料应用

《推动大规模设备更新和消费品以旧换新行动方案》中对重点行业主要用能设备能效提升的要求，同样适用于客车行业。客车企业将加大在节能技术研发上的力度，如优化发动机燃烧效率、采用轻量化材料降低车身重量，以提高燃油经济性。在新能源客车方面，进一步提升能源利用效率，降低能耗。同时，在客车内饰材料选择上，将更加注重环保和可持续性，减少对环境的污染，如使用可回收、可降解的材料。

（2）回收循环利用体系完善

政策中对回收循环利用的强调，促使客车行业建立完善的废旧产品设备回收网络。对于老旧客车和废旧电池，将形成规范化的回收流程。客车企业将与相关回收企业合作，实现废旧客车零部件和电池的再利用，如对仍有使用价值的零部件进行翻新再销售，对废旧电池进行梯次利用或拆解回收有价金属。这不仅有助于降低资源浪费，还能减少环境污染，推动客车行业向绿色环保、可持续发展的方向迈进。

三 客车行业发展面临的主要挑战

2024年，我国客车市场竞争激烈，技术创新和产品品质成为行业发展的关键词，在旅游市场复苏、"以旧换新"政策指引和海外市场需求旺盛的背景下，我国客车市场走出探底回升态势，行业企业的产销和经营效益均有大幅改善和提升。综观全年发展，客车行业仍然面临以下几个主要挑战。

（一）结构性失衡：国内市场需求的新挑战

随着大众出行方式的推陈出新，公共领域对传统客车的需求正经历着颠覆性冲击。根据相关行业数据，铁路覆盖了全国99%的20万人口以上城市，高铁覆盖了全国96%的50万人口以上城市。全国机动车保有量达4.53亿辆，其中汽车3.53亿辆，网约车日均订单量在持续突破，出行服务网络在快速形成中，综合交通体系正重构市场格局。

在交通强国战略的推进过程中，我国客运市场正经历着根本性的供需关系重构。这种变革不仅改变了消费者的出行习惯，更深刻影响了客车行业的发展。高铁网络毛细血管般的延伸，实质上重构了200公里以上的中长途出行市场规则；而共享出行模式的指数级增长，则彻底打破了"定点定线"的传统客运商业模式。这种系统性变革使客车行业陷入"供给过剩但有效供给不足"的结构性矛盾。同时，国内公交的电动化进程仍面临现实性障碍。地方政府在环保考核压力与财政可持续性之间陷入两难，部分地区的纯电动公交由于欠缺全生命周期的考量，在推广后期反而使地方财政面临"灰犀牛"风险。

在新的竞争背景下，客车行业生态已处于严重内卷。由于市场的不景气，行业的价格战已蔓延到各个细分市场领域。当技术创新让位于成本削减，产品竞争异化为财务比拼，整个行业将可能滑向"低水平均衡陷阱"。这种非理性竞争不仅损害产业生态，更影响到我国客车制造业在全球价值链中的升级进程。

（二）全球化博弈：国际市场的系统风险

随着中国客车从"走出去"到"走进去"的突破，企业在国际市场的发展正面临诸多系统性风险。

1. 技术合规壁垒正逐渐高筑

国际技术认证体系所构筑的市场准入门槛，正演变为深层次的全球产业链控制权的争夺。发达国家依托其先发优势，正通过主导ISO/SAE等国际标准制定权，构建具有排他性的技术性贸易壁垒。这种以"规则锚定"为特征的产业竞争范式，正在重构全球客车产业价值分配格局。典型案例如欧盟实施的ECE R155车辆网络安全认证体系，该法规强制要求整车厂建立覆盖研发、生产、运维全周期的网络安全管理平台（CSMS），并将渗透测试、漏洞监测等数字安全能力纳入型式认证（VTA）范畴。这一法规的实施显著增加了企业的合规成本，包括技术升级、测试验证及认证费用。对于后发国家企业而言，此类高标准和技术要求给企业带来了巨大的运营成本支出。这种将技术标准与产业生态深度绑定的策略，实质上形成了对后发国家企业的持续性合规成本压制。

2. 属地化运营面临新挑战

当前，属地化运营成本高企成为制造企业国际化进程中的突出瓶颈。随着更多车企的出海，海外服务网络建设正面临困境。客车企业追求规模效应的集约化生产模式与东道国市场对定制化服务、快速响应机制的本土化需求形成结构性冲突。同时，国际供应链韧性不足进一步加剧运营风险。

3. 地缘政治影响出口业务

地缘政治动荡，如乌克兰危机、中东局势紧张等，导致物流通道受阻，具体表现为海运航线调整、陆路运输周期延长及通关效率下降，直接影响客车出口订单的履约时效。区域冲突正通过三重传导机制冲击客车企业，即物流网络中断推高运输成本、金融制裁引发结算风险、技术标准壁垒增加合规成本，这些因素叠加暴露出传统跨境贸易体系的抗风险短板。

面对新兴市场差异化的产品标准、环境规制和消费偏好，企业亟须构建更具弹性的全球化运营体系。同时，掌握标准话语权的主体不仅能获取认证体系衍生收益，更可形成技术路径锁定效应，这对中国企业的国际规则参与度与核心技术储备提出双重考验。

（三）技术攻坚：核心领域的突破瓶颈

1. 产业链层面

客车产业配套体系覆盖领域广泛且市场容量充足，整车制造商在非核心部件领域拥有丰富的供应商选择空间，尤其是在通用型零部件环节已形成高度多元化的供应体系。然而，在动力总成、智能控制等核心技术领域，供应商集中度较高，优质供给资源仍略显不足，产业配套结构需进一步优化。

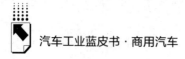

2.供需关系层面

客车产品定制化程度较高导致规模化采购受限，上游核心部件供应商具备较强的议价能力。这种市场格局使大宗原材料价格波动能够快速传导至整车企业成本端，形成显著的价格传导效应。尽管国内客车制造业与国际先进水平的代际差逐步收窄，但多数企业仍停留在系统集成制造阶段，核心技术纵向整合能力相对薄弱。

当前在行业电动化、网联化、智能化变革驱动下，客车产业正经历能源结构转型的关键期。在技术迭代过程中仍面临现实挑战，智能驾驶系统的场景适应性仍需验证，车联网数据交互标准体系尚未健全，这些技术瓶颈制约着产业升级进程。尽管部分头部客车企业已开展L3级甚至L4级无人驾驶客车的示范运营，但在控制系统、算法研究等核心技术层面存在明显短板。部分客车企业依赖与自动驾驶科技公司开展技术合作，仅承担线控底盘开发及测试验证等配套工作。

（四）价值重构：产业链的深层变革

客车产业链呈现典型的"微笑曲线"分布特征，其价值分布表现为显著的两端强化趋势，这种形态折射出全球价值链重构背景下制造环节的利润空间正被技术溢价和服务增值双向挤压的产业现实。

1.上游技术的迭代已日新月异

新能源与智能网联领域的核心部件呈现指数级创新态势，动力电池能量密度突破、氢燃料电池系统集成优化、车规级芯片算力跃升等技术突破，正在改写传统供应链的发展态势。当核心技术供应商通过专利壁垒和标准控制获得定价主导权时，整车企业的角色正从产业链整合者退化为系统集成商。这种转移不仅体现在利润分配层面，更在深层次改变着产业话语权的归属逻辑。

2.下游服务的价值正快速崛起

在出行服务模式下，数据资产运营正在重构价值创造体系。车联网平台通过实时采集车辆运行数据、乘客出行偏好、路网状态信息，衍生出精准营销、运力调度优化、预测性维保等增值服务场景。充电网络运营从单纯的能源补给节点，进化成为分布式储能系统的关键节点。随着智能网联技术的普及化，服务化转型的价值转移在凸显，硬件载体正在成为数据入口，传统制造业利润正被服务增值环节虹吸。这种价值转移不仅改变盈利模式，更在深层次重构企业的核心竞争力要素。

与此同时，在全球产业链深度重构进程中，合规能力的战略性价值正加速显现。随着环保、安全生产、数据治理等监管体系的系统性完善，外部性成本持续向企业经营端传导，驱动行业竞争逻辑发生根本性转变。这种转变不仅体现在技术标准的迭代升级，更重构产业链的价值分配机制。

四　客车行业发展建议

当前，我国客车行业正处于转型升级的关键阶段，面对技术创新迭代加速、市场需求结构转变、全球竞争格局重构等新形势，亟须通过政策引导、生态重构、技术攻坚、品牌建设等多维度协同发力，推动行业向高端化、智能化、全球化方向高质量发展。

（一）发展目标

我国客车行业的发展目标建议为：构建集研发创新、技术领先、工艺先进、制造高效、供应链完善、服务迅捷于一体的高质量发展客车产业体系，实现传统能源客车品质大幅提升、新能源客车国际竞争力全球领先，并掌握新能源客车核心集成技术和关键部件的制造能力，最终培育出具备引领全球新能源客车创新和应用能力且品牌影响力比肩国际一流企业的客车企业。具体表现在以下几方面。

1.核心技术自主化突破

构建覆盖全产业链的自主创新体系，在动力系统、智能控制、车联网等核心领域形成自主可控的技术储备。着力突破整车集成共性技术瓶颈，在新能源动力系统、智能化、轻量化等关键领域形成自主可控的技术体系。强化智能网联技术研发，构建车路协同技术框架，推动高级别自动驾驶技术储备。加速新能源核心技术的产业化应用，提升驱动系统能效与能源管理智能化水平，实现关键零部件国产化替代，实现从技术跟随向技术引领的根本转变。

2.产业生态协同化升级

产业生态重构需突破传统制造边界，向"产品+服务+数据"的复合型生态演进。整车企业需强化产业链整合能力，构建覆盖研发设计、智能制造、运营服务、能源管理的全价值链体系。重点培育三类生态能力：一是技术标准主导能力，推动智能网联、车路协同等领域标准制定；二是数据资源运营能力，建立车辆运行数据与城市交通数据的融合应用机制；三是服务模式创新能力，开发定制化出行、车辆共享、能源补给等新型服务场景。通过生态化发展，推动客车行业从单一制造向智慧出行综合服务转型。

3.品牌价值国际化跃升

品牌建设需以技术领先性和市场适应性为核心，塑造"绿色智能"的全球品牌形象。在技术层面，通过参与国际标准制定、主导前沿技术研发，建立"技术引领者"标签；在市场层面，针对发达国家与新兴市场差异化需求，构建多层次产品矩阵；在文化层面，融合东方设计美学与智能科技元素，打造具有辨识度的品牌符号体系。综合形成技术溢价能力突出、市场覆盖广泛、文化认同度高的国际化品牌格局。

（二）保障举措和发展路径

1.政策层面

（1）市场培育创新

在公共交通领域，将智能驾驶、能源效率等指标纳入公交采购评分体系。例如，对L4级自动驾驶客车给予招标加分，对能耗低于行业均值较多的车型提供运营补贴。针对城乡客运市场，推动"客运+物流+电商"三网融合，开发可快速切换客货模式的模块化车型。支持农村客运线路与冷链物流节点协同布局，试点"一趟多能"的复合型运输服务。在旅游客运领域，制定智能交互系统分级认证标准，鼓励开发智慧旅游客车，推动景区接驳车辆向"移动体验中心"转型。同时，建立"技术验证—场景测试—商业推广"的三阶段支持机制。对具备颠覆性创新的技术开辟"绿色审批通道"，允许在封闭园区、特定路段开展商业化试运营。

（2）制度创新突破

构建适应产业变革的法规标准体系，重点破解智能网联时代的管理难题。在技术标准领域，建立动态迭代的智能网联客车安全认证体系，涵盖软件系统安全、数据隐私保护、网络攻击防御等新型风险维度。在路权管理方面，制定差异化的自动驾驶客车道路测试与运营管理规范，建立基于风险等级的准入管理制度。在税费方面，逐步调整税费政策，缩小燃油车和新能源车之间的税费差异。在国际规则对接方面，建立技术性贸易措施动态预警平台，支持企业加强国际认证能力的建设。

（3）出口贸易护航

构建全链条的出海保障机制，系统化解海外拓展风险。在标准输出方面，建立"重点突破+区域渗透"的双轨战略：针对发达国家市场，加大参与自动驾驶、车联网等前沿领域标准制定；针对共建"一带一路"国家，推动中国标准本地化适配。在风险防控层面，建立"政府引导+商业运作"的风险分担机制，开发覆盖政治风险、汇率波动、技术壁垒的复合型保险产品。在服务支撑方面，推动建立区域性海外综合服务中心，集成技术培训、备件供应、金融支持等多元化服务功能。

（4）生态建设创新

针对智能化竞争新阶段，构建四位一体的支撑体系。技术研发端，建立"共性技术攻关+场景专项突破"的协同创新机制，重点支持车规级芯片、域控制器等核心部件研发，构建开源共享的智能网联技术验证平台；法规标准端，建立自动驾驶技术分级认证体系，制定车路协同设备接口标准；场景应用端，建立特殊场景培育机制，针对园区接驳、机场摆渡等封闭场景制定商业化运营指南，构建智能网联客车特殊路权管理制度；基础设施端，将车路协同设备纳入新型基础设施建设范畴，建立"道路智能化改造+车辆网联化升级"的协同推进机制，在重点城市群规划智能网联客车专用通道。

2. 行业层面

（1）产业链协同机制

建立"技术共生+利益共享"的供应链协作体系。加快构建"需求导向+能力互补"的协同创新生态系统。建立产业链应急响应机制，针对关键部件建立战略储备库，开发快速替代技术方案。由核心产业链企业牵头组建产业技术研究院，建立"基础研究—应用开发—工程转化"的分层协作机制。建立行业知识共享平台，推动建立跨领域技术融合机制，构建涵盖技术专利、实验数据、失效案例的行业知识库。

（2）国际化协同拓展策略

构建"系统输出+本地融入"的出海新模式。组建涵盖整车制造、核心部件、金融服务、运营维护的产业联合体，提供"产品+服务+标准"的整体解决方案。在重点区域市场建立本地化创新中心，开展产品适应性改进与技术标准本土化开发。构建文化融合机制，将中国智能交通发展理念与当地出行文化相结合，开发具有区域特色的智能网联客车解决方案。建立海外人才培育体系，联合当地教育机构开展技术人才培养。

（3）配套服务生态培育

构建专业化、数字化的生产性服务体系。推动培育智能网联数据服务商，开发车辆运行数据深度挖掘与增值应用服务。建立行业共享实验认证平台，提供涵盖电磁兼容、环境可靠性等项目的集成化检测服务。在金融服务领域，推动创新开发适应智能网联客车特点的融资租赁产品，建立基于车辆运行数据的信用评估模型。

（4）完善行业自律体系

建立"标准引领+信用约束"的自治机制。推动制定高标准的行业技术规范，在智能网联安全、电池回收利用等领域建立先行标准体系。建立恶性竞争预警机制，完善知识产权保护公约，建立技术成果有偿共享机制。

3.企业层面

（1）创新驱动发展战略

构建"场景定义技术"的创新体系，建立市场需求与技术研发的快速转化通道。在技术布局方面，形成"电动化平台+智能化系统+轻量化结构"的三维技术架构，重点突破多能源兼容平台技术、车云一体控制技术、复合材料成型工艺等核心领域。同时，构建模块化技术平台，提高底盘架构、电子电气系统的跨车型通用化率，缩短新产品开发周期，开发具有创新性和差异化的客车拳头产品。

（2）质量品牌提升工程

实施全价值链卓越质量计划。在产品开发阶段建立故障模式知识库，将历史质量问题反馈至设计源头；在制造环节推行智能制造质量管控，建立基于工业互联网的质量追溯系统；在服务环节构建客户体验地图，实现质量问题的预防性管理。在品牌建设方面，建立"技术品牌+服务品牌"的双轮驱动模式，通过主导国际标准制定、建设海外示范项目等方式提升技术话语权，借助数字化营销平台构建全球品牌传播网络。

（3）产业链价值延伸策略

构建"纵向深化+横向拓展"的价值创造体系。向上游技术延伸，通过战略投资、联合研发等方式介入芯片、传感器等核心部件领域；向下游服务延伸，开发基于车联网数据的能源管理、运力优化等增值服务；向平行领域拓展，利用新能源客车技术积累开发特种作业车辆、智能环卫设备等新产品。在制造服务化转型方面，建立"硬件+软件+服务"的商业模式，提供从车辆定制到运营管理的全周期服务解决方案。

（4）全球化运营能力建设

构建"区域聚焦+本地深耕"的国际化布局。在欧洲等重点市场建立研发前哨站，深度参与当地技术标准制定；在东南亚等新兴市场布局区域制造中心，实现技术标准与产能协同输出。建立跨文化管理团队，开发适应不同市场特征的"技术包+服务包"组合产品。构建全球供应链网络，建立主要物流通道的备件仓储体系，实现72小时应急响应能力。

（5）可持续发展体系构建，将 ESG 理念融入企业战略内核

在环境维度，重点突破绿色制造工艺与退役电池梯次利用技术，建立产品碳足迹管理体系；在社会维度，开发无障碍出行客车、应急医疗客车等特殊功能车型；在治理维度，构建合规管理体系，建立覆盖国内外主要市场的法律风险防控机制。通过发布可持续发展报告、参与国际责任标准制定等方式提升企业形象。

B.5
2024年皮卡发展报告

摘　要： 本报告综合介绍了 2024 年皮卡市场整体发展情况和品牌分布、地域特征以及出口情况等细分领域的市场现状。并从用户需求潜力、企业产品力供给、产业发展趋势、行业竞争态势和皮卡解禁效果评估五个维度分析了皮卡市场发展趋势，剖析皮卡在市场容量、政策、产品、用户认知方面存在的问题和面临的挑战，并就未来皮卡市场发展提出政策、皮卡认知、新能源、出口等方面的建议。

关键词： 皮卡车　新能源化　智能化

一　皮卡行业发展现状

（一）全球市场情况

近年来全球皮卡市场规模稳定，一直保持在 600 万辆左右，2024 年皮卡销量 595 万辆，占整体汽车市场销量的 6.7%。其中，皮卡在泰国汽车制造业中占据关键地位，泰国皮卡渗透率高达 28%；在北美、澳新等地区，皮卡也作为重要品类，美国、加拿大、阿根廷、新西兰等国皮卡渗透率在 18% 以上。与先导国家相比，基于国情差异、认知差异、消费观念以及不同的功能属性因素，中国皮卡长期处于夹缝中生存，2024 年中国皮卡渗透率仅 1.7%，但政策放宽、皮卡认知逐步改变等因素，有望为其提供广阔的发展空间。

海外皮卡市场具有容量大、产品集中度高、市场竞争不充分等特点。

2024 年中国皮卡企业加速全球化布局，通过电动化、智能化和本地化策略，积极拓展海外市场。中国皮卡凭借高性价比优势、良好品牌形象和口碑，在全球市场认可度不断提高，2024 年长城、江淮、长安、大通出口量均在 4 万辆以上，海外出口销量强劲增长。随着产品竞争力的提升和品牌影响力的扩大，中国皮卡有望在全球市场占据更大份额，成为国际皮卡市场的重要参与者。

（二）国内市场情况

1. 国内销量整体发展情况分析

2024 年受国内需求不振、基建开工项目减缓、房地产低迷等影响，皮卡作为商用主力车型需求大幅下降，市场容量持续萎缩，皮卡市场总体呈现"旺季不旺，淡季更淡"的趋势，2024 年皮卡销量 28.4 万辆，同比下降 14.8%，创近 15 年新低（见图 1）。

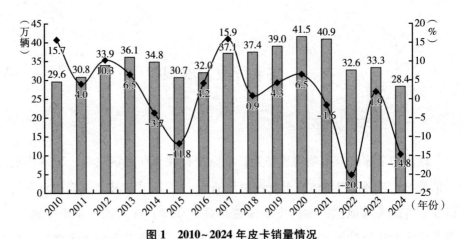

图 1　2010~2024 年皮卡销量情况

资料来源：终端销售数据。

皮卡作为生产资料用车，与经济相关性较大，2025 年经济有望呈平稳恢复态势。受利好政策持续发力、行业政策放宽（年检/报废等）有利因素影响，皮卡需求有望回暖，但考虑到房地产持续低迷等因素，市场消费信心和需求释放被拉长，预计2025年国内皮卡市场销量呈小幅增长态势，市场容量有望达到30万辆。

2.国内皮卡车细分市场分析

2024年皮卡车市场中，柴油、自动挡、四驱车型成为终端市场的主力车型。柴油机具备省油、动力强劲优势，皮卡作为多用途货车，柴油皮卡更受欢迎；四驱皮卡占比逐年上升，显示出用户对四驱功能的认可；受消费升级、自动挡车型供给增加等因素影响，2024年自动挡皮卡销量占比突破50%，首次超过手动挡占比。

柴油皮卡以其强大低速高扭和可靠性、经济性等特点，在皮卡市场中一直扮演着重要角色。2024年皮卡市场仍以柴油动力为主，占比为73.2%，但受新能源皮卡的快速增长叠加Ranger等乘用休闲车汽油占比高的影响，柴油占比较2023年略有收窄。2024年新能源皮卡市场增长强劲，新能源皮卡占比提升至4.3%，销量突破1万辆，同比增长67%。猎手、雷达等高性价比新能源产品推出，市场接受度高。受新能源皮卡政府采购比例提高、购置税减免、多种技术路线产品不断推出、油电同价等因素影响，新能源皮卡市场将迎来扩容（见图2）。

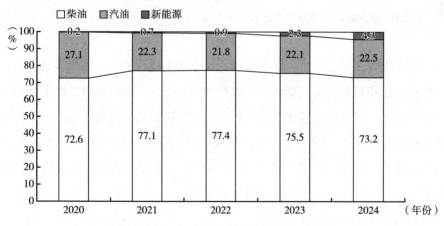

图2　2020~2024年皮卡车能源形式趋势

资料来源：根据市场零售数据整理。

自动挡车型具有驾驶便捷性、场景适配性等优势，不仅能满足城市通勤的需求，还可以在越野场景中提供更舒适便捷的驾驶体验，用户对自动挡皮卡的需求愈加强烈。2024 年自动挡皮卡产品供给增多，且各企业纷纷布局 10 万级自动挡产品，进一步扩大了自动挡产品覆盖范围。随着自动挡皮卡与手动挡价差缩小，吸引价格敏感的用户，自动挡皮卡占比持续提升。2024年自动挡皮卡占比达 50.4%，首次超过手动挡占比，成为皮卡市场的主要增长方向（见图 3）。

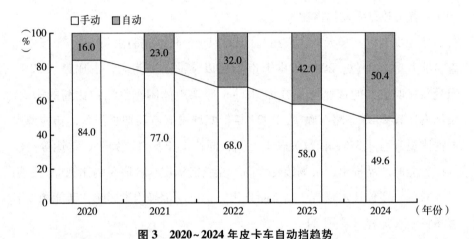

图 3　2020~2024 年皮卡车自动挡趋势

资料来源：根据市场零售数据整理。

皮卡作为多用途车型，使用环境相比乘用车更为复杂，四驱车型具有强大的通过性和越野性能，能在复杂地形和恶劣路况下表现出色，能够轻松应对各种挑战，所以四驱是皮卡用户的首选，可以满足其农牧作业、户外探险及家庭出行等多重需求。2024 年四驱皮卡市场份额为 67.3%，相比 2023 年增加近 7 个百分点，五年增加 15.8 个百分点。随着露营、自驾旅行等户外消费需求逐渐被激发，四驱皮卡占比将进一步提升（见图 4）。

3. 国内皮卡市场政策与环境

2024 年路权解禁范围持续扩大，新增多个城市放宽皮卡进城限制，包括河南郑州、内蒙古包头、黑龙江牡丹江、广西南宁等地，推动河南、内蒙

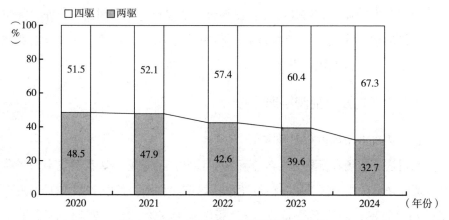

图4　2020~2024年皮卡车驱动形式趋势

资料来源：根据市场零售数据整理。

古、黑龙江等省份实现全省解禁，进一步释放消费潜力。目前，除了部分一线城市外，全国绝大部分城市均已放开或放宽皮卡进城限制。很多一线城市也出台了政策给予新能源皮卡更多支持，如不限行、免摇号、免费牌照等，新能源皮卡的政策环境得到了优化。北京新能源皮卡不受尾号限行限制，上海新能源皮卡可直接申领新能源专用牌照。

2024年4月29日，"推动汽车特色消费专题研讨会"中的皮卡行业发展大会，集中展现了皮卡新技术、新产品、新趋势等行业发展成果，为谋求政策改善、市场向前打下基础，各皮卡厂商加快推陈出新步伐，皮卡行业进入高质量发展期。

2024年9月，湖南省在全国首次将皮卡纳入以旧换新范畴，刺激皮卡市场消费，加速老旧车辆更新换代，皮卡销量显著提升，12月，湖南省皮卡销量同比增速高达20.4%。西藏、北京、河北等地也将皮卡纳入以旧换新补贴范围，鼓励淘汰老旧皮卡，换购新车。未来有望带来政策方面的连锁效应，使更多地区将皮卡纳入"以旧换新"政策范围内，同时针对保有皮卡的用户开展以旧换新政策调研。数据显示，65%以上用户考虑将老旧皮卡置换为新皮卡，37.7%的用户想用乘用车置换新皮卡。如果给予皮卡更多支持性政策，国内皮卡市场的消费热情有望被进一步激发。

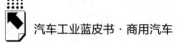

同时，集行业之力搭建交流合作平台，加强行业内的沟通与协作，加快推动政策的调整优化，15年报废、一年一检等限制政策有望进一步放宽或取消，助力皮卡行业快速发展。

（三）国内皮卡品牌格局分布

1. 国内皮卡市场占有率分布

面对皮卡市场容量萎缩，各企业采取稳健产品策略，从我国皮卡市场各品牌情况来看，"一超三强"市场竞争格局依然稳固，其中2024年长城皮卡销量13.2万辆，同比下滑17.9%，市场份额46.6%，长城皮卡仍稳居第一，但市场份额略有下滑。江铃皮卡和郑州日产皮卡分列第二和第三，销量分别为4.4万辆和2.4万辆，同比增速分别下滑14.2%和18.7%，市场份额相对稳定。江西五十铃皮卡则因为销量下滑严重，排名由2023年的第三降至第四，销量2.0万辆，同比下滑32.4%，市场份额下滑2个百分点。另外，江铃福特皮卡因Ranger的国产化扩容乘用休闲市场。凭借福特品牌影响力、强大的产品力和福特纵横渠道，皮卡销量实现快速增长，2024年销量1.2万辆，市场份额4.2%，进入了行业前五。长安皮卡和吉利雷达皮卡均逆势增长，长安皮卡的增幅更是达到27.1%，新能源车型是销量增长的主要原因。2024年吉利雷达产品动作频繁，一年内上市三款新车，产品体系更加完善，新能源车型价格持续下探，助力雷达皮卡销量增长14.6%。雷达和猎手投放低价产品，以高性价比策略转换同价燃油车型，进入了行业前十，显现出新能源皮卡的强大发展潜力（见表1）。

表1　2024年皮卡排名前十品牌表现

单位：辆，%

序号	品牌	2024年	2023年	同比增长
1	长城	132027	160851	-17.9
2	江铃	44197	51482	-14.2
3	郑州日产	23962	29475	-18.7
4	江西五十铃	20386	30142	-32.4
5	江铃福特	11793	469	2414.5

续表

序号	品牌	2024 年	2023 年	同比增长
6	福田	11599	12204	-5.0
7	江淮	10083	12617	-20.1
8	大通	7597	11354	-33.1
9	长安	6629	5216	27.1
10	雷达	5364	4681	14.6

资料来源：终端销售数据。

2024 年主销皮卡车型中，长城皮卡旗下的商用炮、风骏 5、金刚炮蝉联皮卡市场单车型销量前三，全面领先。其中商用炮和风骏 5 仍以绝对优势领先其他车型。江铃大道全能者位列第四，该产品凭借福特品牌背书、强劲动力、新产品等优势，市场认可度高。但域虎 7 由 2023 年的排名第四下滑至第七，销量同比下滑 48.2%（见表 2）。

表 2　2023~2024 年皮卡车排名前十车型表现

单位：辆，%

序号	车型	2024 年	2023 年	同比增长
1	商用炮	50646	61013	-17.0
2	风骏 5	42430	49029	-13.5
3	金刚炮	21485	27833	-22.8
4	大道全能者	12290	9480	29.6
5	宝典	11966	16260	-26.4
6	乘用炮	10430	13154	-20.7
7	域虎 7	10252	19810	-48.2
8	瑞迈	9230	13446	-31.4
9	铃拓	8596	12002	-28.4
10	Ranger 探迹	6744	11	61209.1

资料来源：终端销售数据。

2. 重点皮卡企业市场概况

2024 年长城皮卡累计销量 132027 辆，长城皮卡已连续 27 年销量第一，国内终端市占率近 50%，中国每卖出两台皮卡，就有一台是长城皮卡。

2024 年长城炮坚持品类创新，持续发力乘用休闲和时尚商用两大品类，引领皮卡品类价值跃升。3 月，金刚炮 8AT 车型上市，以好开、好用、好省心三大硬核实力，引领 10 万级商用皮卡新潮流。4 月，山海炮 Hi4-T 于北京车展正式亮相，其基于坦克 Hi4-T 越野超级混动架构打造，定位全球首款高端豪华越野新能源皮卡。5 月，2.4T 长城炮上市，2.4T 产品"高性能节油王"，够劲、够省、够可靠，最大净功率 135kW，峰值扭矩 480N·m。9 月，"全球长续航高性能豪华皮卡"山海炮穿越版上市，基于穿越场景进行针对性开发。

江铃皮卡全年累计销量 44197 辆，凭借全产品矩阵、硬核产品实力，稳居市场第二位，内部结构持续向好。2024 年在产品布局方面，江铃皮卡聚焦产品创新，持续拓展品类，以满足不同用户群体和多样化使用场景的需求。尤其是江铃大道品牌，持续丰富产品阵容，推出精细化的车型品类。3 月首推大道极寒版，以极低气温下出色的适应性及高性能满足了在极端气候条件下用户的使用需求。6 月大道汽油重载版工信部过审。8 月大道山地版上市，搭载了多项高性能配置，在应对高原山地的复杂路况时游刃有余。11 月大道全能者车型推出了平底货箱版本，大大提升了货箱利用率。

福田皮卡销量位居第六，2024 年销量 1.2 万辆，同比下滑 5.0%，市占率 4.1%，较 2023 年市占率提升 0.4 个百分点。2023 年 8 月，福田汽车全新高端皮卡品牌火星皮卡，正式推出火星 7、火星 9 两大车系。2024 年福田皮卡继续深入中国皮卡市场调研，进一步丰富火星皮卡产品矩阵，推出火星 9 越野版、火星 7 穿越版等多款产品，满足不同圈层客户的差异化需求，对指导整体皮卡行业产品的进阶发展和满足整体市场用户的需求提升具有引领作用。

长安皮卡 2024 年销量 6629 辆，同比上升 27.1%，市占率 2.3%，较 2023 年市占率增加 0.7 个百分点。其中猎手销量 4399 辆，成为长安皮卡市占率提升的主要贡献者。在新能源皮卡细分市场中，猎手排名第二，市占率 36.5%，皮卡作为生产资料用车，部分保守型用户更容易接受超长续航、可油可电的插混产品。

吉利雷达皮卡2024年销量5364辆，同比增长14.6%。在新能源皮卡细分市场中，继续保持销量第一的位置，市占率为44.5%。2024年吉利雷达进一步丰富其产品线，4月雷达地平线四驱纯电皮卡正式上市，8月雷达地平线13.68万元冠军版正式上市，12月雷达金刚上市，补齐长货箱，售价9.98万元起，以其高载重能力和低用车成本，进入商用多用途市场。吉利雷达发挥平台化的价值和优势，用多元化的产品，进一步加速中国皮卡市场"油转电"的进程。

（四）国内皮卡的地域分布

从区域分布来看，华北、西南、西北作为皮卡传统区域依然保持强势，北方和西部市场经济相对不活跃，经济增长主要依赖农业种植、能源开发及工程基建等产业，以上行业为皮卡用户的主要行业分布。其中西部地区的皮卡需求较大，西南、西北地区的皮卡需求占到总体需求的35%，为两大核心市场。2024年西南地区市场规模较大，西南地区市场份额较2023年上升0.8个百分点。华南地区受经济活跃、新能源皮卡增长等影响，市场份额上升1.1个百分点，华北和西北地区占比分别下滑1.0个和0.9个百分点。

从皮卡市场主力销售区域维度看，仍以中小城市和县乡市场为主，中小城市和县乡市场份额高达82%，县乡市场需求最高，2024年县乡市场份额高达39.4%。随着电动化和乘用化皮卡推出，特大、大型城市需求得到改善，2024年深圳、广州、成都、郑州等地市场表现较好。

省域销量排名中，新疆依旧占据销量第一的位置，2024年累计销售21242辆，是唯一销量突破2万辆的省区。其次是云南、内蒙古、四川、山东，云南省由2023年排名第四攀升至2024年第二，并且云南省也是销量同比下滑较小的省份之一，云南省份额较2023年上升0.6个百分点。2024年皮卡销量超过万辆的省份共有12个，这些省份占据皮卡总销量的61.0%，另外，皮卡年度销量不足5000辆的省份有7个。2024年甘肃省皮卡销量下滑最严重，同比下滑30.7%，销量由2023年的9162辆下滑至2024年的6348辆。而广东、浙江、江苏、海南是新能源皮卡销量的集中区域，以广

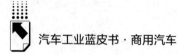

东省为例，新能源皮卡的渗透率已达到22.6%，新能源皮卡已经成为本地的主销车型之一。未来随着市场中可选的新能源皮卡车型越来越多，新能源皮卡也将会在更多省份中实现热销（见表3）。

表3 2024年国内皮卡销量省份分布

单位：辆，%

省份	2024年	2023年	2024年同比增速	2024年占比
新　疆	21242	25774	−17.6	7.5
云　南	18846	20079	−6.1	6.6
内蒙古	17599	21794	−19.2	6.2
四　川	17343	21002	−17.4	6.1
山　东	15579	18768	−17.0	5.5
河　北	14361	18077	−20.6	5.1
广　东	13339	14274	−6.6	4.7
黑龙江	11857	13274	−10.7	4.2
湖　北	11693	13047	−10.4	4.1
广　西	10423	10888	−4.3	3.7
湖　南	10418	11711	−11.0	3.7
浙　江	10096	11868	−14.9	3.6
河　南	8844	10449	−15.4	3.1
贵　州	8692	9276	−6.3	3.1
辽　宁	8522	9737	−12.5	3.0
福　建	7824	8900	−12.1	2.8
江　苏	7628	9311	−18.1	2.7
江　西	7461	9406	−20.7	2.6
安　徽	7307	9487	−23.0	2.6
陕　西	7144	8605	−17.0	2.5
西　藏	6706	7109	−5.7	2.4
重　庆	6489	7772	−16.5	2.3
甘　肃	6348	9162	−30.7	2.2
山　西	6217	8129	−23.5	2.2
吉　林	4577	5755	−20.5	1.6
海　南	4406	4560	−3.4	1.6
北　京	3794	3982	−4.7	1.3

省份	2024 年	2023 年	2024 年同比增速	2024 年占比
宁　夏	3744	4484	−16.5	1.3
青　海	2471	3352	−26.3	0.9
上　海	1376	1342	2.5	0.5
天　津	1246	1310	−4.9	0.4

资料来源：终端销售数据。

从城市维度来看，皮卡销量 TOP20 城市中，直辖市、省会等占 12 席，且前三位均为直辖市和省会城市，从 2024 年皮卡销量 TOP20 城市的榜单中可以看出，北京、成都等中心城市皮卡的消费行为十分旺盛，具有很大的市场潜力可挖。此外，郑州、南宁、石家庄、深圳等地区，进入皮卡销量 TOP20 城市，表明皮卡解禁政策促进皮卡消费的效果逐渐显现。

从省份与燃料类型交叉维度看，云南、新疆、四川、山东、内蒙古是 2024 年柴油皮卡销量排名前五的省份，其中云南省柴油皮卡销量最高，达到 18118 辆，占云南省皮卡总销量的 96.1%，广东、海南、浙江、江苏省新能源皮卡占比均超 9%，受政府推动及地理特征、充电桩资源、新能源产品认知等因素影响，华东、华南区域新能源皮卡需求较高。

从省份与四驱结构交叉维度看，在四驱皮卡中，新疆、云南、内蒙古、四川以及黑龙江的四驱皮卡销量均超过 1 万辆，也是四驱皮卡销量排名前五的省份。青海、黑龙江、吉林、云南、新疆、陕西、内蒙古四驱型皮卡的销量在全省皮卡销量的比例均超过 85%。

从省份与自动挡交叉维度看，2024 年 16 个省份自动挡皮卡占比超过 50%，其中江苏、辽宁、安徽、北京、湖北、广东 6 个省份自动挡皮卡占比高达 60% 以上，这些省份经济基础较好，用户对车辆舒适性和便利性要求更高，自动挡皮卡更受青睐。

（五）中国皮卡的出口情况

2024 年国产皮卡累计出口 254072 辆，同比增长 53.4%，海外出口强劲

增长，成为 2024 年皮卡市场的一大亮点。近年来皮卡出口量持续增长，
2024 年出口量占国产皮卡总销量的 47.3%，国内外销量占比接近一比一，
呈现蓬勃发展的态势。

分企业来看，我国自主品牌皮卡在 2024 年持续着抢眼表现，各大主流
品牌海外销量都出现爆发式增长。长城累计出口 54502 辆，排名第一。江淮
累计出口 53692 辆，排名第二。长安、大通出口量均在 4 万辆以上，长城、
江淮、长安、大通 4 家企业出口量占总出口量的 76.7%，江淮、长安、江
铃、福田、吉利雷达、中兴增幅均在 65% 以上，海外销量的强劲增长，为
2024 年皮卡市场重要的增量。在全球经济复苏和"一带一路"倡议推动下，
海外市场对中国皮卡需求有望进一步增加（见表4）。

表4　2024 年皮卡出口销量

单位：辆，%

车企	排名	2024 年	2023 年	2024 年同比	份额
长城	1	54502	48262	12.9	21.5
江淮	2	53692	28214	90.3	21.1
长安	3	44518	16893	163.5	17.5
大通	4	42222	44334	-4.8	16.6
江铃	5	17300	10083	71.6	6.8
福田	6	16778	10109	66.0	6.6
比亚迪	7	11038	0	—	4.3
中兴	8	10335	5999	72.3	4.1
日产	9	1900	1513	25.6	0.7
雷达	10	1706	206	728.2	0.7
其他	—	81	38	113.2	0.0
合计	—	254072	165651	53.4	—

资料来源：根据中国汽车工业协会数据整理。

2024 年，长城皮卡海外销售 5.5 万辆，同比增长 12.9%，实现大幅提
升。长城炮始终秉持全球化的品牌战略，截至目前长城炮已在全球四大洲

50余国上市，2024年长城炮重点布局大洋洲、东盟、南非等高势能市场，并计划加快在拉美等市场的上市进度。尤其是在大洋洲、南非、泰国等地，长城炮深受用户的喜爱，凭借其卓越的产品力和市场表现，在全球范围内获得了多项权威奖项的认可。山海炮为全球首个同时斩获ANCAP、C-NCAP双五星安全评级皮卡。此外，山海炮获得曼谷车展2024最佳商业HEV车型奖、南非年度皮卡大赛总冠军。

2024年江淮皮卡海外市场的表现尤为突出，销量同比增长90.3%。尤其是在墨西哥市场，江淮Frison皮卡成为唯一进入当地皮卡销量前十的中国品牌，排名第八。此外，江淮皮卡在亚欧、非洲和南美等多个地区的市场表现也非常强劲。江淮皮卡在全球能有如此亮眼的表现，主要得益于江淮汽车数十年的海外市场耕耘、强大的产品实力，2024年江淮T6、江淮T8、江淮T8PRO和江淮T9等多款车型进入海外多国市场，江淮皮卡在全球市场形成丰富的产品矩阵，满足不同消费人群，为海外市场的开拓提供了有力支撑。

2024年长安皮卡在海外市场的表现非常出色，出口销量实现显著提升，同比增长达到163.5%。长安皮卡在多个海外市场都取得了显著的成绩，如在泰国市场，尽管整体皮卡市场表现不佳，长安皮卡的销量却实现了大幅增长，显示出其在海外市场的强大竞争力和市场适应能力。长安F70通过换标为标致Landtrek车型进入墨西哥市场，凭借与PSA集团合作的技术背书，成为墨西哥市场销量前列的中国皮卡之一。此外，长安猎手作为全球首款增程皮卡，凭借新能源技术优势，进一步助力其海外市场拓展。

二　皮卡行业发展趋势

（一）用户需求潜力

1.消费升级、认知提升、硬派车市崛起，乘用品类高速增长

2024年10万元以上皮卡市场大幅提升，占比达到76%，皮卡市场需求结构持续优化、品类价值持续向上，乘用化、智能化、定制化趋势已成为潮

流。皮卡市场正向高品质、高效率的方向发展，回归多用途、多场景的品类本质。

皮卡限制政策对中高端皮卡影响尤其严重，调研数据显示，当前影响用户购车意向最大的政策限制因素为 15 年强制报废，占比约 63%，其次为一年一检，占比约 24%。在中国汽车工业协会皮卡分会、各皮卡企业的共同努力推动下，皮卡报废、年检等限制性政策有望得到改善，将激发市场活力，释放用户需求，推动皮卡产业健康发展。

随着国家大力发展休闲旅游，2024～2027 年自驾游诉求仍会持续释放，诉求占比有望逼近 60%；户外生活方式兴起，硬派车市将迎来十年黄金期，皮卡作为多用途的硬派户外车型，将迎来重要的发展机遇。

受 Ranger 等合资产品导入、新能源加快布局、产品价格下探、政策向好等因素影响，高端乘用品类有望迎来快速增长。

2. 个性化、多元化、场景化的产品需求逐年增加

近年来，国内皮卡消费群体呈现年轻化趋势，25～44 岁的青壮年逐渐成为核心消费力量，用户越来越注重个性化的表达。皮卡作为一种具有独特外观和多功能性的车型，能够满足用户对于车辆个性化的追求。皮卡具备强大的越野功能、开放式的货箱，一些用户会选择改装皮卡，通过改变车身颜色、定制化涂装、车身贴纸、加装越野套件等方式，打造独一无二的皮卡。

随着用户生活方式的多样化，皮卡在不同场景下的应用越来越受到关注。当前的皮卡已从工具车发展成多用途、多场景的超级品类，目前高端的皮卡产品，已经具备了轿车的舒适性、SUV 的越野性、旅行车的休旅性、轻型货车的装载性，完全覆盖了用车全场景。皮卡也逐渐进入家庭用车市场，成为多功能家庭用车的选择之一。

用户对皮卡的认同感和喜爱程度不断提高，推动了皮卡产品的个性化、多元化、场景化发展，使其能够更好地满足用户对于自由、个性、冒险等生活理念的追求。

3. 受玩乐需求、消费升级增强影响，四驱比例有望继续提升

2020～2024 年皮卡车型四驱化趋势特征明显，四驱车型占比由 2020 年的 51.5% 提升至 2024 年的 67.3%。随着经济的发展和人们生活水平的提高，用户对皮卡的品质和性能要求不断提升。四驱皮卡不仅能够满足用户对车辆通过性的需求，还能提供更舒适的驾乘体验和更高的安全性，符合消费升级的趋势。

用户对皮卡的需求不再局限于工具属性，而是越来越多地用于休闲娱乐，如越野、露营、钓鱼等户外活动。四驱皮卡能够将动力分配到四个车轮，提高车辆在泥地、雪地、沙地等复杂路况下的通过性。在湿滑或崎岖路面上，可以提供更好的抓地力和稳定性，增强驾驶安全性。四驱皮卡凭借其强大的通过性和适应性，能够轻松应对各种复杂路况，为用户提供更丰富的玩乐体验。

受玩乐需求、消费升级、产品供给等影响，同时四驱皮卡具备出色性能和越野能力，四驱皮卡逐渐为主流选择。

4. 对电动化、智能化需求日益增长

在新能源浪潮下，用户对电动皮卡接受度逐年攀升。电动皮卡具备购车补贴、税收优惠等政策支持。同时使用成本低、维护费用少。以其环保节能、低噪声、放电玩法等特性，逐渐受到城市通勤、露营休旅人群的青睐。同时电动皮卡具备大功率外放电功能，可作为移动电源，为露营设备、无人机等供电，满足户外爱好者的需求。

随着收入水平提高，用户对皮卡的需求从实用性转向舒适性、科技感和智能化体验。

年轻用户更青睐科技感强的产品，智能化配置成为吸引他们的重要因素。用户对驾驶安全性的要求不断提高，希望皮卡产品配备自动刹车、车道保持、自适应巡航等智能驾驶辅助系统，以降低驾驶风险。借助车联网技术，用户可以实现远程启动车辆、调节车内温度、查询车辆状态等功能，提升驾驶的便捷性和舒适性。

电动化、智能化的皮卡能够满足用户对于绿色出行、智能化生活以及个性化驾驶体验的追求。电动化和智能化是皮卡行业未来发展的重要方向。电动化解决了环保和能源问题，而智能化则提升了用户体验和安全性。两者的

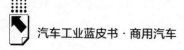

融合将推动皮卡从传统工具车向高科技、多功能出行工具转变，满足用户日益多样化的需求。

（二）企业产品力供给

2024 年共有 14 家车企在产品端有新动作，上市新车达 40 余款，既有现有车款焕新上市，也有全新产品亮相发布，涵盖传统燃油、混动和纯电动等多种动力形式，新能源、高端化和越野化是主要方向。但与 2023 年发布的 60 多款新车相比，2024 年属于产品小年。

受内需不足、经济环境不确定性以及市场竞争加剧等多重因素影响，主流皮卡企业在产品动作上普遍趋于保守、产品更新节奏放缓。各主流企业通过现有产品线维持国内份额，未大规模投放新车型。在产品动作上延续了其稳健的策略，主要聚焦于现有车型的科技智能配置、动力性能等产品优化及版本开拓、新能源化布局以及海外市场拓展。

从品牌维度看，江铃福特 Ranger 导入国内，凭借福特背书、高可靠性等核心卖点，市场接受度高，扩展乘用休闲市场容量，对乘用休闲市场销量提升贡献度较高。新能源领域，吉利雷达进一步丰富其产品线，雷达地平线推出四驱纯电皮卡，雷达金刚售价 9.98 万元起，进入商用主流市场。长安推出全球首款增程式皮卡，在新能源皮卡细分市场中排名第二，市场接受度高。新能源皮卡由纯电转化纯电与插混多能源形式并行。其余品牌大力发展越野、极寒、沿海、山地版等细分场景版本车型，针对性解决用户需求。

（三）产业发展趋势

1. 新能源产品市场份额稳步提升，进入增长期

2024 年新能源市场展现出强劲势头，销量持续增长。2024 年新能源皮卡销量首次突破 1 万辆，同比增长 60%，从 2024 年月度新能源渗透率看，12 月新能源皮卡渗透率增至 7.3%，创历史新高。从区域维度看，华东、华南区域新能源皮卡需求高，其中 2024 年下半年，广东省新能源皮卡渗透率高达 31.4%。

新能源皮卡电四驱脱困能力更强、响应速度更快、爆发力更强等动力性能优势大，具备能耗低、保养成本低、免购置税等优势，对外放电、智能化配置等功能扩展及环保性方面全面超越燃油车型，尤其适合城市物流、工程通勤及户外作业场景。

2024年吉利雷达地平线纯电皮卡，售价12万~18万元，长安猎手混动皮卡，售价13万~21万元，凭价格优势快速转化B端大客户，尤其是电网及政府采购。在新能源浪潮下，各主流企业纷纷发布新能源战略，包含插混、纯电多种技术路线新能源皮卡。皮卡作为生产资料用车，插混皮卡具备超长续航、可油可电优势，客户接受度相对更高，各主流企业纷纷布局插混产品，如山海炮Hi4-T、江淮悍途插混、比亚迪SHARK、奇瑞捷途F700等。

在政策支持方面，新能源汽车的车辆享受购置税减免政策，同时新能源商用车不设定减免限额（乘用车最高补3万元）。同时财政部明确年度公务用车采购新能源占比不低于30%，其中对于路线相对固定、使用场景单一、主要在城区行驶的机要通信等公务用车，原则上100%采购新能源汽车，采购车辆租赁服务的，应当优先租赁使用新能源汽车，利于新能源皮卡发展。

受多种技术路线新能源皮卡新品投放影响，新能源产品价格持续下探至10万~15万元皮卡主流价格区间，新能源皮卡受政府采购比例提高、购置税减免等政策导向，以及皮卡用户对新能源产品接受度逐步提升、油电同价等因素影响，2025年新能源皮卡市场将迎来扩容。

2. 舒适性和智能化水平提升显著

近年来，皮卡车型在舒适性和智能化方面取得了显著进步，逐渐摆脱了传统工具车的形象，向高端化、乘用化方向发展。新一代皮卡产品，在内饰方面进行全面升级，提供更加豪华和舒适的驾乘环境，过去皮卡内饰以实用为主，材质多为硬塑料，设计简单。如今大部分皮卡采用软质材料、真皮座椅、木纹饰板等，提升豪华感。座椅设计也更符合人体工学，部分车型座椅还配备加热、通风、按摩、记忆功能。底盘调校优化，采用先进的悬架技术，提升了乘坐舒适性稳定性，尤其在非铺装路面上表现更佳。如江铃大道在国产皮卡中首款使用瓦特连杆技术的皮卡，其后悬架系统与多连杆结构结合，拥有 220mm 悬架行程，可满足全路况驾驶需求。上汽大通星际 X 的高配车型配备了空气悬架，通过动态调节悬架软硬程度，在高速或激烈驾驶时增强悬架刚性，抑制车身侧倾和俯仰，保障操控稳定性，在铺装路面行驶时提供更柔和的减震效果，提升乘坐舒适性。

新一代皮卡产品，智能科技配置水准大幅提升。仅仅两年前，主流国产皮卡科技配置还停留在液晶屏、手机互联、无钥匙进入等相对初级的功能上。如今则全方位对标乘用车，通过大屏交互、语音控制等配置，大幅缩小与乘用车的智能化差距。尤其是在车机互联和主动安全领域进步显著。车机互联已从单一功能升级转向"硬件+软件+生态"全链路创新。如山海炮车内配备 14.6 寸中控屏和 12.3 寸仪表，支持语音控制、手机互联、在线娱乐等功能，为驾乘者提供了丰富的娱乐体验。在主动安全技术提升方面，乘用休闲类皮卡采用高级的智能驾驶辅助系统，如自适应巡航、车道偏离预警、自动紧急制动等，实时监测车辆周围环境，提前预警并采取措施，有效降低事故风险。

皮卡在舒适性和智能化方面的提升，反映了其从工具车向多功能家用车的转变。未来，随着技术进步和市场需求的增长，国内皮卡的舒适性和智能化将不断提升，满足用户需求。

3. 主流产品版本化，聚焦细分领域

各主流企业在产品布局上，以一款主力车型划分成商用、乘用和越野等不同定位和功能的皮卡车型，满足不同用户需求。各主流产品通过推出不同版本的产品，在产品配置、性能、外观等方面进行差异化打造，满足不同用户的使用场景和多样化需求，从而更精准地占领市场份额，如低端工具市场中的瑞迈天然气双燃料版、江淮 T6 沿海版/工程版；商用多用途市场中的长城炮 2.4T 高寒版、长城炮定制版、大道山地/极寒版/重载版、锐骐 6 PRO 高寒版/越野版、江淮 T8 PRO/悍途寒带版、T8 沿海版；乘用休闲市场中的山海炮穿越版、Ranger 沙狐特别版、火星 9 穿越版、越野刀锋版、星际 R 越野版、星际 X 越野版、猎手御甲版等。

各细分市场均有版本化产品，针对特定场景进行产品优化，使皮卡在更多场景中发挥优势，提升产品吸引力，从而满足不同地域、不同场景用车需求，为用户提供更丰富的选择。

4. 皮卡自动挡化率显著增长

伴随乘用化需求不断提升，近五年皮卡车型自动挡化趋势特征明显，自动挡车型占比由 2020 年的 16.0% 提升至 2024 年的 50.4%。2024 年自动挡产品销量 14.2 万辆，同比增长 1%，自动挡占比较 2023 年增加 8.4 个百分点。长城、江铃、福田、大通等主流企业推出的新皮卡，自动挡占比已达到 100%，自动挡已成为标配。

各企业纷纷布局低端自动挡产品，如金刚炮 8AT、全新瑞迈 8AT、上汽大通星际 L 6AT 等产品上市，最低起售价不足 10 万元，为用户提供了更多高性价比的选择，满足了不同用户对于自动挡皮卡的需求。15 万元以上乘用休闲市场自动挡需求更为突出，自动挡产品销量 5.1 万辆，同比增长 19.5%，自动挡占比更是高达 90.3%，江铃福特 Ranger 自动挡占比高达 95.5%。2024 年，新能源皮卡增长强劲，市场销量突破 1 万辆，有力推动皮卡自动挡比例的提升。

受消费和产品技术升级等影响，全新高端皮卡品牌主打自动挡产品，新能源皮卡销量快速增长，各企业布局低端自动挡产品，推动自动挡比例显著提升，皮卡自动挡产品广泛普及。

5. 升级大排量柴油机，以满足日益严格的环保标准

近两年各主流企业，在推出新产品和改款换代过程中纷纷升级大排量发动机，2.5~3.0T 大排量发动机市场占比由 2022 年的 25.4% 提升至 2024 年的 37.7%。2024 年 11 月上汽大通发布全新 π Plus 2.5T 柴油发动机，最大功率 165kW，最大扭矩 520N·m，是国内首款符合欧七排放标准的柴油发动机。2024 年 11 月，第 389 批次工信部公告中江铃全新宝典/域虎搭载全新的 2.5T 柴油，额定功率 136~272 马力，最大扭矩 360~600N·m，不仅满足国六标准，且蓝焰动力平台通过技术创新为未来国七排放要求预留升级空间。

各企业纷纷升级大排量发动机，以满足高标准的环保要求，同时升级发

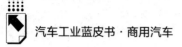

动机排量可提升皮卡动力性、承载能力，改善燃油经济性，使其在载重、越野场景中表现更佳，也满足了用户对于更强动力、更高效率以及更佳驾驶体验的需求。这也反映了皮卡市场在向高端化、性能化方向发展的趋势。

（四）行业竞争态势

1.整体市场竞争态势

在全球经济不确定性增加以及国内基建开工率不足等多重影响之下，2024 年国内皮卡终端销量为 28.4 万辆，同比下降 14.8%，为近 15 年的最低点，国内皮卡市场以存量竞争为主。传统主流企业对主力产品升级换代，同时福特 Ranger 合资产品加入，在福特背书加持下，市场接受度高。在新能源浪潮下，各主流企业纷纷发布新能源产品战略，如山海炮 Hi4-T、大道插混、日产 Z9 插混，同时实力企业入局，比亚迪、奇瑞发挥国内/海外渠道优势，面向全球推出高性价比皮卡。当前皮卡市场由传统燃油品类竞争，逐渐转向柴油与新能源多元化产品竞争，市场竞争更加激烈。

2.低端工具车细分市场分析

受传统基建萎缩、新能源微型货车挤压、消费升级等因素影响，工具类皮卡用车场景逐渐降低，10 万元以下低端工具车市场，市场容量大幅萎缩，由 2020 年 15.2 万辆下降到 2024 年 6.9 万辆。低端工具类市场以缩量竞争为主，各主流企业以老产品改进为主，如瑞迈推出天然气双燃料版和 2.8T 经典瑞迈、T6 推出冠军版/沿海版、卡路里推出高原版。

3.商用多用途细分市场分析

商用多用途市场占比稳定，维持在 55%~60%，为皮卡的核心主力市场。但受经济、政策限制及需求变化影响，市场容量呈下滑趋势，2021 年市场容量高达 22.8 万辆，2024 年销量降至 15.8 万辆，同比下降 19.4%。当前市场容量以存量竞争为主，各企业集中发力。首先聚焦高性价比产品，在主销产品上开展造型优化、配置优化、动力提升、承载力加强等，提升产品竞争力。其次针对主力产品开拓版本化，专注细分市场的场景化车型，如长城炮 2.4T 高寒版、大道山地版/极寒版等；另外，开发金刚炮 8AT、全新瑞迈 8AT 等低价自动挡产品，填补低价自动挡市场空白；纯电雷达金刚价格进一步下探，进入商用皮卡主流市场，市场竞争不断加剧。

4. 乘用休闲细分市场分析

受消费升级、认知提升、硬派车市崛起等因素影响，乘用休闲皮卡市场容量持续增长。乘用休闲细分市场容量由 2021 年的 3.8 万辆提升至 2024 年的 5.6 万辆，市场份额由 2021 年的 9.2%提升至 2024 年的 19.8%，乘用休闲市场为皮卡的潜力市场。

主流企业新产品集中发布，大通星际 X、日产 Z9 等全新中大型皮卡，福特 Ranger 合资产品加入。随着猎手、雷达地平线通过高性价比转化燃油皮卡用户，各传统企业也纷纷发布新能源皮卡，比亚迪、奇瑞等乘用车企也将导入新能源产品。随着国内皮卡市场的不断发展，乘用休闲皮卡市场逐渐成为各大车企竞争的焦点，市场竞争将会进一步加剧。

（五）皮卡解禁效果评估

1. 皮卡解禁情况概述

皮卡路权解禁范围持续扩大，2024 年 1 月，包头市取消了多用途货车（皮卡）的进城通行限制，皮卡享有与小型普通客车同等的通行权；2024 年 3 月 5 日，达州市发布通告，皮卡在主城区全时段不限行；自 2024 年 3 月 15 日起，郑州市取消了对轻型多用途货车（皮卡）的禁限行政策，河南全省实现了皮卡解禁；2024 年 3 月末，牡丹江市发布通告，自 2024 年 4 月 5 日起，皮卡参照小客车标准可在市区通行，不受载货汽车限行政策限制；自 2024 年 5 月 1 日起，南宁市调整车辆限行措施，皮卡在城区内通行无限制。2024 年新增内蒙古包头、河南省郑州、黑龙江省牡丹江、四川省达州、广西壮族自治区南宁 5 市放开皮卡进城限制，目前全国皮卡解禁城市数量占比达 90%以上。

2. 皮卡解禁对中国皮卡市场的影响

皮卡解禁虽然短期内对皮卡销量的提升作用较小，但中长期来看会有促进作用。首先改变政策认知，防止因为路权限制政策而导致的合理需求被抑

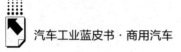

制的情况，其次逐步改变国民对皮卡是工具车、低端车的传统认知，促进中国汽车多元化健康发展，带动区域经济发展。

皮卡解禁带动国内产品向上发展，刺激日益强烈的多功能、多用途、个性化场景用车需求，带动旅游、自驾、露营、改装、房车、越野等上下游消费增长。

皮卡解禁带来市场机会，吸引更多车企入局，多家乘用车/商用车企业"跨界"加入皮卡市场，皮卡行业成为高预期的蓝海市场。福特 Ranger 已进入国内皮卡市场，扩容皮卡乘用休闲市场，自主品牌方面，吉利雷达已上市，比亚迪 SHARK6 已在海外上市，奇瑞也确定将进入皮卡市场。

允许皮卡进城，增加了新能源皮卡的适宜使用场景。例如，在城市中，新能源皮卡可用于城市短途物流配送、市政服务等场景，其环保、低噪声的特点更适合城市环境。皮卡解禁可实现皮卡市场规模的扩大和城市使用场景的增加，从而助力皮卡的新能源化。

三　皮卡行业发展存在的问题和建议

（一）存在的问题

1.国内经济低迷，消费信心减弱，有效需求不足

当前世界经济增长动能不足，外部环境的复杂性、严峻性、不确定性上升。我国经济持续回升向好的基础还不稳固，有效需求不足，部分行业产能过剩，居民收入增长乏力，消费能力下降。

2024 年国内 GDP 增速放缓，民营企业经营压力大，传统基建、房地产等皮卡强相关行业萎靡不振，居民消费意愿及消费信心持续走低，导致皮卡用户购车需求降低。

尽管湖南、西藏、北京、河北等地发布汽车以旧换新、消费补贴政策，皮卡车型包含其中，但在经济低迷背景下，政策红利对皮卡市场的拉动作用有限。

2.从结构看，皮卡产品受到了上下夹击

从上端维度看，自2022年以来，硬派越野SUV热度攀升，各大车企纷纷进场，高端乘用皮卡市场受到硬派越野车挤压。皮卡因油耗高、车身长越野受限、政策限制等种种因素叠加，让国内乘用休闲皮卡的蓝海市场被硬派越野SUV瓜分，导致皮卡市场"蓝海不蓝"。

从下端维度看，以货拉拉为代表的城市物流迅猛发展，城市周边建材、批零、餐饮等行业商户皮卡刚需减弱。相对于"养台皮卡"，城市物流"更经济、更省力、更便捷"的优点得到用户认可，城市物流对中低端货运皮卡销售造成巨大影响。

3.限制性政策仍是主要阻碍皮卡发展的关键因素

皮卡解禁政策等行动虽有序推进，但在城市限行、高速限制、年检和15年报废等方面限制性政策仍较多，产品使用的便利性不足。目前多数城市仍对皮卡实施限行政策，导致皮卡无法进入城区核心区域，严重制约其作为家用车的使用场景。如北京五环路（含主路）每日6：00~23：00禁止皮卡通行，五环外也有不少区域（大兴、顺义区等）受限。上海南北高架、华夏高架等主要高架路实施全时段禁行。这类路权限制政策直接把皮卡挡在了大城市的消费市场之外，而大城市恰恰是消费升级的主战场。

皮卡品类价值，虽逐年提升，但与越野SUV品类及国际市场仍有差距，尽管90%以上城市放宽进城限制，但皮卡仍被归类为轻型货车，报废、年检、高速收费、高架限行等未与乘用车同步。政策限制带来的使用不便和成本增加，使一些有购车意向的用户对皮卡持观望态度，他们担心皮卡在使用过程中会受到更多限制，影响其作为家庭用车的实用性和经济性。当前皮卡用户仍以商用场景为主，家用属性未被充分挖掘。

4.用户对皮卡货车认知还未彻底改变

尽管近年来头部车企不断推出乘用化车型，如山海炮、星际X等，皮卡产品在乘用化、舒适性和智能化方面有了显著提升，但仍有许多用户将皮卡与"拉货""工地用车"等场景绑定，忽视其乘用和休闲属性。皮卡文化认知与高端化定位存在偏差，这种认知偏差限制了皮卡在乘用市场的普及。

国内皮卡市场缺乏北美市场"皮卡文化"基础，用户对皮卡承载的户外生活、家庭出行等多元场景认知不足，导致皮卡乘用休闲市场需求培育缓慢。用户认知和生活方式的进化需要经历较长的过程，皮卡高端市场破局仍需要付出更大努力。

（二）发展建议

1. 改变国内皮卡认知，是促进皮卡消费的重要因素

用户对皮卡的固有认知从"工具车"向"乘用化、高端化、生活化"转变，是释放消费潜力的核心因素。单纯依靠放宽皮卡进城限制政策仅解决路权问题，而用户对皮卡品类价值的重新认知才能形成可持续的消费动力。皮卡企业应构建场景化营销生态，通过越野赛事、户外露营等跨界活动（如长城炮皮卡文化节），推广皮卡与休闲生活的强关联，激发用户对"皮卡文化"的情感认同。同时在用户共创与社群运营方面，建立皮卡用户社区，鼓励改装、自驾等个性化玩法，形成以用户为核心的品牌文化圈层（如江淮皮卡用户定制车型），坚持与用户共创，是打造中国特色皮卡文化的发展引擎。

改变国内对皮卡的认知，是促进皮卡消费的重要突破口。通过政策优化、产品升级、文化培育和场景化营销，强化皮卡多场景消费价值，让皮卡从"工具车"转变为"多功能生活伙伴"，激发更多用户需求，皮卡市场将迎来更广阔的发展空间。

2. 政策持续优化，助推皮卡市场扩容

当前，我国皮卡车型正在加快更新换代，在科技创新的引领下，国产皮卡品质不断提升，平台化架构造车，智能科技配置大幅提升，发动机性能显著提升，同时在整车 NVH 静谧性控制、底盘悬挂等方面有诸多创新，安全性、舒适性、排放标准、油耗标准等方面已经能够与乘用车媲美。但因为皮卡被归类为货车，在使用环节仍面临诸多限制，如 15 年强制报废、一年一检、高速限速、城市路权等依旧是皮卡市场难以逾越的壁垒。我国首个皮卡行业的规范化标准文件《多用途货车通用技术条件》已正式实施，各行业

应以该文件作为重要的技术参考依据，推进皮卡"身份转变"。并逐步推动城市路权、报废、年检及高速公路权益等多方面政策的改变。

国家连续两年出台汽车以旧换新鼓励政策，有效带动了汽车更新消费。鉴于皮卡车型作为汽车产业的重要组成部分，同样面临老旧车辆淘汰和新技术车型推广的需求，建议各地在优化以旧换新政策时能将皮卡纳入范畴，既可以促进产品迭代和绿色转型升级，又可以鼓励用户提前淘汰老旧车辆，并带动"该报未报"车辆报废。

3. 提升新能源皮卡产品竞争力，激发新能源市场潜力

2024年，在政策支持和市场需求双重推动下，新能源汽车市场继续保持高速增长态势，零售渗透率达到47.6%，成为2024年汽车行业的最大亮点。商用车细分市场中重卡、轻卡等车型新能源化进程不断加速，渗透率快速爬坡，然而2024年新能源皮卡的渗透率不足5%，远低于乘用车和其他商用车品类。尽管各主流皮卡企业纷纷布局纯电、增程、插混等多元化技术路线的新能源皮卡，以更好地满足用户的不同场景和出行需求，但因皮卡兼具商用与乘用属性，常被用于高负荷作业、越野、长途运输等复杂场景，所以用户对车辆价格及使用成本较为敏感，对动力系统的扭矩、续航和可靠性要求较高，故新能源皮卡发展仍面临价格门槛、续航焦虑、基础设施建设不完善以及政策法规有待健全等诸多挑战。

皮卡企业需持续加强技术研发，加大在电池技术、电机技术和智能化技术方面的研发投入，提升新能源产品的性能和续航能力，降低新能源皮卡价格，同时政府与上下游企业应共同努力，扩大充电网络基础设施建设，提高充电便利性，解决成本、续航与补能痛点。在技术路线布局方面需要多元化，混动、增程和纯电并行，以更好地满足不同客户需求。

4. 海外出口成为皮卡市场的主要增量

当前中国皮卡已出口到全球100多个国家和地区，包括非洲、中东、中南美、俄罗斯、欧洲以及东南亚等。中国皮卡凭借高性价比优势、良好品牌形象和口碑，在全球市场认可度不断提高，如长城炮在澳大利亚跻身销量前十，比亚迪SHARK在大洋洲发布3个月宣传订单破5000辆，中国皮卡出口

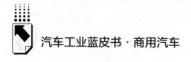

已成为皮卡市场重要的增长点。

在全球化浪潮下，中国皮卡企业应更好地抓住这次海外出口增长机遇，进一步提升中国皮卡品牌在全球市场的竞争力。坚定拥抱全球化，是中国皮卡走向世界的时代潮流。

在积极布局、进军国际市场的前提下，一方面，企业应针对不同市场的需求进行本土化研发和定制化生产，适应不同市场的法规和标准，也更好地满足当地用户的需求，提升产品的市场竞争力；另一方面，要提升皮卡的产品质量，力争从每个部件、每个生产环节严格把控产品品质，保证可靠耐用性能，塑造良好的品牌口碑。同时，构建覆盖全球的销售和服务网络，提供更好的用户体验和售后服务，这是拓展海外市场的基础。

B.6
2024年专用汽车发展报告

摘　要： 本报告综合详述了我国专用汽车市场情况，介绍了2024年我国专用汽车行业的整体运行情况，分析了行业各细分市场的情况，并从产品发展特征、市场需求技术趋势、新产品技术发展特征、生产和管理技术发展特征等多个维度剖析了专用汽车产品和技术发展现状。根据本年度行业发展情况，从管理、市场、技术多个方面研判了专用汽车产业发展趋势，深入探究了专用汽车发展存在的问题，并对未来专用汽车发展提出如下建议：一是上下游产业协同发展，打造垂直领域技术生态；二是提升产品质量，构建质量管理体系；三是完善标准法规建设，推动行业规范化发展；四是深化数字化转型，构建全价值链服务体系。

关键词： 专用汽车　市场情况　智能化

一　专用汽车市场发展现状

（一）专用汽车行业发展概况

2024年，专用汽车实现销量109.3万辆，同比增长3.6%，目前专用汽车市场处于承压前行、需求逐步平稳的震荡阶段（见图1）。本年度在全国31个省份范围，累计1105家专用汽车生产企业实现销售，新增专用汽车企业68家，同比下降45.6%。

月度销量走势方面，2024年上半年，在新能源补贴及"以旧换新"政策推动下，除2月以外，专用汽车行业市场销量均呈现一定程度的增长，3

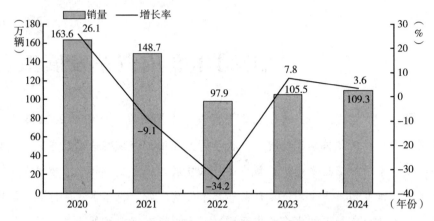

图1　2020~2024年我国专用汽车产品销量情况统计

资料来源：中国汽车工业协会专用车分会数据统计。

月、4月、5月的同比增长显著，均超过10%。下半年，专用汽车行业增速放缓，受到商用车整体市场下行的影响，8月、9月、10月呈现不同程度的下降，主要受原材料价格波动以及出口受阻等因素的拖累。其中，8月的跌幅达到了8.3%（见图2）。

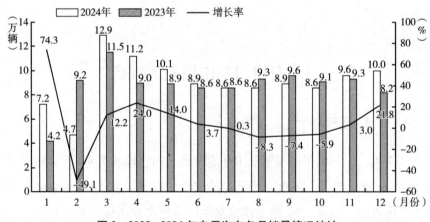

图2　2023~2024年专用汽车各月销量情况统计

资料来源：中国汽车工业协会专用车分会数据统计。

（二）专用汽车行业细分市场情况

按照结构型式分类，专用汽车可分为厢式、仓栅式、罐式、起重举升、特种结构、专用自卸。

2024年，在我国专用汽车产品构成中，厢式专用汽车累计销售66.8万辆，同比增长4.8%，占比61.1%；仓栅式专用汽车累计销售22.3万辆，同比增长4.0%，占比20.4%；罐式专用汽车累计销售5.7万辆，同比下降8.0%，占比5.2%；起重举升类专用汽车累计销售3.4万辆，同比下降21.5%，占比3.1%；特种结构类专用汽车累计销售7.6万辆，同比增长12.0%，占比6.9%；专用自卸类专用汽车累计销售3.6万辆，同比增长16.7%，占比3.3%（见图3、图4）。

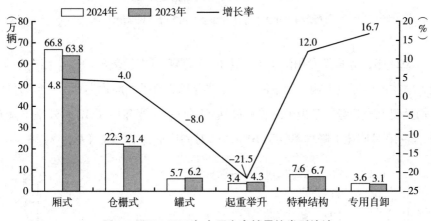

图3　2023~2024年专用汽车销量按类别统计

资料来源：中国汽车工业协会专用车分会数据统计。

1. 厢式类专用汽车

厢式类专用汽车以物流运输类产品为主，其中厢式运输车作为主力车型一直保持高位需求，产品需求以轻型、微型为主，主要负责城市内物流配送。随着物流运输行业的快速发展，厢式汽车凭借安全、快捷、环保等性能，成为公路运输的主要运输工具。

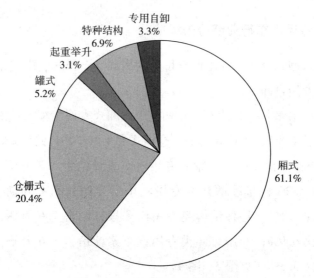

图 4　2024 年专用汽车销量分布

资料来源：中国汽车工业协会专用车分会数据统计。

2024 年，厢式类专用汽车销量达 66.8 万辆，同比增长 4.8%。相比往年，受到整体市场环境影响，销量回升。上半年除 2 月外，厢式类专用汽车销量同比均呈现上升趋势，其中 1 月涨幅高达 84.0%；下半年除了 12 月外呈下降趋势，8~10 月同比下降均不低于 10%，12 月同比上升 16.5%（见图 5）。

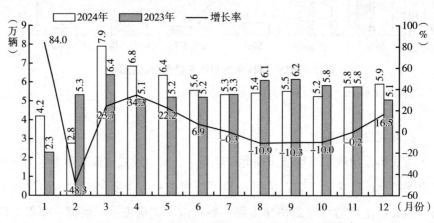

图 5　2024 年厢式类专用汽车各月销量情况统计

资料来源：中国汽车工业协会专用车分会数据统计。

2024年，厢式类专用汽车实现销售的企业708家，在厢式类专用汽车细分产品中，厢式运输车作为物流行业的主要车型，销量占据首位，累计销量50.9万辆。在新能源补贴以及"以旧换新"政策推动下，新能源厢式运输车一直占据专用汽车行业大部分的市场份额，其中纯电动厢式运输车销量24.1万辆，同比上涨33.9%；救护车销量0.4万辆，同比下降53.3%；随着居民对鲜果、蔬菜、肉类与海鲜的品质要求提高以及在"新旧动能转换"的推动下，纯电动冷藏车需求激增，同比上涨544.3%，销量达到1.7万辆；翼开启厢式车销量2.9万辆，同比增长31.1%（见图6）。

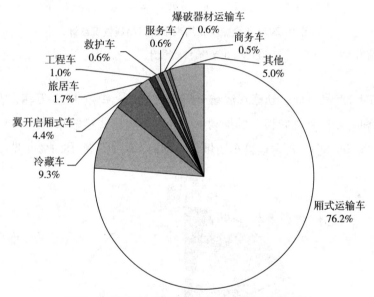

图6　2024年厢式类专用汽车主要车型销量分布

资料来源：中国汽车工业协会专用车分会数据统计。

2. 仓栅类专用汽车

仓栅类专用汽车主要产品包含仓栅式运输车、畜禽运输车、桶装垃圾运输车等车型。2024年，仓栅类专用汽车实现销售的企业108家，累计销售22.3万辆，同比增长4.0%。从仓栅类专用汽车各月销量情况可以看出，2024年上半年2月同比下降超50%，其他月份呈现增长态势；下半年除8月、9月外，同比均呈现增长趋势（见图7）。

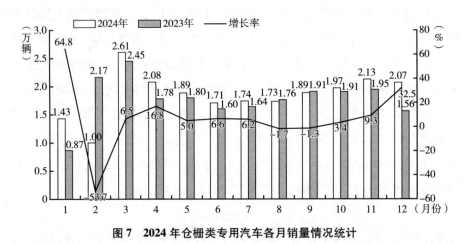

图7　2024年仓栅类专用汽车各月销量情况统计

资料来源：中国汽车工业协会专用车分会数据统计。

在细分产品方面，仓栅式运输车仍占比最高，销量18.1万辆，在新能源政策和"新旧动能转换"的推动下，纯电动仓栅式运输车销量3.5万辆，同比上涨108.8%。畜禽运输车销量0.3万辆，同比上涨18.1%（见图8）。

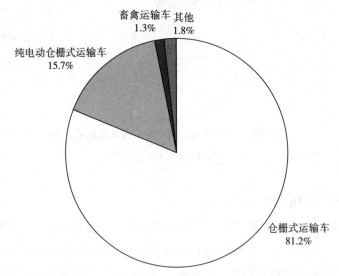

图8　2024年仓栅类专用汽车主要车型销量分布

资料来源：中国汽车工业协会专用车分会数据统计。

3. 罐式类专用汽车

罐式类专用汽车主要用于基础建设和城市养护方面，其产销水平与各地方政府基础设施建设投入以及经济发展水平有关。2024年，罐式类专用汽车受到市场环境影响，延续了上年的下滑趋势，同比下降8%，实现销售的企业369家，累计销量5.7万辆。从罐式类专用汽车各月销量情况可以看出，2024年上半年除1月外，同比均呈现不同程度的下降；下半年除11月、12月外，同比均呈现不同程度的下降，销量维持在0.3万~0.7万辆（见图9）。

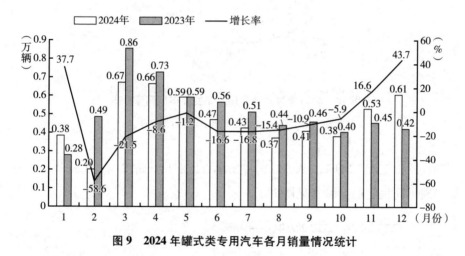

图9　2024年罐式类专用汽车各月销量情况统计

资料来源：中国汽车工业协会专用车分会数据统计。

在细分产品方面，罐式类专用汽车中大部分车型同比下降。其中，混凝土搅拌运输车下滑较为严重，同比下降34.8%，销量0.8万辆，占比14.0%；绿化喷洒车销量0.9万辆，同比下降23.3%，占比15.8%（见图10）；加油车、水罐消防车呈现不同程度上涨，同比增长28.2%、99.7%；清洗吸污车销量0.5万辆，同比下降12.6%；洒水车销量0.4万辆，同比下降34.7%。

4. 特种结构类专用汽车

特种结构类专用汽车产品以清障车、洗扫车、扫路车、混凝土泵车为主。2024年，特种结构类专用汽车实现销售的企业613家，累计销量达7.6

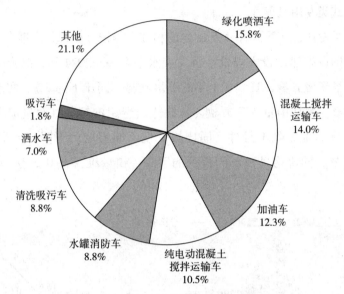

图 10　2024 年罐式类专用汽车主要车型销量分布

资料来源：中国汽车工业协会专用车分会数据统计。

万辆，同比上涨 12.0%。从各月销量情况可以看出，除 2 月、3 月外，各月均出现不同程度的上涨（见图 11）。

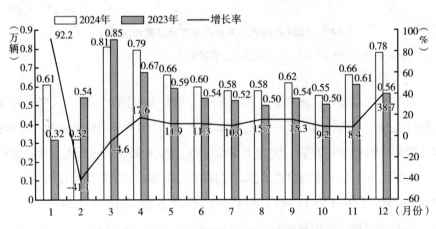

图 11　2024 年特种结构类专用汽车各月销量情况统计

资料来源：中国汽车工业协会专用车分会数据统计。

在细分产品上，清障车销量 1.9 万辆，同比上涨 14.8%，占比 25.0%；平板运输车销量 1.4 万辆，同比上涨 12.7%，占比 18.4%（见图 12）；多功能抑尘车、洗扫车分别同比下降 34.4%、29.6%。宿营车较上年同期有较大幅度增长，同比上涨 340.4%，销量 0.4 万辆。为了提升道路作业安全，防撞缓冲车受关注度越来越高，同比上涨 98.7%，销量 0.3 万辆。

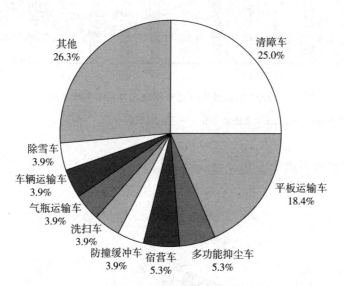

图 12　2024 年特种结构类专用汽车主要车型销量分布

资料来源：中国汽车工业协会专用车分会数据统计。

5.起重举升类专用汽车

2024 年，起重举升类专用汽车实现销售的企业 174 家，累计销售 3.4 万辆，同比下降 21.5%。从起重举升类专用汽车各月销量情况可以看出，上半年除 1 月外，均有不同程度的下滑；下半年基本维持在 0.2 万辆左右，除 12 月外其余每月销量降幅均超过 20%（见图 13）。

在细分车型方面，起重举升类专用汽车产品集中度较高，汽车起重机车、随车起重运输车、高空作业车三类车型占比达 97.0%。2024 年起重举升类专用汽车均出现不同程度下降。汽车起重机销量 1.2 万辆，同比下降 33.8%，行业占比 34.7%；高空作业车销量 1.1 万辆，同比下降 12.8%；

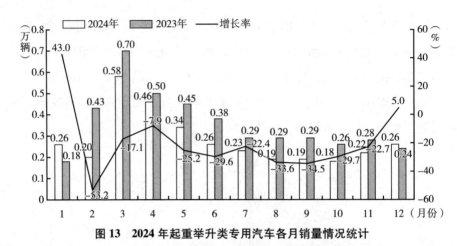

图13 2024年起重举升类专用汽车各月销量情况统计

资料来源：中国汽车工业协会专用车分会数据统计。

随车起重运输车销量1.0万辆，同比上涨10.9%，行业占比29.7%（见图14）。

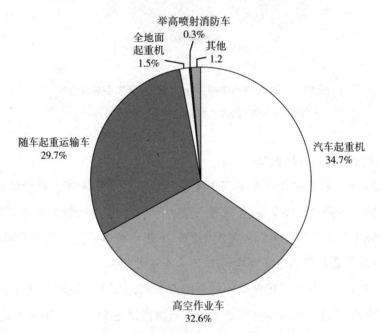

图14 2024年起重举升类专用汽车主要车型销量分布

资料来源：中国汽车工业协会专用车分会数据统计。

6. 专用自卸类专用汽车

2024年，专用自卸类专用汽车实现销售的企业319家，累计销量3.6万辆，同比上涨16.7%。从专用自卸类专用汽车各月销量情况可以看出，上半年除了2月、6月外，其余每月呈较大增幅，均超过15%；下半年7~12月都同比增长，其中7月、10月、11月增幅较大，超过15%（见图15）。

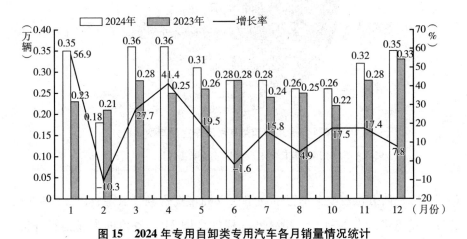

图15　2024年专用自卸类专用汽车各月销量情况统计

资料来源：中国汽车工业协会专用车分会数据统计。

在细分产品方面，2024年车厢可卸式垃圾车仍占比最高，销量1.0万辆，同比上涨10.6%，占比28.6%；其次是压缩式垃圾车销量1.0万辆，同比下降2.9%，占比26.8%；车厢可卸式汽车销量0.5万辆，同比上涨246.2%，占比12.5%（见图16）；自装卸式垃圾车销量0.2万辆，同比下降20.4%；散装饲料运输车销量0.2万辆，同比上涨0.9%。

（三）专用汽车区域格局分布

2024年，专用汽车产品在全国31个省份实现销售109.3万辆，同比增长3.6%。

2024年，全国销量排名前五位的省份分别是广东省、山东省、河北省、湖北省、云南省，销量占比分别为16.8%、6.8%、6.2%、6.2%、5.8%

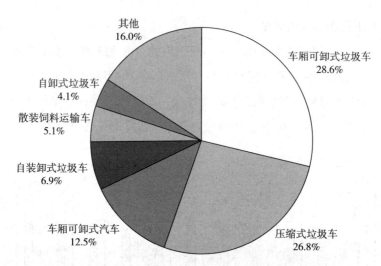

图16　2024年专用自卸类专用汽车主要车型销量分布

资料来源：中国汽车工业协会专用车分会数据统计。

（见表1），前五位占整个销售市场超40%的市场份额，云南省以2.7%的增长幅度销量进入全国前五。2024年，根据全国31个省份的市场销量分析，广东省、北京市、江西省、吉林省、天津市销量均实现20%以上的增长幅度，湖南省、河南省、重庆市、青海省销量的跌幅超过10%。

表1　2023～2024年专用汽车销量统计

单位：万辆，%

省份	2024年		2023年		增长率
	销量	销量占比	销量	销量占比	
广　东	18.4	16.8	15.0	13.7	22.3
山　东	7.4	6.8	7.7	7.1	−4.1
湖　北	6.7	6.2	7.0	6.4	−4.3
江　苏	6.3	5.7	6.4	5.8	−1.6
云　南	6.3	5.8	6.1	5.6	2.7
河　北	6.8	6.2	6.2	5.6	10.5
浙　江	5.3	4.8	5.0	4.6	5.0
四　川	5.3	4.8	5.1	4.6	4.6
河　南	5.1	4.6	5.7	5.2	−11.3

续表

省份	2024 年		2023 年		增长率
	销量	销量占比	销量	销量占比	
湖　南	3.6	3.3	4.2	3.9	-15.3
安　徽	3.2	3.0	3.5	3.2	-8.5
广　西	3.1	2.8	2.9	2.7	6.1
福　建	2.9	2.6	2.5	2.3	13.5
北　京	2.5	2.3	2.0	1.8	27.7
陕　西	2.6	2.4	2.5	2.3	2.3
贵　州	2.7	2.5	2.7	2.4	1.8
重　庆	2.0	1.8	2.4	2.2	-17.5
上　海	1.4	1.2	1.4	1.3	-5.8
新　疆	2.3	2.1	2.4	2.2	-5.0
辽　宁	2.2	2.0	2.1	1.9	4.6
江　西	2.4	2.2	1.9	1.7	26.4
山　西	2.1	1.9	2.1	1.9	2.8
内蒙古	1.3	1.1	1.4	1.3	-8.1
吉　林	1.4	1.2	1.1	1.0	25.0
甘　肃	1.2	1.1	1.3	1.2	-9.6
黑龙江	1.2	1.1	1.2	1.1	0.2
天　津	1.3	1.2	1.1	1.0	26.2
海　南	1.2	1.1	1.0	1.0	12.7
宁　夏	0.5	0.5	0.5	0.5	3.8
青　海	0.4	0.4	0.7	0.6	-34.0
西　藏	0.4	0.3	0.3	0.3	14.1

资料来源：中国汽车工业协会专用车分会数据统计。

2024 年，我国专用汽车实现销售企业共 1105 家，主要集中在中、东部地区，包括山东省、湖北省、江苏省、河南省、河北省等；新增专用汽车企业 68 家，主要集中在山东省、湖北省、广东省、河北省等专用汽车传统生产大省（见表 2）。

表 2　2024 年专用汽车实现销售企业及新增企业数量的统计

单位：家

序号	省份	实现销售的企业数	新增企业数
1	广　东	47	7
2	山　东	171	12
3	湖　北	173	7
4	江　苏	120	5
5	云　南	4	—
6	河　北	67	6
7	浙　江	38	1
8	四　川	38	—
9	河　南	90	4
10	湖　南	40	6
11	安　徽	50	3
12	广　西	15	1
13	福　建	24	1
14	北　京	27	1
15	陕　西	24	1
16	贵　州	9	2
17	重　庆	27	—
18	上　海	16	3
19	新　疆	1	—
20	辽　宁	36	2
21	江　西	28	1
22	山　西	11	3
23	内蒙古	4	1
24	吉　林	19	—
25	甘　肃	8	—
26	黑龙江	5	—
27	天　津	11	1
28	海　南	1	—
29	宁　夏	1	—
30	青　海	—	—
31	西　藏	—	—
总计		1105	68

资料来源：中国汽车工业协会专用车分会数据统计。

二 专用汽车产品和技术发展现状

（一）产品发展特征

近年来，我国专用汽车在物流运输、工程建筑、市政环卫、农林生产、矿山装运、医疗救援等国民经济关键领域发挥着基础性支撑作用。面对市场需求的动态变化与技术迭代压力，行业在巩固传统产品体系的基础上加速技术升级，通过新能源动力系统重构、智能网联技术融合及数字化服务能力构建，推动产品形态向高效节能、环境友好、人机协同方向演进，形成传统制造与新兴技术深度融合的产业升级新格局。

由于交通、信息、能源、网络等领域与人工智能等技术在不同应用场景中的融合需求存在显著差异，专用汽车行业的技术在不同细分产品领域应用不同。如物流运输类车辆侧重智能调度与能效优化，工程建筑类装备强调工况自适应与作业精度提升，市政环卫领域则聚焦无人化作业与能源管理效率。从整体趋势来看，专用汽车行业的新技术和新产品依然沿着专业化、特色化、智能化和网联化的道路不断迭代升级，以适应日益复杂多变的市场环境。

（二）市场需求趋势

专用汽车产品作为支撑国民经济各领域生产生活的重要生产资料，其新技术发展受市场需求政策法规等多重因素影响。一方面，多元应用场景对专用汽车的性能需求持续升级，倒逼行业在能效提升、成本控制、环保合规等维度实现技术突破；另一方面，国家法规及标准指明了技术发展的明确方向与边界。

1. 市政环卫领域车辆新能源化带来新机遇

市政环卫类车辆作为城市服务的功能性车辆，能有效改善生活环境。2024年，我国市政环卫类车辆销量约7.1万辆，同比下降8.3%。随着新能源试点城市渗透率逐步达标、氢燃料技术成熟以及农村市场的拓展，新能源环卫车市场保持持续的增长，新能源市政环卫类车辆销量达 0.9 万辆，同比增长 49.9%，新能源渗透率达到 13.9%。产品的新能源化为市政环卫车辆带来新机遇。市政环卫类车辆因低速作业特性、固定行驶路径及场景高度稳定性，成为智能化技术深度应用的典型领域，通过自动驾驶系统开发实现自主路径规划与作业协同，已在示范区形成垃圾清运、道路清洗等场景的无人化作业能力。

2. 冷链运输领域车辆高效便利，市场需求高速增长

2024 年，冷链物流需求总量为 3.65 亿吨，同比增长 4.3%；全年冷链物流总收入为 5361 亿元，同比增长 3.7%。冷链物流规模逐步扩大，为冷链运输车辆的快速发展提供了有力的支撑。2024 年冷藏车生产企业总数达到 190 家，市场竞争呈白热化状态，冷藏车销量 6.2 万辆，同比增长 16.6%。在冷链运输的进程中，高效集约的运营模式、多式联运的协同增效、绿色低碳的技术应用与智慧化运营体系构成核心发展框架。通过物联网、大数据等信息化技术深度赋能，冷链运输实现全链路数字化管控，降低人力成本与燃油消耗，为生鲜食品、医药制品等高附加值领域提供了安全可靠、节能环保的运输保障，形成覆盖冷链装备制造、运输服务、数据管理的产业生态闭环。

3. 工程建筑领域车辆国内市场低迷，国外需求势头强劲

工程建筑类专用汽车市场行情与固定资产投资水平，尤其是基础设施建设和房地产开发投资水平高度正相关。随着工程建筑费用缩减，工程建筑领域相关车辆如自卸车、混凝土搅拌车、泵车等，受到较大冲击。2024 年，工程建筑领域专用汽车销量 4.1 万辆，同比下降 22.2%。国内企业纷纷走向海外出口道路，2024 年工程建筑领域专用汽车出口达 3.5 万辆，同比增长 35%。

4. 应急保障领域车辆安全可靠，促进信息化、智能化技术应用

在灾害应急救援体系中，应急保障类专用汽车承担着防汛抗旱、道路救援、消防抢险等关键职能，凭借多场景适配性与高度定制化特征形成行业独特技术壁垒。2024 年，我国应急保障类专用汽车销售约为 3.3 万辆，同比上涨 34.0%。应急保障类专用汽车需满足灾难现场救援的时效性、环境适应性与功能可靠性等核心要求，通过多设备协同作业能力、故障诊断功能及精准定位等技术，突破传统救援装备的环境局限性，构建"远程操控+自主诊断"的协同作业模式，使应急保障类专用汽车在复杂环境下具有良好适应性，形成覆盖灾前预警、现场处置、灾后评估的全链条应急保障能力，推动应急保障类专用汽车朝智能化、集约化方向转型升级。

三　专用汽车行业发展趋势

2024 年，国内有效需求不足问题凸显，加之国际形势依然复杂多变，国内生产总值温和增长，国内生产总值为 1349084 亿元，同比增长 5.0%。专用汽车市场有所回升，但仍处于低位运行态势。

（一）新能源专用汽车爆发式增长

在国家"双碳"目标持续深化、新能源基础设施加速完善以及地方财政对公共领域车辆电动化专项补贴政策刺激的背景下，新能源专用汽车异军突起成为最大增长极。2024 年，新能源专用汽车销量突破 4.24 万辆，市场渗透率首度跨越 10% 门槛，较"十四五"规划初期实现 7.3 倍跃升。新能源专用汽车中市政环卫、冷链运输、工程建筑合计占据 92.5% 的市场份额，其中冷链运输领域新能源渗透率达 33.51%，居各细分领域之首，这主要得益于生鲜电商爆发式增长与疫苗等医疗冷链运输的刚性需求。

（二）专用汽车出口成增长新引擎

专用汽车产品不再局限于国内市场，企业陆续向俄罗斯、沙特阿拉伯、菲律宾、乌兹别克斯坦、印度、越南、印度尼西亚等国家大量出口，2024年，我国专用汽车出口量 5.21 万辆，出口额 38.61 亿美元，增幅分别为 44.60% 和 28.66%，呈现积极的海外拓展态势。近三年来，我国专用汽车出口量持续走高，每月的出口量均超过上一年同期水平。特别是在 2024 年，增长尤为显著，与 2022 年相比，整体出口量实现了高达 114.59% 的增长。当前，我国专用汽车出口仍以工程类产品为主，其核心驱动力源自共建"一带一路"国家大规模基建需求。这些需求催生了大量工程车辆配套需求，我国工程类专用汽车出口量 3.55 万辆，占专用汽车出口总量的 68.13%。

（三）智能网联专用汽车进入发展快车道

为满足市场多样化需求，专用汽车智能网联技术的应用更加多元化，形成了电子、信息、通信、网联、数据等多技术深度融合的创新模式。如工况监控、视频监控、货品追溯、状态监控、预警警报等技术已开始融合应用于环卫车、油罐车、混凝土搅拌运输车、混凝土泵车。智能定位、信息传送、远程调度、路径规划等技术已经开始融合到专用汽车和远程服务平台，如 CAN 总线通信、集成化控制、智能控制等技术也开始逐步在高空作业车、油田车、电源车、混凝土泵车、混凝土搅拌车、洗扫车、自装卸式垃圾车等专用汽车上应用。感知识别、融合算法、数据处理、物联网等技术开始融合进入智慧环卫、智慧物流、智慧港口等领域的车载应用端。

四 专用汽车行业面临的问题

专用汽车行业竞争进一步加剧，尽管某些细分领域产品的质量已经得到较好的提升，但在高端领域与国外相比仍然存在差距。

（一）行业竞争加剧与高端化瓶颈

在存量市场竞争阶段，专用汽车行业呈现两极分化态势：头部企业通过规模效应和技术积累占据市场主导地位，而中小型企业则陷入同质化价格战泥潭。尽管行业整体质量有所提升，但在高端领域与国际先进水平仍存在显著差距，具体表现如下。一是协同创新机制缺失。底盘企业与上装企业的联合研发项目占比不足 15%，导致专用汽车产品匹配性差，且产品技术积累不足，故障率较高，不能形成核心竞争力。二是自主创新能力不足。同质化、低质化产品较多，自主创新能力不足，高附加值的专用汽车产品较少。

（二）质量管控体系缺乏

专用汽车产品的多样性在一定程度上致使企业缺乏对产品质量和品质追求。专用汽车企业是成本导向型生产，企业更加关注产品短期价格定位，而忽略长期的质量品质要求。同时，专用汽车企业对于供应链的把控不严，难以达成高标准产品规范共识，以及缺乏必要环节的检测认证，导致关键零部件合格率不高，使专用汽车行业产品质量和品质提升受到阻碍。

（三）品牌价值构建的深层障碍

专用汽车企业更加关注产品销量和市场占有率，对于产品长期的质量和品牌价值构建缺乏布局。专用汽车行业产品品牌建设陷入"三低"困境。一是品牌认知度低。消费者在选购产品时，70%左右的用户更关注价格因素，导致专用汽车企业也只关注价格因素，导致专用汽车品牌难以建立。二是产品溢价能力弱。由于同质化产品竞争激烈，产品溢价能力较弱，同类型产品国内外品牌价差达40%~60%。三是产品价值缺失。专用汽车产品种类多，难以在特定领域对产品品牌和价值进行维护，难以在特定领域对产品品牌和价值进行维护，最终造成企业产品的品牌价值不高。

（四）数字化转型严重滞后

专用汽车行业作为传统制造业，从产品的研发、工艺设计到生产制造，从材料的采购到产品生产、质量管理再到产品交付与售后，从设备管理、生产自动化到安全管理，需要一个整体规划。目前，尽管数字化技术快速发展与应用，但是专用汽车行业的数字化转型仍严重落后，主要是由于数字化转型前期投入的成本较多，短期内难以看到成效，企业大多数追求短期收益。另外，企业具备汽车与数字化能力的复合型人才较为缺乏，导致数字化转型周期严重滞后。

五　专用汽车行业发展建议

在制造业深度变革与市场需求结构性升级的双重驱动下，专用汽车行业正经历从"规模扩张"向"质量跃升"的战略转型，传统粗放型发展模式已难以突破同质化竞争困局。市场对专用汽车产品的要求越来越高，如何做"专"、做"精"成为专用汽车产业发展面对的重要问题。

（一）上下游产业协同发展，打造垂直领域技术生态

构建"技术研发—产业链协同—运营体系"三位一体发展模式，建立细分领域产品协同创新机制，增强上下游企业之间的联动，强化技术研发创新，开发附加值和竞争力高的专用汽车产品，形成覆盖研发设计、生产制造、运营服务的完整产业链生态系统，提升产品技术附加值，降低供应链成本，保障专用汽车整体技术的协同发展，支撑专用汽车产业向新能源化、数字化、服务化方向转型升级。

（二）提升产品质量，构建质量管理体系

在产业转型升级的倒逼机制下，亟须构建"战略引领+过程管控+生态协同"三位一体的质量管理体系。在产品战略层面，聚焦环卫新能源化、工程智能化、医疗模块化等专精特新赛道，通过模块化设计提升功能集成度，建立覆盖产品全生命周期的质量目标体系；在制造执行层面，实施"精益生产"，通过工艺改进提高产品合格率，建立数字化质量追溯系统，实现全过程质量控制；在体系保障层面，构建"三全一多"管理模式——全员参与、全过程控制、全要素管理、多维改进，同步建立覆盖研发、采购、生产、服务的质量成本分析模型，通过该体系提升产品交检合格率与客户满意度，形成"质量溢价能力增强、市场投诉率下降"的良性发展格局，有力支撑专用汽车产业向价值链高端攀升。

（三）完善标准法规建设，推动行业规范化发展

面对产业转型升级的迫切需求，专用汽车行业需构建"标准引领、协同治理"规范化发展体系。通过强化行业自律机制，建立覆盖产品全生命周期的质量管理体系，从设计验证、生产监控到售后追溯形成闭环管理，系统性提升产品可靠性与安全阈值。深化国家强制性标准与国际标准的协同对接，推进完善标准政策法规建设，为专用汽车产品进入国际市场提供合规性技术支撑，推动行业高质量发展。

（四）深化数字化转型，构建全价值链服务体系

在云计算、大数据、人工智能等数字技术深度重构产业生态的背景下，专用汽车行业正加速推进研发设计、生产制造、供应链协同、后市场服务的全价值链数字化升级。通过构建覆盖产品全生命周期的数字化系统，实现从概念设计到产品回收的动态优化；依托工业互联网平台打通生产制造端数据链路，实现从原材料采购到终端交付的全程可视化追溯；通过部署5G远程诊断系统与预测性维护模型，减少故障响应时间，精准推送个性化服务方案。这种全链条数字化转型不仅重构了产品价值创造逻辑，更催生了数据驱动的研发迭代机制与智能化的服务增值模式，为专用汽车行业向"产品+服务+数据"综合竞争力跃升提供核心支撑。

专题篇

B.7
商用车重卡电动化发展研究

摘　要： 本文聚焦商用车重卡电动化，全面剖析其发展背景。当前，纯电重卡应用场景涵盖封闭场景、区域集散、市政环卫、中长途固定路线等。未来，将以多元化技术路线并进，中短途以纯电及换电为主，长途探索氢燃料电池技术。智能网联技术助力高效运输将进一步普及应用，市场渗透率持续提升，商业模式从单纯卖车向经营生态转变。

关键词： 重卡电动化　商用车　政策支持

一　重卡电动化发展背景

（一）"双碳"目标引领

为落实"双碳"目标，我国将应对气候变化作为国家战略，纳入生态文明建设整体布局和经济社会发展全局，加快构建碳达峰碳中和"1+N"政策体系。2023年我国交通运输领域碳排放占全国碳排放的10%左右，其中以汽车为主的道路交通碳排放占全国交通运输碳排放总量的80%以上。加速推进重型卡车的电动化、实现低碳运输，不仅对改善大气环境质量意义重大，更是实现碳达峰、碳中和目标的重要选择。

2024年5月，国务院印发《2024～2025年节能降碳行动方案》，提出推动公共领域车辆电动化，有序推广新能源中重型货车，发展零排放货运车队。到2025年底，交通运输领域二氧化碳排放强度较2020年降低5%。随着可再生能源发电技术的不断进步，太阳能、风能等清洁能源的利用规模日益扩大，为电动重卡的低碳能源供应提供了更加清洁、可持续的保障，进一步推动了能源转型的进程，也为商用车重卡电动化发展奠定了坚实的基础。

（二）产业转型升级

当前，商用车行业正朝着电动化、智能化、网联化方向加速发展，其中，电动化是这一转型的核心驱动力之一。它不仅彻底改变了重卡的动力系统，还带动了相关产业链的全面升级与协同发展，包括上游的电池、电机、电控系统和智能驾驶、芯片及软件等产业，下游的充换电设施、加氢站、经营性租赁、汽车金融、汽车保险、电池银行、二手车等生态产业。电动商用车的发展推动了整个商用车行业的全面转型升级，为汽车行业的可持续发展注入了强大动力。

（三）政策推动护航

2023年9月，《工业和信息化部等七部门关于印发汽车行业稳增长工作方案（2023～2024年）的通知》，提出支持扩大新能源汽车消费，重点落实新能源汽车车船税、车辆购置税等优惠政策；抓好新能源汽车补助资金清算审核工作；组织开展公共领域车辆全面电动化先行区试点工作，加快城市公交、出租、环卫、邮政快递、城市物流配送等领域新能源汽车推广应用，研究探索推广区域货运重卡零排放试点；鼓励开展新能源汽车换电模式应用；深入推进燃料电池汽车示范应用等一系列支持政策。

（四）市场需求驱动

随着环保意识的不断提高以及对更低运输成本的追求，市场对低排放、低能耗商用车的需求呈现快速增长态势，电动重卡凭借环保性、运营经济性等优势，已在城市物流、市政环卫、港口、短途运输等多个领域逐渐受到市场的广泛青睐。例如，在市政环卫、港口、矿区、短途运输等场景中，电动重卡的环保性、经济性优势得到了充分发挥。同时，随着消费者对绿色物流的认知度不断提高，越来越多的企业愿意选择电动重卡进行货物运输，以提升自身的环保形象和社会责任感，进一步推动了电动重卡市场的快速发展。

（五）技术进步支撑

近年来，我国电池、电机、电控等技术水平不断提升，为商用车重卡电动化提供了有力支撑。随着电池能量密度的提高和整车集成技术的快速发展，电动重卡的续航里程大幅增加，能够满足大多数中短途运输需求；电池的充放电速度不断加快，对运输效率的影响大大降低；电机和电控系统的效率也在不断提升，提高了电动重卡的动力性能和能源利用效率。

智能驾驶技术的发展也为电动重卡的安全性和可靠性提供了保障；车联网技术的应用使电动重卡能够实现远程监控和智能调度，提高了运营效率和管理水平。这些技术进步不仅提升了电动重卡的性能和竞争力，还为其大规模推广应用奠定了坚实基础。

二　重卡电动化发展现状

（一）市场情况

近年来，新能源重卡持续高速发展，2024 年纯电重卡销量约 7.27 万辆，同比增长 161%，市场渗透率达到 17.40%，突破 15%拐点，其中 12 月渗透率达到 30.6%，标志着新能源重卡市场正式进入快速增长区间（见图 1、图 2）。

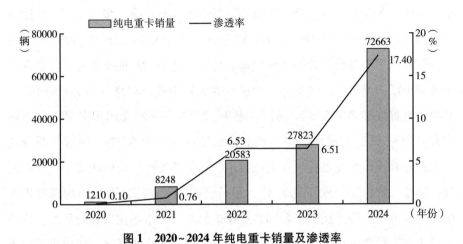

图 1　2020~2024 年纯电重卡销量及渗透率

资料来源：上险数据。

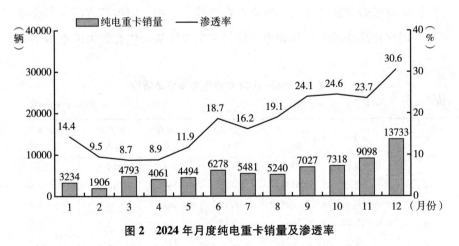

图 2　2024 年月度纯电重卡销量及渗透率

资料来源：上险数据。

（二）企业竞争格局

新能源重卡市场竞争激烈，行业集中度 CR5 约 65%，相较于传统能源市场比例较低，竞争格局尚未固定，呈现传统车企、跨界势力、新势力等相互竞争、相互促进的局面。目前，"跨界势力"车企在市场中占据主导地位，而传统车企则加速追赶，积极布局新能源业务。徐工集团、三一集团持续领跑市场，2024年市场占有率分别为19.3%、18.8%，保持2023年水平；一汽解放、陕汽集团等传统企业积极转型，加速布局新能源业务，凭借在传统能源市场的渠道、口碑优势，销量均有大幅增长，2024年进入行业前五，其中一汽解放排名第三，市场占有率为12.1%，陕汽集团排名第四，市场占有率为8.3%，重汽集团排名第五，市场占有率为6.9%。同时，部分新兴的新能源汽车企业也凭借在电池技术、智能驾驶等方面的优势，迅速崛起并占据了一定市场份额（见表1）。科技公司和互联网企业也纷纷跨界进入电动重卡市场，通过技术创新和商业模式创新，为市场注入新的活力。这种多元化的市场竞争格局不仅推动了电动重卡技术的快速发展，还促进了市场的进一步成熟和规范化。

目前市场需求高速增长，各企业在产品、品牌、成本等方面未形成显著差异，用户对品牌缺乏认知和忠诚度，未来竞争格局仍有较大的重塑空间。

表1 2023~2024年纯电重卡竞争结构

单位：辆，%

序号	企业	2023年销量	2024年销量	2024年同比增速	2023年市场占有率	2024年市场占有率
1	徐工集团	5308	13997	164	19.1	19.3
2	三一集团	5134	13685	167	18.5	18.8
3	一汽解放	1895	8772	363	6.8	12.1
4	陕汽集团	1944	5997	208	7.0	8.3
5	重汽集团	973	5003	414	3.5	6.9
6	东风集团	1247	4610	270	4.5	6.3
7	宇通集团	2111	4299	104	7.6	5.9
8	北汽福田	922	3988	333	3.3	5.5
9	安徽华菱	3518	3553	1	12.6	4.9
10	其他	4771	8759	84	17.1	12.1
	总计	27823	72663	161	100.0	100.0

（三）产品技术

从市场结构来看，2024 年新能源重卡以纯电产品为主，占比约为 94%，氢燃料电池占比约为 5%，插电混动占比约为 1%；在纯电产品中，电池电量迅速向大电量发展，主流电量从 282kWh 向 423kWh 转变，600kWh 产品正在快速增长；2024 年纯电产品中的充电产品约占 61%，超过换电产品，充电重卡逐渐成为主流，这主要得益于以下技术水平的不断提升。

充电技术：当前电动重卡平均充电倍率仅 0.4C，快充技术普及率低。宁德时代发布的"麒麟电池"支持 4C 快充，10 分钟充电续航 400km。

换电技术：吉利商用车推出的重卡换电方案，5 分钟内完成电池更换，极大地缓解了续航焦虑。

能耗管理技术：电动重卡在低温环境下能耗较标称值增加 50% 以上，主要因电池加热与空调耗电。企业通过热泵空调、智能温控系统等技术优化能耗，如比亚迪 T8 纯电扫路车冬季能耗降幅达 20%（见图 3）。

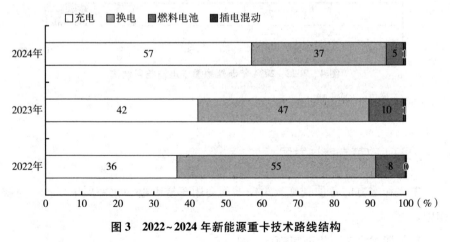

图 3　2022~2024 年新能源重卡技术路线结构

资料来源：上险数据。

电池技术的进步是推动新能源重卡发展的关键因素。目前，电池能量密度不断提高，磷酸铁锂电池（LFP）能量密度从 2018 年的 160Wh/kg 提升

至 2024 年的 190Wh/kg，三元电芯能量密度从 2018 年的 200Wh/kg 提升至
2024 年的 300Wh/kg，整备质量相同的重卡续航里程从早期的 100~150 公里
提升至 300 公里以上；华为推出 720kW 全液冷超充技术，通过双枪同充为
新能源重卡提供高功率充电；宁德时代天行重型商用车超充版电池 15 分钟
可补电 70%，显著提升了充电效率。同时，电池价格也出现大幅下调，磷
酸铁锂电池能量密度从 2018 年的 1.2 元/Wh 降至 2024 年的 0.4 元/Wh，三
元电芯能量密度从 2018 年的 1.5 元/Wh 降至 2024 年的 0.6 元/Wh，大大降
低了新能源重卡的购置门槛（见图 4）。

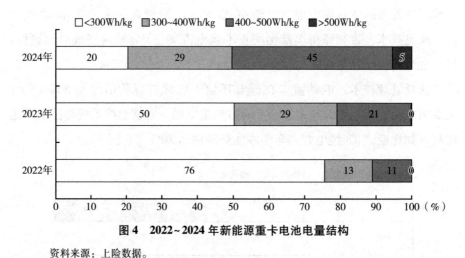

图 4　2022~2024 年新能源重卡电池电量结构

资料来源：上险数据。

（四）政策支持与发展

中央和地方的各项利好政策在推动商用车重卡电动化发展中发挥了重要
作用。

1. 新能源汽车减免征车辆购置税

2023 年 6 月，财政部等三部门联合发布《关于延续和优化新能源汽车
车辆购置税减免政策的公告》，明确新能源车免征车辆购置税政策延续至
2025 年底，2026~2027 年新能源车购置税减半。

2. 推动公共领域车辆全面电动化转型

2023 年 2 月，工业和信息化部等八部门联合印发《关于组织开展公共领域车辆全面电动化先行区试点工作的通知》，提出在全国范围内启动公共领域车辆全面电动化先行区试点工作，明确 2023～2025 年在试点领域内城市公交、出租、环卫、邮政快递、城市物流配送领域电动化比例力争达到 80%；新增公共充电桩（标准桩）与公共领域新能源汽车推广数量（标准车）比例力争达到 1∶1；智能有序充电、大功率充电、快速换电等新技术应用有效扩大，车网融合等新技术得到充分验证。2023 年 11 月，工业和信息化部等八部门在 15 个城市启动首批公共领域车辆全面电动化，新能源汽车推广 60 多万辆，充电桩建设 70 多万台，换电站建设 0.78 万座。

3. 推动交通运输绿色转型

2024 年 11 月，交通运输部、国家发展改革委联合发布《交通物流降本提质增效行动计划》，提出因地制宜推广应用新能源中重型货车，布局建设专用换电站。推动建设一批公路服务区充电桩、换电站、充电停车位。加快提升港口、机场、物流园区等车船清洁化水平。深入开展城市公共领域车辆全面电动化试点。

2024 年 12 月，中共中央、国务院联合发布《关于加快建设统一开放的交通运输市场的意见》，提出完善交通运输装备能源清洁替代政策，推动中重型卡车等运输工具应用新能源、清洁能源。加快调整优化交通运输结构，深入推进城市绿色货运配送发展。

4. 以旧换新政策

2024 年 7 月，交通运输部、财政部联合发布《关于实施老旧营运货车报废更新的通知》，明确报废国三及以下柴油营运重卡并更新新能源营运重卡，给予 8.2 万～14 万元补贴；仅购买新能源城市冷链配送货车给予 3.5 万元/辆补贴，补贴资金由中央和地方总体按 9∶1 比例共担，补贴期限到 2024 年底。2025 年 1 月，国家发展改革委、财政部联合发布《关于 2025 年加力扩围实施大规模设备更新和消费品以旧换新政策的通知》，明确在落实 2024 年支持政策的基础上，将老旧营运货车报废更新补贴范围扩大至国四

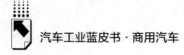

及以下排放标准营运货车，补贴标准按照《关于实施老旧营运货车报废更新的通知》执行。

5. 氢燃料电池示范应用

2022 年 3 月，国家发展改革委、国家能源局印发《氢能产业发展中长期规划（2021-2035 年）》，部署了推动氢能产业高质量发展的重要举措以及产业发展的各阶段目标，规划 2025 年基本掌握核心技术和制造工艺，初步建立较为完整的供应链和产业体系，燃料电池车辆保有量约 5 万辆，部署建设一批加氢站；2030 年形成较为完备的氢能产业技术创新体系、清洁能源制氢及供应体系；除五大城市群外，多个地方政府积极发挥各自产业优势，开始纵深布局氢能产业集群。

2024 年度，汽车行业继续开展京津冀、上海、广东、郑州、河北 5 个城市群共 41 个示范城市的示范工作，在燃料电池汽车应用带动下，五大城市群内氢能基础设施和加氢站建设不断加快。

6. 标准引导

2024 年 9 月，《重型商用车辆燃料消耗量限值》发布，2025 年 7 月 1 日正式实施，其中货车、半挂牵引车、自卸车的限值分别较上一阶段加严 14%、15%~16%、12%。重型汽车国七排放标准已于 2024 年 12 月立项，预计将在 2029 年实施。随着能耗标准、排放标准的日益趋严，ESG 要求、自愿碳减排市场机制等政策的深入推进，企业不断加大在新能源重卡领域的投入、推广应用力度。

7. 地方层面

地方政府也纷纷出台车辆更新补贴、高速公路通行费优惠、新能源货车路权等政策。

（1）以旧换新

据行业统计，2024 年发布货车以旧换新实施细则的省市共计 41 个，包括北京、天津、河北、广东、深圳、江门、四川、绵阳、重庆、西藏、湖南、湖北、江西、福建、新疆、云南、贵州、陕西、甘肃、宁夏、青海、山东、青岛、威海、济南、山西、河南、郑州、安徽、合肥、蚌埠、黑龙江、吉林、辽宁、大连、内蒙古、江苏、浙江、上海、广西、北海。

例如，2024 年 7 月，上海市出台《上海市鼓励国四柴油车淘汰更新补贴资金管理办法》《上海市国四柴油车淘汰更新补贴实施细则》，明确在 2024 年 8 月 15 日至 2026 年 12 月 31 日期间更新新能源重型货车的，根据车辆电池容量给予最高 630 元/kWh 的补贴，每辆车最高不超过 28 万元（2026 年 1 月 1 日以后购置的，补贴金额退坡 20%）。2024 年 9 月，北京市出台《北京市进一步促进国四及以下排放标准老旧货车和大中型客车报废更新实施细则》及调整有关事项的通知，其中 2024 年 8 月 26 日至 2024 年 12 月 31 日报废重型国四及以下排放标准老旧货车更新重型纯电动或氢燃料电池货车的，给予 14 万元/辆的补贴。

（2）高速公路通行费优惠

贵州省、河南省、四川省、云南省、天津市等地在指定时间段内对通行本省高速公路的新能源货车给予相应的优惠折扣。如贵州省 2024 年 3 月 1 日至 2025 年 3 月 1 日，对通行省内收费公路的使用 ETC 的新能源货车实行 8.5 折优惠；河南省 2025 年 1 月 25 日至 2025 年 12 月 31 日，对符合条件的氢燃料电池货车通过收费路段免收通行费，对符合条件的纯电动货车通过收费路段实行 7 折通行费优惠；天津市 2025 年 2 月 16 日至 2027 年 12 月 31 日，对通行指定收费站的新能源车辆分阶段实行优惠折扣，其中 2025 年、2026 年、2027 年分别为 6 折、6 折、7 折优惠等。

（3）新能源货车路权

北京、石家庄、保定、包头、淄博等地已实行新能源车辆路权优先政策，南京、雄安新区等地还给予延长车辆作业时长的政策。如北京市针对获取通行证的纯电动或氢燃料电池厢式/栏板货车及重型牵引车在指定时间段及路段内给予路权；石家庄市针对中、重型新能源载货汽车在指定时间段及路段内给予路权等。

（4）氢燃料车辆推广

各省市在氢燃料电池车辆推广、加氢站建设运营、氢产业发展等方面提供支持，如河南省重点支持燃料电池示范城市群内的重卡更新替代，在现行

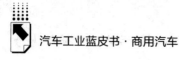

补贴基础上额外增加最高 15 万元/台的补助；重庆市对加氢站建设、运营给予补贴，最高给予 300 万元补贴；山东省、吉林省、陕西省、四川省、湖北省、河南省、内蒙古自治区鄂尔多斯市、山西省吕梁市等地对氢能车辆免收高速通行费等。

以上政策不仅降低了电动重卡的购置成本，还提高了市场对电动重卡的接受度，有力地推动了电动重卡的市场推广。

三 重卡电动化发展应用场景

重卡电动化的应用场景与其技术特性、经济性及政策支持密切相关。当前，电动重卡已在多个细分领域实现规模化落地，主要集中在封闭场景、区域集散、市政环卫、中长途固定路线四大类场景。

（一）封闭场景

封闭场景是电动重卡最早实现大规模应用的领域之一。在港口集疏运、矿区开采、钢铁冶金园区等特定场景中，电动重卡展现出革命性的运营价值。这些场景通常工作区域固定，单程运距小于 50 公里，运输货物固定，平均车速较低，一般低于 30km/h，工作强度大，部分甚至可能 24 小时工作，因此对运输工具的续航要求相对较低，但对补能效率要求高。在这些场景中，客户可以自建充电站、换电站，满足整个车队补能需求，换电模式得到广泛应用。同时，政策倒逼机制加速了高耗能行业的新能源转型，生态环境部发布的《重污染天气重点行业绩效分级及减排措施》明确长流程钢铁企业、焦化等行业分级指标要求，其中 A 级企业需实现大宗物料和产品运输采用清洁运输方式或电动重型载货车辆的比例不低于 80%；B 级企业需实现大宗物料和产品运输采用清洁运输方式或电动重型载货车辆的比例不低于 50%。

（二）区域集散

电动重卡已经在区域集散场景展现出广阔的应用前景和显著的优势。区域集散主要包括站台煤、港外集装箱转运、砂石料运输等场景，多为点对点运输，运输路线相对固定，单程运距在 30~200 公里，以省道、县道为主，平均车速在 50~60km/h。目前纯电重卡的实际续航里程在 200~300 公里，大电量产品可达 300 公里以上，能够满足短途运输需求；由于起点、终点相对固定，便于客户在附近布局充电设施，满足充电需求；同时，纯电重卡在短途运输中具备显著的成本优势，能耗成本和保养成本大幅低于传统柴油重卡。随着大电量产品、快充技术的普及，电动重卡的应用范围正在快速扩大。

（三）市政环卫

市政环卫领域正成为电动重卡技术规模化应用的前沿阵地，该领域涵盖城市渣土运输、道路清扫、垃圾转运等核心场景。工作区域主要处于城区，日均作业里程普遍控制在 50~100 公里，且具有固定线路、定时作业的运营特征，对尾气、噪声要求更高。电动重卡的动力性能和续航能力能够满足渣土、环卫车辆的使用要求，同时具有零排放、低噪声等优点，能够有效改善城市环境质量，减少对居民生活的干扰。高效的作业能力和低运营成本使其成为运营单位的理想选择。同时，国务院发布的《新能源汽车产业发展规划（2021~2035 年）》明确要求 2021 年起，公共领域新增或更新车辆中新能源汽车比例不低于 80%，合肥、厦门等地要求 2025 年前新增或更新市政环卫车辆全部采用电动汽车，后续渗透率将持续提升。

（四）中长途固定路线

中长途专线物流是重卡主要的应用场景，占比超过 60%，目前氢燃料技术路线未能实现商业化运营，纯电重卡受续航里程较短、充电效率低、电池重量大、高速能耗高等问题的影响，未能实现快速渗透。随着后续电池技术的持续进步、各地充电基础设施的完善，这些问题有望得到解决。目前各企业主要依靠沿途布局换电站的方式打通运营线路，已有部分冷链、快递、大宗商品运输公司试点应用。

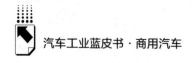

汽车工业蓝皮书·商用汽车

四 重卡电动化发展趋势和展望

重卡电动化正处于从政策驱动转向市场驱动的关键阶段，未来十年将呈现"技术路线分化、渗透率跃升、商业模式重构"的格局。

（一）技术路线分化

1. 中短途运输场景

中短途运输场景以纯电+换电为主，并逐步向更长运距扩展。其中，充电模式适用于基础设施较完善、对运营时间要求灵活的场景；换电模式则在短途高效率及长途运输场景具备明显优势，可通过快速换电减少停运时间。

固态电池的研发和应用将成为主要影响因素。相较于传统锂离子电池，固态电池采用固态电解质和锂金属等高能量密度的负极材料，具有更高的能量密度、更快的充电速度、更长的循环寿命和更高的安全性，能量密度将达到500Wh/kg，使同样重量的电池能够达到1000千瓦时电以上，续航里程达到800公里以上，显著增加了电动重卡的续航里程。随着技术的不断成熟和成本的逐步降低，预计固态电池将在未来5~10年逐步实现大规模商业化应用，为重卡电动化提供更强大的技术支撑。

超充技术的发展为纯电重卡提供了重要的补能保障，随着充电技术的不断进步，超充功率已经从几百千瓦提升至兆瓦级，充电时间大幅缩短，匹配固态电池的快充能力，1000千瓦时电池的充电时间将缩短至1小时以内，从而减少因充电时间过长造成的运营效率损失。

混动路线作为一种兼具经济性、长续航、高效率的中间产品，在中长途场景和寒冷区域市场的需求将逐渐增长，在排放和油耗限值不断趋严的情况下，有望替代柴油和天然气重卡，与中短途纯电重卡协同发展，共同推动重卡电动化进程。

2. 长途运输场景

长途运输场景以探索发展氢燃料电池技术路线为主，氢燃料电池具有能量密度高、加氢时间短、零排放、车辆运行不受高寒地区限制等优势，非常适合长途运输和重载运输场景。目前，氢燃料电池技术在商用车领域的应用还处于起步阶段，但已经展现出巨大的发展潜力。未来随着应用场景的扩大以及加氢站的完善，燃料电池系统和加氢、储氢成本下降，燃料电池重卡与柴油和天然气重卡在全生命周期使用成本上的差距不断缩小，且基于高运载效率、强续航能力以及环保优势，燃料电池重卡将更具竞争力，市场占比有望不断提升。

3. 智能网联技术应用场景

未来，电动重卡将不仅实现简单的动力系统电动化，而且实现与智能驾驶、车联网等技术深度融合。例如，智能驾驶技术将逐步应用于电动重卡，实现更高效的运输调度和更低的运营成本；电动重卡的能源管理系统将更加智能化，通过优化电池充放电策略，进一步延长电池寿命和车辆续航里程；电动重卡还将与可再生能源发电系统结合，形成更加清洁、高效的能源利用模式。

（二）渗透率跃升

随着政策支持和市场需求的双轮驱动，新能源重卡的市场渗透率有望持续提升。

2024 年，新能源重卡的渗透率已达到 17%，预计到 2030 年，新能源重卡的渗透率将达到 50%，其中纯电占比 30%，混动占比 15%，氢燃料占比 5%。其中，在封闭场景和短途运输领域，新能源重卡的渗透率提升将更为显著，港口、工地、环卫场景，未来 2~3 年有望实现 80% 以上的电动化渗透率，公铁接驳、短途公路运输车有望实现 50% 的电动化渗透率。此外，随着中长途干线运输场景电池、氢燃料、混动技术的成熟，及充换电基础设施铺开，新能源重卡在该领域的渗透率也将逐步提高。随着消费者对绿色物流的认知度不断提高，越来越多的企业将选择电动重卡进行货物运输，进一步推动市场需求的增长。

新能源重卡市场的竞争格局将更加多元化。传统商用车企业持续加大在

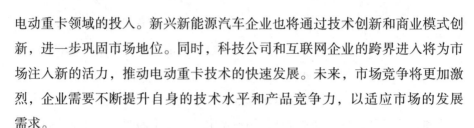

电动重卡领域的投入。新兴新能源汽车企业也将通过技术创新和商业模式创新，进一步巩固市场地位。同时，科技公司和互联网企业的跨界进入将为市场注入新的活力，推动电动重卡技术的快速发展。未来，市场竞争将更加激烈，企业需要不断提升自身的技术水平和产品竞争力，以适应市场的发展需求。

（三）商业模式重构

重卡电动化不仅是技术层面的革新，更是对整个行业商业模式的深刻重构。重卡电动化正在从单一的产品替代向全产业链的商业模式转型。这种转型主要体现在运营模式、价值链以及生态合作等方面，为行业带来了新的机遇与挑战。

1.运营模式从"卖车"向"卖服务"转型

传统重卡行业的商业模式以车辆销售为核心，而电动重卡的兴起正在推动行业向"卖服务"转型。这种转变的核心在于电动重卡的高初始成本和低运营成本特性。由于电池成本占整车成本的40%以上，用户对一次性购车的经济压力较大，因此车企和运营商开始探索新的商业模式，如电池租赁、换电服务和按里程付费等。这种模式将电池与车辆分离，用户只需支付车辆费用，电池则以租赁方式使用，按换电次数或行驶里程付费，不仅减轻了用户的经济负担，还通过规模化运营降低了电池管理和维护成本。

2.价值链从"单一制造"向"全链条协同"转型

传统重卡的价值链以制造为核心，而电动重卡的价值链则涵盖了整车生产、电池生产、充电设施建设、数据服务等多个环节。这种变化要求车企从单一的制造商向综合服务商转型，与上下游企业形成深度协同。

在电池领域，车企与电池企业的合作日益紧密。比亚迪通过自研电池技术实现了整车与电池的高度集成，而其他车企则通过与宁德时代、亿纬锂能等电池巨头合作，确保电池供应的稳定性和成本优势。

在充电设施领域，车企、能源企业、电池厂商、大型客户正在共同构建充电网络，在高速、物流枢纽、物流园区等地建设大功率充电桩、换电站等补能设施，为电动重卡提供便捷的充电服务。

在数字服务领域，电动重卡的智能化特性为车企开辟了新的价值增长点。通过车联网技术，车企可以实时监控车辆状态、电池性能和行驶数据，为用户提供远程诊断、预测性维护和路线优化等服务。这种数据驱动的服务模式不仅提高了用户体验，还为车企创造了新的收入来源。同时，百度、华为等科技企业在智能驾驶方面与传统车企开展合作，共同构建智能驾驶的完整解决方案。

3. 生态合作从"博弈"到"共赢"

电动重卡的推广需要全行业的协同合作，传统的博弈关系正在被生态合作所取代。这种合作不仅体现在车企与电池、充电企业的协同，还体现在跨行业资源的整合。例如，顺丰、京东等物流巨头通过与车企合作，开发适合城市配送和长途运输的电动重卡，满足不同场景的需求。这种合作不仅加速了电动重卡的普及，还推动了物流行业的绿色转型。此外，金融资本的介入也为电动重卡的推广提供了重要支持，目前新能源车辆普遍存在上险难、上险贵的问题，未来将有更多金融公司与车企合作，推出融资租赁、定制化保险等服务，降低用户的购车门槛。

五 重卡电动化发展面临的问题和挑战

目前商用车重卡电动化发展过程中仍面临技术发展、基础设施、成本、市场接受度等方面诸多问题和挑战。

（一）现有电池技术下续航和控制自重难以兼顾

电动重卡的核心技术瓶颈之一是续航里程问题。目前电动重卡的电池容量普遍在 200~600kWh，续航里程集中在 100~300 公里，对 1000 公里以上的长途干线运输仍力有未逮。想达到更长的续航里程，需要配置更大电量的电池，以 1000kWh 电池包为例，自重高达 5 吨及以上，续航里程大约 800 公里，直接影响了运输效率和运营收入。

此外，空气阻力和寒冷气候也会大大减少车辆的续航里程。长途干线要求有较高的运营销量，车速普遍在 70km/h 以上，快递行业可能达到 90km/h，而电动重卡高速运行时电耗将增加 25% 以上。冬季运行时，电池预热也会大量消耗电池能力，造成续航能力下降。

（二）固态电池商业化落地还有待时日

固态电池作为下一代动力电池技术，尽管被寄予厚望，但其商业化进程仍面临一系列复杂的技术与产业化难题，需从材料、工艺、成本、产业链等多维度突破。

1. 核心材料方面

固态电池的核心材料固态电解质主要分为硫化物、氧化物和聚合物三类，但均存在显著缺陷。例如，硫化物电解质化学稳定性差，遇水易产生有毒气体，且与高电压正极材料兼容性低；氧化物电解质需高温烧结工艺（>1000℃），生产能耗大，且界面接触差；聚合物电解质室温导电率低，依赖高温运行，且易被锂枝晶穿透等。此外，固态电解质与负极的固-固界面接触问题尤为突出。液态电解液可通过浸润填充电极间隙，而固态电解质与电极间为刚性接触，易形成微观空隙，导致界面阻抗高、锂离子传输受阻。在充放电过程中，锂金属负极的体积膨胀（约 20%）会加剧界面分离，引发容量衰减甚至短路风险。

2. 生产工艺方面

固态电池的生产工艺与传统液态电池差异巨大，需开发全新的设备和工艺。例如，电极与电解质层需通过高压致密化工艺（如干法电极成型、等静压技术）降低孔隙率至 5% 以下，现有设备效率低且成本高昂。硫化物电解质的生产需全干燥环境（湿度<1%），而氧化物电解质的烧结能耗极高，进一步推高成本。

3. 材料成本方面

硫化物依赖锗、锡等稀有金属，氧化物需高纯度锂盐，锂金属负极的薄化加工（<20μm）和储存条件（惰性气体保护）均显著增加成本。目前，

固态电池制造成本是传统锂电池的 3~5 倍，即使量产也难以短期内降至可接受区间。

固态电池虽理论上安全性更高，但实际应用中仍存在隐患。例如，锂枝晶可能穿透电解质导致短路，且高功率快充（如 5 分钟充至 80%）产生的热量难以有效散发，现有散热方案尚不成熟。此外，低温性能衰减和循环寿命的长期数据仍缺乏验证。

（三）氢燃料电池大规模应用尚有难度

氢燃料电池作为清洁能源技术的代表，近年来在政策推动和技术进步下备受关注，但其大规模商业化仍面临多重挑战，涉及技术、成本、基础设施、产业链配套等多个维度。

在技术进步推动下，氢燃料电池系统成本持续下降，但目前与锂电池相比仍不具备价格优势。氢燃料电池的核心成本集中在电堆制造和原材料。当前燃料电池催化剂主要依赖铂金，铂金资源稀缺、价格高昂，且对氢气纯度要求极高（>99.99%），进一步推高使用成本。目前氢燃料电池的部分核心技术仍被少数国家垄断，国内产业链尚未形成完整闭环，关键材料依赖进口，如质子交换膜、气体扩散层等核心部件，国产化率不足 30%。日本企业更通过专利壁垒限制技术输出，存在供应链风险。

氢燃料电池车辆推广高度依赖加氢站网络，但当前基础设施存在短板。第一，数量与分布不均，目前加氢站数量仅为 600 座左右，且集中于长三角、珠三角等地区示范城市。偏远地区加氢站稀缺，导致用户"加氢焦虑"。第二，建设与运营难度大，加氢站需通过复杂审批（涉及安监、环保等多部门）、高额土地成本及专业维护团队，导致建设周期长（通常 18 个月以上）、投资回报率低。第三，成本较高，建设一座日加氢能力 200 公斤的加氢站需投入超 1000 万元，远高于充电站，且目前氢燃料电池车辆数量较少，回本困难。

氢源制备与储运仍是限制氢能广泛应用的技术瓶颈之一。当前中国约 70% 的氢气通过化石能源制取（灰氢），碳排放量高且成本波动大；绿氢

（电解水制氢）因电耗高、设备效率低（<70%），成本是灰氢的 2~3 倍。此外，氢气储运需高压（35~70MPa）或液态（-253℃）条件，泄漏风险与能耗问题突出。同时标准体系不统一：燃料电池汽车与加氢站的接口、氢纯度检测等缺乏国家标准，导致车企与设施运营商各自为政。例如，某品牌车辆因加氢压力不匹配导致故障率上升、维修成本激增。

（四）充电桩布局不均，换电模式推广困难

电动重卡的规模化推广依赖完善的充电基础设施。根据中国电动汽车充电基础设施促进联盟发布的数据，截至 2024 年底，全国电动汽车充换电基础设施累计 1281.8 万台，公共充电桩总数为 346 万台，其中适用于重卡的大功率直流充电设施仅有约 10 万台，相对于新能源重卡的发展速度是远远不够的。同时，牵引车带挂充电普遍需要宽敞的场地，乘用车、自卸车的充电场地对牵引车不够友好。另外，超充设施需配备大容量、高性能的变压器和配电柜以满足高功率充电需求，且大规模使用超充技术时，大量电动重卡同时充电会对电网造成巨大的负荷冲击，可能导致电网电压波动、过载等问题，影响电网的稳定运行，对地方基础设施建设造成严峻考验。

换电模式被认为是解决电动重卡续航问题的有效方案，但换电站的推广也面临诸多挑战。首先，换电站的建设和运营成本较高，包括电池储备、充换电设备、土地租赁等，初期投入在千万元以上，还需要负担设备维护和人员运营管理成本，长途运营还需沿途同时建设多个换电站，这对车企和车队都是较大的挑战；其次，换电站的运营效率受限于车辆数量和电池管理能力，更适合大型企业、车队用户，难以在短时间内实现规模化应用；最后，换电模式的标准化程度较低，不同车企的电池规格不统一，换电方式不统一，都限制了换电站的通用性，难以像充电桩一样面向社会运营。

（五）购置成本偏高，运营成本不确定

购车成本高是新能源重卡推广的一大阻碍。目前，电动重卡的购车成本

已经出现大幅下滑，423千瓦时电牵引车价格在50万元左右，而柴油牵引车已经下探到30万元以内，尽管国家政策补贴在一定程度上降低了购车成本，但相比传统燃油重卡，电动重卡的初始投资仍较高，这使部分用户在购车时望而却步。

在运营成本方面，虽然新能源重卡的燃料费用低于传统能源重卡，但需要用户跑出足够的里程才能充分显现其优势。目前重卡运输市场运力严重过剩，在无法保证满负荷运营的情况下，更高的购置成本使客户难以保证在短期内回本；电池的使用寿命有限，通常需要在5~8年后更换，而更换电池的费用可能高达数十万元；纯电重卡仍面临"投保难、投保贵"的困局，也极大地增加了运营成本。

（六）市场接受度有待提升，产品安全可靠性尚存疑虑

尽管技术不断进步，但新能源重卡的安全性和可靠性仍是用户关注的焦点。电池热失控、自燃等问题时有发生，而重卡运输的货值通常较高，可能高达上百万元，一旦发生事故或故障将造成严重损失，对快递、冷链等货值较高的行业影响相对更大。

六　重卡电动化发展措施与解决方案

（一）加快推进技术升级

针对电动重卡续航里程短、充电时间长、自重高、锂电池热失控等问题，需企业、高校、科研机构等共同努力，从各个环节推进技术创新和突破。

固态电池和氢燃料电池是解决电动重卡续航里程和自重问题的关键技术路线。固态电池通过对固态电解质的应用和负极材料的升级，能量密度有望突破400Wh/kg，显著提升了电动重卡的续航能力，同时降低电池重量，提高电池在物理损伤、短路、过充电、过热时的安全性。未来应大力推动材

料、工艺等方面的升级，实现固态电池在 2030 年前商业化。氢燃料电池则通过氢能的高能量密度和快速加氢特性，为中长途运输提供新的解决方案，通过政府示范性运营带来的规模化降本，未来应进一步推动燃料电池系统成本大幅下降，加氢、储氢配套设施大规模落地，实现氢燃料电池覆盖长途、重载、低温等多场景的市场需求。

超充技术作为电动汽车补能的重要方向，未来将朝着更高功率、更智能化和更广泛覆盖的方向发展。预计到 2028 年，超充将成为全场景全车型的标配，充电功率将普遍提升至 600kW 以上，实现"一秒一公里"的极速补能体验。液冷技术将成为主流，解决高功率充电带来的散热问题，同时提升充电设备的安全性、延长使用寿命。

轻量化方面，未来通过采用高强度材料和优化结构设计，降低整车重量，从而弥补大电量电池带来的额外自重，提升电动重卡的载货能力，增加续航里程。

智能网联技术的应用可显著提升电动重卡运营效率。通过推动车联网、大数据等技术的应用，实现车辆远程监控、智能调度和能量管理。充电与能源管理解决方案是保障电动重卡运营的关键，通过开发智能充电系统，实现充电桩与车辆的智能匹配，探索 V2G（车辆到电网双向充放电）技术等，进一步提高能源利用效率。

（二）进一步完善基础设施建设

基础设施建设是重卡电动化的关键支撑。应加快充电站、换电站、加氢站等配套设施建设，特别是在高速公路服务区、物流枢纽、主要干线等重点区域。政府应制定针对性政策，在土地批复、电力增容、税收优惠等方面给予支持，并向欠发达区域倾斜，扩大新能源重卡的使用范围。

同时，推广"光氢储充"一体化等新型能源补给模式，通过配置光伏发电、制氢加氢、储能系统实现电力削峰填谷，维持电网稳定、节能制氢，通过充电桩、加氢设施为车辆提供清洁能源，有效缓解大规模充电桩用电对局域电网的冲击。

（三）共同营造公平竞争环境

从"价格竞争"向"价值竞争"转变。国家有关部门相继出台了"清朗行动"，组织召开公平竞争专题会等；汽车行业发布《关于规范企业数据发布的倡议书》，为有效治理行业"内卷"，建议引导行业从"价格竞争"向"价值竞争"转变，推动行业高质量发展，减少内卷，让企业能够将更多精力投入技术创新和模式创新，进一步提升中国商用车的国际竞争力。

减少低价竞争。整车企业应加大在技术攻关、产品开发方面的投入，针对不同应用场景开发专用车型，以满足用户的多样化需求，进一步降低电耗，为用户创造更高价值，并形成自己的核心竞争力，减少价格竞争，推动行业向上发展。

（四）重卡电动化发展建议

1. 科学管控新增商用车生产资质及产能（含新能源）

目前国内重卡产能超过 300 万辆，而国内加出口的需求量在 70 万辆左右，2024 年已出现上汽红岩、大运等重卡企业面临破产重组的困局。建议政府限制新增商用车生产资质，避免低水平重复建设，推动行业向高质量方向发展。通过提高准入门槛，鼓励企业加大技术研发投入，提升产品竞争力。

2. 探索研究审慎放宽新能源重卡产品的总质量与总长度限制

动力电池的体积、重量短期内难以减少，尤其是大电量的车型，自重高于柴油车 3 吨以上，且底部难以布置，需增加车辆总长度或增加后备电池，这将对新能源重卡的载货体积、重量造成较大影响。建议 GB 1598 修订时进一步考虑研究是否放宽新能源重卡的质量限制和长度限制。

3. 不断优化新能源产品认证程序

我国新能源汽车已进入高速发展期，产品技术、产业链越来越成熟，产品数量越来越多，认证费用也相应大幅增加，但新能源汽车公告申报缺少系统、权威的同一型号及同一型式判定条件指导；前期行业机构、企业已进行多轮研讨。建议尽快发布"新能源汽车同一型号及同一型式判定条件",同时研究是否取消新能源公告认证定型报告,降低企业经营成本。

4.进一步减免高速费与开放路权

建议各省市进一步放开新能源重卡的路权,为新能源重卡发放通行证,允许在特定时段和路段优先通行;并对新能源重卡减免高速费,这样可以显著降低运营成本、激励更多用户选择电动重卡。

5.建议延续新能源货车购置税政策

相对于新能源乘用车,新能源货车特别是中重型新能源货车仍处于推广阶段,为更好地推动商用车新能源化进程,建议 2027 年之后继续实施新能源货车购置税减半政策,更好地推动商用车新能源化。

6.加快出台新能源商用车保险改革政策

为破解当前新能源商用车"投保难、投保贵"的困局,建议由国家相关部门牵头出台指导标准,设计统一的保费评分模型,接入主机厂车联网数据平台,对客户进行精准评分,根据客户的出险、驾驶习惯精准定义保费。

7.加大氢燃料商用车推广应用政策支持力度

国家燃料电池汽车示范应用政策将于 2025 年到期,政策促进燃料电池核心部件国产化,使燃料电池价格大幅降低、技术水平明显提升,但离大规模商业化仍有较大差距。建议尽快研究出台后续延续政策,优化奖补方式,稳定市场预期,促进市场平稳过渡和持续发展,鼓励氢能在车端的进一步应用,加快液氢、氢燃料内燃机相关标准的制定、发布和示范应用。鼓励氢燃料突破中长距离干线场景,推进氢燃料电池汽车高速示范,建议给予氢燃料电池汽车高速减免政策,高速公路沿线建设加氢站,突破场景局限,加大产品推广力度。

B.8
商用车国际化发展研究

摘　要： 本报告系统分析了商用车国际化发展的背景、现状及区域市场布局，重点研究了各地区市场准入规则与中国商用车品牌国际竞争力。在此基础上，深入梳理了商用车国际化进程中存在的主要问题与挑战，提出了加强国际合作、提升产品竞争力、优化出口结构、强化政策支持引导等对策建议，为中国商用车国际化发展提供了重要参考依据，助力实现从"走出去"到"走上去"的战略跨越，推动中国商用车企业加快国际化转型步伐。

关键词： 商用车　国际化　战略布局

一　商用车国际化发展背景

商用车产业正处在全球化发展的关键节点。作为国民经济的重要支柱产业，商用车的国际化发展不仅关乎企业生存，更是国家制造业竞争力的重要体现。目前，全球经济深度融合，商用车产业的国际化已不是选择题，而是必答题。这场深刻的产业变革，既源于全球市场需求的强力拉动，也得益于技术进步的有力支撑，更离不开国家战略的顶层设计。中国商用车企业正以更加开放的姿态融入全球产业链，在激烈的国际竞争中寻求新的发展机遇。

（一）产业发展必然性

汽车产业的国际化发展，是我国迈向汽车强国的必经之路。汽车产业作为国民经济的战略性、支柱性产业，在经济格局中占据着举足轻重的地位。2024年，我国汽车产业收入达到10.6万亿元，同比增长4%。

一个国家汽车产业的国际化水平,是衡量其产业竞争力的关键指标。日本财务省公布的数据显示,2024 年,日本出口总额为 107.9 万亿日元,其中汽车出口额就达到 40.6 万亿日元,约占出口总额的 37.6%。此外,德、美、日、韩等传统汽车产业强国,汽车海外生产量比重长期维持在 50% 以上。

当下,新一轮全球汽车产业竞争格局重塑的关键时期已经来临,我国在商用车整车及零部件领域已具备一定的国际竞争力。随着我国汽车产业国际化战略从单纯的出口贸易,逐步向海外生产、经营的深度拓展迈进,自主品牌产品竞争力将不断提升,为汽车产业的高质量转型发展提供了有力支撑。

(二)全球趋势推动

产业链重构带来新的发展机遇。全球商用车产业链正在重新布局,这为中国企业参与全球分工提供了契机。通过并购、合资等方式,中国企业可以快速获取核心技术,完善全球布局。同时,"一带一路"倡议的推进,为中国商用车企业开拓新兴市场创造了有利条件。

汽车出口已经成为我国汽车产业发展的重要组成部分和转变外贸增长方式的重要载体,是汽车产业发展进程中不可逆转的内在需求。历经数十年发展,中国商用车产业已构建起完整的产业链体系。然而,当前国内市场渐趋饱和,与之形成鲜明对比的是,全球商用车市场保持着稳定增长态势,市场规模不断扩大,在这样的形势下,国际化发展成为商用车企业突破发展瓶颈的必然选择。通过开拓海外市场,企业不仅能够分散经营风险,还能获取新的业务增长点,像中国重汽等行业龙头企业,已率先在海外进行战略布局,并在部分市场取得了突破性进展。国际化发展带来的不仅是市场空间的拓展,更为关键的是,在参与国际竞争的过程中,企业能够不断推动自身技术创新与管理升级。

(三)产业战略和政策支持

全面对外开放,为中国汽车产业发展提供了良好的国际化氛围。我国自2001 年 12 月正式加入世界贸易组织后,汽车产业与市场的对外开放程度逐年提升，分领域、分步骤扩大开放。2018 年 7 月 28 日起取消专用车、新能源汽车外资股比限制，2020 年取消商用车外资股比限制，2022 年取消乘用车外资股比限制以及合资企业不超过两家的限制，整个过渡期长达 5 年；国务院关税税则委员会发布公告显示，中国汽车整车关税由 25% 降至 15%，相关零部件关税降为 6%。外资企业进入我国汽车市场，如韩国现代 2020 年完成对四川现代中方所持有股权的收购，成为首家外商独资的商用车企业，斯堪尼亚在如皋独资建厂，戴姆勒深化与北汽福田合作将梅赛德斯－奔驰重型卡车国产化等。全球化的市场环境为商用车企业提供了充分的竞争机遇，推动商用车企业在市场竞争中不断提高自身的发展水平、扩大品牌影响力（见表 1）。

表 1　我国在汽车产业全面对外开放方面的相关政策

政策名称	发布时间	发布单位	相关规定
《汽车产业发展政策》	2004 年	国家发展和改革委员会	与 1994 年《汽车工业产业政策》相比，取消发动机制造的外资股比限制
《外商投资准入特别管理措施（负面清单）（2018 年版）》	2018 年	国家发展和改革委员会	2018 年 7 月起取消专用车、新能源汽车外资股比和家数限制；2020 年取消商用车外资股比限制；2022 年取消乘用车外资股比限制
《国务院关税税则委员会关于降低汽车整车及零部件进口关税的公告》	2018 年	国务院关税税则委员会	自 2018 年 7 月 1 日起，将汽车整车税率为 25% 的 135 个税号和税率为 20% 的 4 个税号的税率降至 15%，将汽车零部件税率分别为 8%、10%、15%、20%、25% 的共 79 个税号的税率降至 6%

（四）市场发展与开拓

发展中国家及新兴市场成为中国商用车国际化的突破口。东南亚、非洲、南美等地区基础设施建设需求旺盛，为中国商用车发展提供了广阔市场空间，这些地区对性价比高的产品接受度较高，有利于中国商用车企业发挥成本优势。

另外，中国商用车企业在海外建立了多个生产基地，在部分重点海外市场，通过雇用当地员工、利用当地零部件资源、适应当地法规，实现了从产品出口到本地化生产的转变。

二　商用车国际化发展现状与市场布局

（一）产业"走出去"基本情况

根据中汽协发布的数据，2024年中国商用车出口持续保持增长态势，累计出口90.4万辆，同比增长17.5%。其中货车出口77.8万辆，同比增长17.8%；客车出口12.7万辆，同比增长15.7%。

新能源商用车作为行业发展的新趋势和新亮点，在2024年也实现了快速增长。全年新能源商用车出口量达到4.6万辆，同比增长25.7%，增速明显高于商用车整体出口增速（见表2）。这一数据表明，中国新能源商用车在技术创新、产品性能以及市场推广等方面取得了显著成效，正逐渐成为中国商用车出口的重要增长点和国际市场上的竞争优势所在。

表2　2024年中国商用车出口情况

单位：万辆，%

业务	2024年		2023年	
	出口	同比增长	出口	同比增长
货车出口	77.8	17.8	66.0	23.1
客车出口	12.7	15.7	11.0	72.7
合计	90.4	17.5	77.0	32.2
其中，新能源出口	4.6	25.7	3.7	28.7

资料来源：中汽协。

根据中华人民共和国海关总署发布的数据，在地域分布上，2024年中国商用车出口主要集中于拉美、独联体、非洲、东南亚及中东地区。上述地区在中国商用车出口总量中的占比分别为30%、21%、18%、14%和10%，合计占比高达93%（见图1）。

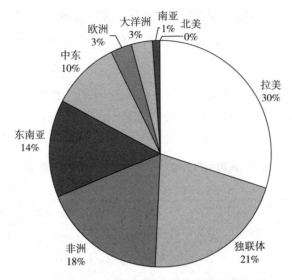

图 1　2024 年中国商用车出口各地区占比情况

中国商用车出口市场多为新兴市场，随着当地经济的发展以及基础设施建设的推进，对各类商用车的需求持续增长，中国凭借商用车性价比优势及对当地市场需求的适配性，在该类地区获得了一定的市场份额。相比之下，由于欧洲、北美等高端市场严格的技术法规、环保标准以及成熟的市场竞争环境，中国商用车在这些地区的销量相对有限。

（二）国际化趋势

1. 出口模式升级

近年来，国内商用车企业纷纷加速布局国际市场，通过与合作伙伴联合进行海外建厂、并购等，抢占全球市场份额，从以出口贸易为主逐步向本土化运营等多元模式转型。在亚洲、非洲、南美等多个国家和地区通过 KD 组装方式进行本土化合作，实现由"产品输出"走向"技术输出和品牌授权"的业务模式升级，从而为我国商用车出口市场创新夯实了基础。

2. "一带一路"朋友圈不断拓展

以客车为例，2024 年以来，宇通、比亚迪、中通客车等国内客车出口主流企业在"一带一路"建设持续深入下，不断拓展"朋友圈"，加速出口东南亚、中亚等地区，并不断获得出口大单，直接拉升了客车出口销量。我国客车出口共建"一带一路"区域的销量占比逐年提升，从2018年的64.5%逐年攀升至2024年的68.4%，这充分证明共建"一带一路"区域是我国客车出口的主力市场，其重要性不断提升（见表3）。

表3 我国出口共建"一带一路"区域客车情况

单位：辆，%

年份	2018	2019	2020	2021	2022	2023	2024
出口销量	56846	64209	40704	36538	48197	70684	81820
出口共建"一带一路"区域销量	36667	41735	27434	24663	32725	48207	55964
出口共建"一带一路"区域占比	64.5	65.0	67.4	67.5	67.9	68.2	68.4

资料来源：中国汽车流通协会。

3.抢抓新能源先发优势

在全球汽车产业经历深刻变革之际，新能源汽车在港口运输、城市配送等领域快速渗透，中国企业凭借在新能源产业链上的优势和持续的技术创新，加速布局海外市场，以高质量的产品和服务赢得国际认可，展现出强大的竞争力和品牌影响力。

4.产业链协同"出海"

中国商用车出口逐步从"产品出海"转变为"产业链出海"，不仅包括整车、技术、品牌、动力电池、充电桩、金融服务、后市场服务等全产业链"出海"，还包括中国车企在海外投资建厂，构建本地化的全生命周期体系。

5.中国典型企业"走出去"情况

（1）中国重汽稳居重卡行业出口首位

2024年，中国重汽的出口业务表现尤为亮眼，全年重卡出口量高达11.9万辆，蝉联中国重卡行业出口冠军达20年，主要面向非洲、东南亚及中东等市场，并在多个战略性新兴市场中取得突破性进展。截至目前，中国重汽的产品足迹已遍及全球 110 多个国家和地区，且在 90 多个国家和地区建立了 80 个海外代表处及办事机构，进一步巩固了其国际市场的领先地位。

（2）福田汽车海外出口量累计突破 100 万辆

2024 年，福田汽车海外出口量累计突破 100 万辆大关，这一里程碑式的成就彰显了其 20 年来坚定不移地推进国际化战略、深耕海外市场的努力与成果。自 2004 年起，福田汽车就将国际化战略确立为企业发展的核心支柱，致力于实现"产业链国际化"，稳扎稳打地推进全球化布局。凭借卓越的研发实力和制造基础，福田汽车已在全球范围内构建了涵盖车辆、零部件、数字科技及商业生态的综合性业务体系，成功从单一的"产品出口"转型为"产业链国际化"的深度本土运营模式。截至目前，福田汽车在全球设立了 22 个 KD 工厂，拥有超过 1000 家的海外分销网络和 1200 余家服务网点，业务覆盖 130 多个国家和地区，形成了成熟且全面的产业链布局。

（3）一汽解放海外业务量持续攀升

2024 年，一汽解放出口业绩显著攀升，全年出口量达到 6 万辆新高。尤为突出的是，一汽南非公司解放卡车单月产量跃升至 500 辆以上，全年终端销量首次超过 5000 辆，同比增长 31.9%，占据南非市场 18% 的份额，稳居行业首位。至此，一汽解放的足迹已遍布东南亚、中东、拉美、非洲、东欧等超过 80 个国家和地区，拥有核心经销商超 100 家，服务商网络扩展至 190 余家，出口车型涵盖了解放 J7、J6P、JH6、虎 V 等系列。

三　各地区/国家市场准入规则

在全球范围内，汽车法规与认证是管控汽车产品的关键手段，它既是产业技术的重要壁垒，也是产品进入市场的必经"门槛"。由于不同国家和地区的市场需求、技术水平以及安全环保标准存在差异，汽车出口认证的模式也各不相同。国际上主流的认证模式以欧洲的"产品认证+生产一致性监管"为主，围绕这一模式形成了多个具有代表性的法规认证体系，如欧盟认证体系（ECE）、澳大利亚认证体系（ADR）、南非认证体系、海关联盟认证体系以及巴西认证体系等。

（一）欧洲市场

欧洲市场以其严格的法规和高标准的技术要求著称，尤其是在环保和安全领域。在排放标准方面，欧盟现阶段实施欧六排放标准，随着欧七排放标准的实施日期日益临近，轻型商用车（N1 类别）将于 2026 年底起，要求新车型执行欧七排放标准；而对于中重型商用车（涵盖 N2、N3 及 M2 类别），则自 2028 年起，新车型亦需符合欧七标准。商用车氮氧化物（NOx）和颗粒物（PM）排放限值远高于大部分地区。在关税方面，欧盟对进口商用车的关税普遍为 10% 左右，但新能源车可享受关税减免或补贴；另外，从 2026 年起，欧盟将对进口商用车征收碳关税，要求企业提供全生命周期碳排放数据。

（二）拉美市场

拉美市场政策环境相对宽松，但近年来正逐步加强环保和技术要求。墨西哥市场，对商用车排放要求较为宽松，目前执行欧五标准，但计划在 2025 年升级至欧六；对进口商用车整车征收 20% 的关税，未来关税可能会进一步提升。巴西市场，重型车执行 P8（相当于欧六）标准，轻型车执行 L8 标准；对进口商用车征收 35% 的关税，但本地化生产可享受税收优惠。

（三）东南亚市场

东南亚市场政策环境较为友好。泰国执行欧五标准，对新能源车提供政策支持，如减免购置税和进口关税；对进口商用车整车征收 40% 的关税，新能源车可享受关税减免。印度尼西亚执行欧四标准，对新能源车提供政策支持，如减免购置税和进口关税；对进口商用车征收 20%~45% 的关税，本地化生产可享受税收优惠。

（四）非洲市场

非洲市场政策环境相对宽松，但近年来各国逐步加强环保和技术要求。南非执行欧五标准，对新能源车提供政策支持，如减免购置税和进口关税；对进口商用车征收 20%~25% 的关税，新能源车可享受关税减免。

四 中国商用车品牌和国际竞争力分析

（一）品牌影响力

近年来，依靠持续增强的技术实力和突出的性价比优势，产品源源不断地远销海外，中国商用车在全球市场大放异彩，品牌影响力与日俱增。不过，与戴姆勒卡车、沃尔沃等世界顶尖商用车企业相比，中国商用车企业仍存在显著差距。从品牌价值看，国外老牌商用车企业历经百年，凭借深厚文化、技术积累和卓越品质，赢得全球消费者的高度认可，客户忠诚度高，产品溢价能力强，在高端市场占据主导地位。相比之下，中国商用车品牌发展时间短，品牌文化培育尚浅，难以在高端市场实现突破，无法与国际顶尖品牌竞争。

在品牌知名度和认可度方面，国际知名商用车品牌借助全球销售网络和大规模推广，成为行业标杆，备受信赖。中国商用车企业虽在东南亚、非洲等区域市场有所收获，但在欧美主流市场，品牌曝光度低，客户因长期市场认知，对产品质量稳定性和可靠性存疑，品牌认可度不高。

（二）成本效益

依托国内完备的产业链体系，零部件采购成本较低，规模化生产进一步摊薄成本，加之人力成本相对欧美国家更具优势，使中国商用车在价格上极具竞争力，能为价格敏感型客户提供高性价比选择，在新兴市场广受欢迎。例如，国内一些轻型商用车价格较同类型国际品牌低 20%~30%。而世界一流国际商用车企业在成本控制方面面临较大挑战，高昂的研发投入、人力成本以及复杂的全球供应链管理，导致其产品价格偏高。虽然部分企业通过优

化供应链、推行精益生产等方式，在一定程度上缓解成本压力，但整体成本控制在与中国商用车竞争中不占优势，尤其是在中低端市场。

（三）产品多样性

近年来，中国商用车产品多样性大幅提升，不仅涵盖传统的载货、载客车型，还积极拓展新能源商用车领域，如纯电动、混合动力的公交、物流车等。在专用车领域，针对不同行业需求，中国开发出环卫、冷链、工程作业等多种专用车型，能较好地满足国内及新兴市场多样化需求。

国际品牌产品种类丰富且成熟，在传统燃油商用车领域，针对不同的运输场景和客户需求，包括从轻型到重型全系列产品。在高端市场，凭借先进技术和工艺，国际品牌企业打造出高性能、定制化的商用车产品。但在新兴的新能源领域，部分国际品牌转型速度相对较慢，产品布局不如中国商用车企业全面。

（四）技术和产品质量可靠性

随着技术投入增加，中国商用车产品可靠性显著提高。中国商用车在发动机、变速器等核心部件技术上不断追赶国际水平，部分企业在新能源技术、智能网联技术应用方面甚至走在前列。然而，整体工业基础与制造工艺的差距，使一些关键零部件质量稳定性、产品一致性仍需提升，产品可靠性与国际顶尖品牌存在一定差距，影响品牌口碑。而世界一流商用车企业凭借深厚的技术积累和严格的质量管控体系，产品可靠性久经市场考验；其发动机、底盘等关键部件技术成熟，能适应复杂工况和恶劣环境，可长期稳定运行，在全球范围内拥有良好口碑，尤其是在高端物流、长途运输等对车辆可靠性要求极高的领域优势明显。

（五）国际市场综合竞争力

在发展中国家和新兴市场，凭借成本效益和产品多样性优势，中国商用车市场份额逐步扩大，综合竞争力较强。但在欧美等高端市场，由于品牌价值、技术产品可靠性和品牌知名度认可度等方面的短板，中国商用车市场份额较低，综合竞争力较弱。不过，随着技术进步和品牌建设推进，中国商用车正逐步改善在国际市场的竞争地位。而世界一流商用车企业在全球市场，尤其是欧美等成熟市场，凭借品牌影响力、技术实力和产品可靠性，占据主导地位，综合竞争力强劲。在发展中国家及新兴市场，虽面临中国商用车企业竞争，但世界一流商用车企业通过调整产品策略、本地化生产等方式，维持市场份额，整体国际市场综合竞争力处于领先水平。

五　商用车国际化发展服务体系建设

（一）政策环境优化

建议强化政策支持，出台更多鼓励商用车出口的政策，如出口退税、出口信贷优惠等，降低企业出口成本，提高产品在国际市场价格竞争力。设立专项发展基金，支持企业开展国际市场调研、技术研发和品牌推广活动，助力企业拓展海外市场。

建议加强国际合作。积极推动与其他国家签订自由贸易协定、技术合作协议等，为中国商用车企业进入当地市场创造有利政策环境，减少贸易壁垒和技术限制。加强与共建"一带一路"国家的政策对接，通过基础设施建设合作项目，带动商用车出口及本地化生产。

（二）市场营销和服务网络建设

鼓励企业在目标市场建立本地化营销团队，深入了解当地市场需求、文化习俗和消费习惯，制定有针对性营销策略。例如，针对非洲市场，可以结合当地的运输需求和经济水平，推出更具性价比的车型，并通过当地的媒体、经销商等渠道进行宣传推广。

加大在海外市场的售后服务网络建设投入力度，在主要销售区域设立维修中心、配件库，确保及时为客户提供维修保养服务和配件供应。培训当地售后服务人员，提高服务质量和响应速度，解决客户后顾之忧，提升品牌口碑和客户满意度。

（三）法务金融支持

建立专门的法务咨询平台，为企业提供国际法律法规、贸易政策、知识产权保护等方面的咨询服务，帮助企业规避法律风险。组织法律专家团队，协助企业处理海外市场的法律纠纷，维护企业合法权益。

金融机构应开发多样化的金融产品，如出口信用保险、贸易融资等，为企业提供资金支持，降低企业海外市场拓展风险。针对企业在海外投资建厂、并购等项目，提供专项贷款和融资解决方案，助力企业扩大海外业务规模。

（四）研发合作

鼓励国内高校、科研机构与商用车企业开展产学研合作，共同攻克关键技术难题，提升产品技术水平和创新能力。支持企业与国际知名科研机构、高校建立联合研发中心，加强国际技术交流与合作，引进国外先进技术和人才。

推动商用车产业链上下游企业协同研发，加强零部件企业与整车企业之间的技术合作，提高零部件与整车的匹配度和整体性能。通过建立产业联盟等形式，整合行业资源，共同开展技术研发和标准制定，提升中国商用车产业在国际上的整体竞争力。

（五）信息平台建设

搭建国际商用车市场信息平台，收集和分析全球商用车市场动态、政策法规、技术发展趋势等信息，为企业决策提供依据。及时发布海外市场需求信息、项目招标信息等，帮助企业精准把握市场机会。

建立中国商用车企业国际化发展交流平台，促进企业之间的经验分享和资源共享。组织企业开展国际市场拓展经验交流活动、行业研讨会等，加强企业之间的沟通与合作，共同应对国际市场挑战。

六　商用车国际化发展趋势和展望

（一）出口市场持续增长

2024年，中国商用车出海成绩斐然，在国内商用车市场因投资减弱、运价偏低、终端换车需求动力不足而表现疲弱的情况下，海外市场成为我国商用车产业发展的一大亮点。展望2025年，随着技术升级、产品力增强、"中国制造"口碑的整体提升，中国商用车积累的市场基础和出口模式从贸易出口向投资出口转变，预计中国商用车出口仍将维持增长态势，其中，共建"一带一路"国家及非洲、东南亚、中东等经济发展快速、基建活跃的地区将是商用车出口的主要增量市场。

（二）新能源化推动

新能源商用车正成为商用车出口新的增长引擎。如比亚迪凭借新能源汽车上的优势，蝉联全球新能源客车出口销售冠军。2024年，比亚迪海外客车销量达3582辆，同比增长13.8%。

新能源商用车在全球不同国家的市场接受度受到多种因素的影响，包括政策支持、基础设施建设、经济状况、消费者意识等。欧洲多国接受度较高，挪威、荷兰、德国、法国通过补贴、税收优惠及严格排放标准，大力推动新能源商用车发展。美国尤其是加利福尼亚州，以严格排放标准和激励措施，展现出较高接受度。澳大利亚在城市公共交通和物流领域，接受度也在提高。东欧如波兰、捷克，部分亚洲国家如印度、泰国，以及拉丁美洲的巴西、墨西哥，虽有一定潜力，但市场接受度有待提高，基建尚处发展初期阶段。澳大利亚和新西兰有一定的接受度但市场规模小。而非洲大部分国家因基建和经济问题，市场接受度有限；部分中东国家态度不一；中亚和独联体国家受经济与政策限制；东南亚部分国家市场潜力大，可接受度与基建刚起步。

（三）国际化战略

商用车企业纷纷将海外市场视为战略重点，明确未来国际化发展战略，加快国际化转型步伐。

一汽解放加快海外市场拓展，2025年计划新建8个子公司、9个KD工厂，并扩充110名人员，拓展20个网络点，全力推进全球化布局。此外，2024年12月，一汽解放还发布"SPRINT2030"国际化战略，正式成立一汽解放国际公司，计划到2025年一汽解放海外销量达8万辆，到2030年实现海外销量18万辆目标。为达成这一目标，一汽解放将以"三步走"的阶段规划，全面实施全球化布局、多品牌运营、技术引领、业务创新、共建共赢以及以人为本等6项国际化战略举措。

早在2004年，福田汽车便将国际化战略作为企业的核心发展战略之一，通过20多年深耕海外市场，海外出口累计突破100万辆，是中国商用车行业出口的标杆。2024年9月，福田汽车在青岛发布"GREEN 3030"国际化战略，制定到2030年海外市场实现销量30万辆、新能源占比达到30%的战略目标，并围绕持续推进国际产业化进程、提高零部件属地化份额、打造批发+零售的全球金融服务体系、加强人才属地化以及规划建设1+N多个海外副中心五个方面，坚定不移推进国际化发展战略纵深布局。

（四）政策强力支持

近年来，中央及地方政府多次出台政策支持汽车企业与产品的出口（见表4）。自2022年起，我国针对金融稳外贸推出了系列政策，国务院办公厅、商务部、公安部等提出要鼓励二手车出口，并在物流运输、金融服务及海外售后等环节加强支持，2023年以来，商务部例行新闻发布会多次提出要促进汽车出口，完善国际营销和售后服务体系。地方层面，深圳、广东等率先出台具体办法解决汽车企业出海的关键问题，不仅鼓励新能源汽车和零部件的协同发展，加强与产业链的互动；还提倡供应链金融的数字化转型，增强供应链韧性；针对跨境业务，鼓励银行利用境内外资源，助力企业拓展海外市场，同时构建多层次融资渠道，优化知识产权融资并利用保险降低风险。

表4 我国政府支持汽车产业国际化发展的政策

日期	政策名称或相关发布会	相关内容
2023年12月	《关于支持新能源汽车贸易合作健康发展的意见》	从提升国际化经营能力和水平、健全国际物流体系、加强金融支持、优化贸易促进活动、营造良好的贸易环境、增强风险防范能力六个方面提出18项政策措施，同时明确了相关单位的具体分工，积极构建公平、稳定、包容、便利的贸易环境
2023年9月	《汽车行业稳增长工作方案(2023-2024年)》	推动汽车出口提质增效 鼓励汽车企业加快研发和生产面向国际市场的汽车产品，建立和完善国际营销服务体系，加强与航运企业、国内外金融机构合作，巩固扩大重点国家和地区市场汽车出口，加大对共建"一带一路"国家和新兴市场开拓力度。 指导行业机构组建汽车企业国际化发展创新联盟，促进企业间共建共享。研究建设海外政策、法规、标准等信息共享服务平台，推动与主要出口目的国检测认证标准的统一
2023年5月	商务部例行新闻发布会	鼓励航运公司加快建设滚装船队，扩大汽车出口运力，鼓励汽车企业与国内外金融机构合作，支持汽车企业完善国际营销和售后服务体系
2023年4月	商务部例行新闻发布会	引导企业深入开拓发展中国家市场和东盟区域市场，进一步支持汽车企业建立和完善国际营销服务体系，培育汽车出口优势
2022年11月	《商务部 公安部 海关总署关于进一步扩大开展二手车出口业务地区范围的通知》	开展二手车出口业务的地区要结合本地特点，培育二手车出口相关的维修整备、检测认证、仓储物流、金融信保等配套服务体系；支持企业加快国际营销网络建设，为企业拓展市场渠道搭建交流合作平台；指导企业通过自建、资源共享或多渠道合作等方式，建立与出口规模相适应的售后服务体系，保障售后配件供应，提供维修技术支持，建立投诉处理和售后服务快速响应机制，提升售后服务专业化水平
2022年9月	《商务部关于印发支持外贸稳定发展若干政策措施的通知》	新增一批可开展二手车出口业务的地区；优化海关备案流程，加强中欧班列运输组织，支持海外仓出口货物运输

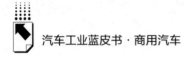

（五）国际竞争加剧

全球商用车市场竞争格局正加速重构，中国商用车出口面临的国际竞争加剧，主要体现在商用车巨头加速电动化布局、新兴市场本土品牌崛起。

国际商用车巨头加速电动化布局。为响应欧盟"到 2030 年电动卡车市场份额达到 50%"的目标，传拓集团全力投身商用车电动化转型，力求提升新能源汽车在销售中的占比。旗下斯堪尼亚、曼恩、纳威司达等品牌，纷纷顺应电气化趋势，积极探寻多元化技术路线与电动化解决方案，同时加速配套设施建设，致力于构建完备的电动卡车生产体系。戴姆勒卡车，坚定地采用纯电动与燃料电池卡车并行发展的策略，通过积极开展技术合作、产品布局，完善基础设施等措施，加速推进电动化转型。

本地品牌商用车企业崛起。印度政府大力扶持本土汽车产业，塔塔汽车受益于产业政策支持，在国内建立了多个生产基地，不断扩大生产规模；土耳其商用车企业奥托桑与福特汽车合作，通过引进先进技术并进行适应性改进，不断提升产品质量和技术水平；泰国政府出台了一系列优惠政策，如税收减免、补贴等，吸引了众多汽车企业在泰国投资建厂，促进了本土商用车企业的发展。

七　商用车国际化发展存在的问题与建议

（一）存在的问题与面临的挑战

1. 产品品牌影响力尚需提升

中国商用车出口目前主要集中在亚非拉等发展中国家，而在欧美日等发达市场的突破仍显不足。这一现状的背后，产品品牌影响力低是制约国际化进程的重要挑战。在发展中国家市场，中国商用车凭借性价比优势获得了一定市场份额，但品牌认知度和美誉度仍然有限，更多依赖价格竞争而非品牌价值。而在发达国家市场，品牌影响力的不足则成为进入的主要障碍。欧美日市场对商用车的技术、质量、服务以及品牌文化要求极高，消费者更倾向于选择具有长期口碑和技术积累的国际知名品牌。中国商用车品牌在这些市场中缺乏足够的认知度和信任度，难以获得消费者和经销商的认可。

品牌影响力不足不仅限制了市场拓展，还影响了企业的定价能力和利润空间。在发达国家市场，品牌溢价是产品价值的重要组成部分，而中国商用车品牌由于影响力较弱，往往只能以低价策略参与竞争，这不仅压缩了利润，还可能进一步削弱品牌形象。

2. 服务体系亟待完善

汽车出口绝非仅仅将产品销售到国外市场，建立完善的物流和售后服务体系同样至关重要。当出口规模迅速扩大后，不少中国商用车企业在海外市场的短板便逐渐暴露。由于缺乏完善的售后服务网络，存在备件供应困难的情况，车辆一旦出现故障，难以快速找到适配的零件，维修服务也不及时，导致车辆长时间无法正常使用。此外，售后服务价格偏高，技术水平较低，服务质量也难以令人满意。这些问题使企业难以及时响应和解决消费者的售后问题，而消费者在购车时往往会考虑售后因素，这无疑会影响他们的购买决策，降低品牌忠诚度，最终会阻碍企业的国际化发展进程。

3. 地缘政治影响

"一带一路"倡议为中国商用车企业带来广阔的海外市场机遇，但共建国家众多，情况错综复杂。部分国家政治局势动荡，增加了企业海外投资与运营的风险；法治环境的差异，也使企业在合规运营方面面临诸多难题，不同的法律标准使企业在合同签订、纠纷处理等环节面临挑战；文化环境的多样性同样不容忽视，不同的文化习俗、消费观念，对产品设计、营销方式都提出了特殊要求。与此同时，地方保护主义以及地缘政治冲突时有发生，国际商用车巨头和本土厂商也存在激烈竞争，这些不利因素交织在一起，给中国商用车企业的深度国际化带来了严峻考验。

4. 国际物流不畅带来不确定性风险

海运方面，当前集装箱短缺与旺盛的出口需求相互交织，致使国际海运高峰压力短期内难以得到有效缓解。这一现状直接导致出口物流费用始终维持在较高水平，"一箱难求"的困境依旧存在。船运周期难以预估，预订时间也无法保证，使出口企业面临交付延迟的违约风险，严重影响了企业信誉和客户满意度。从长远角度看，国内汽车专用滚装船等远洋运输能力建设滞后，国际物流运输通道不畅，无疑会对汽车出口规模的扩大和效益的持续提升形成制约。

5. 市场准入难度加大

随着全球商用车市场的蓬勃发展，各国日益重视本土商用车产业的培育。在此背景下，部分国家通过构建贸易壁垒，诸如提高关税及实施反倾销措施等，捍卫本国产业利益。我国汽车出口量正迅速增长之际，2024年遭遇重大挑战，主要汽车进口国纷纷加强贸易壁垒。贸易保护主义的抬头增加了全球汽车出口市场的不确定性，中国商用车在海外将面临更为激烈的竞争环境及更严格的限制，这不仅提升了进入海外市场的门槛与成本，还将对中国商用车出口的销量与利润构成直接冲击。

6. 标准互认有待时日

在商用车国际化进程中，从标准互认角度来看，存在诸多棘手的问题与挑战。

各国标准差异显著，成为商用车全球流通的一大阻碍。以排放标准为例，欧盟的欧排放标准持续收紧对氮氧化物、颗粒物等污染物的排放限制，而一些发展中国家，排放标准较为宽松，这就导致商用车企业在出口时，必须针对不同市场对车辆排放系统进行改造，增加了成本。

缺乏统一互认机制严重制约了商用车国际化发展。目前全球没有成熟统一的商用车标准互认机制，各国在标准制定、审核和认可过程中各自为政。比如东盟，虽有经济一体化目标，但由于成员国产业发展不平衡，在商用车标准互认上难以达成共识。这使企业进入东盟各国市场时，都要重新进行标准认证，增加了市场准入难度与运营成本。

不同认证机构的流程不统一也是突出问题。不同国家和地区认证机构繁多，流程和要求差异大，检测技术和设备也不尽相同。以欧洲市场为例，企业要面对多个认证机构，像德国的 TÜV 认证、法国的 BV 认证等，各机构认证流程的不统一，在一定程度上增加了企业的时间和资金成本。

7. 金融支持不足，资金成本难控制

随着商用车国际化步伐的加快及深度本地化战略的实施，在海外融资、外汇交易、结算保值、出口信用保险、供应链金融及个人消费金融等领域的金融服务需求日益凸显。美、日、德等国家依托政策性金融和商业性金融机构，利用知识产权质押融资、出口项目专项融资、中小企业定向融资扶持、出口信用保险及融资担保等多种金融工具，为企业海外拓展提供有力支撑。然而，当前我国金融服务体系面临金融产品体系不健全、海外服务能力不足等挑战，尤其是针对商用车企业的定制化金融产品尚不成熟，海外消费信贷等业务资质缺失。企业往往依赖海外合作伙伴的推荐或本地领军企业合作来获取金融支持，导致资金成本难以控制、效率无法得到充分保障。综上所述，支撑商用车深度国际化发展的金融服务体系仍待完善。

8. 技术创新能力有待提高

尽管中国在新能源汽车电池技术领域处于领先地位，但在传统燃油车的关键技术层面，如动力总成、核心部件、整车集成技术以及排放控制等方面，与戴姆勒卡车、沃尔沃、传拓等国际一流企业相比，仍存在一定差距。尤其是中国商用车企业，面临更为严峻的技术创新压力。一方面，企业在基础研究、技术攻关和新产品开发上投入不足，直接制约了创新能力的提升；另一方面，关键零部件依赖进口，且对国外先进技术的消化吸收与创新改进力度不够。此外，人才培养和引进机制不够完善，使创新动力严重不足。这些问题制约了中国商用车行业的高质量发展。

9. 产能过剩与价格战影响行业发展

当前，中国商用车行业面临结构性产能过剩，国内市场饱和，各大车企纷纷加速海外布局，通过拓展渠道网络争夺全球市场份额，试图以出口消化过剩产能。然而，这种战略转向可能引发海外市场的价格竞争，导致不仅对企业自身的发展造成了冲击，也会影响整个行业的健康发展。

以摩托车行业为例，中国摩托车行业在东南亚市场的经历为商用车出口提供了参考。21世纪初，中国摩托车企业凭借价格优势迅速占领东南亚市场，但过度依赖低价策略导致产品质量下降和售后服务缺失，最终被日本品

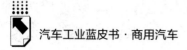

牌反超。数据显示，中国摩托车在越南市场的份额从巅峰时期的80%暴跌至目前的不足30%。这一案例警示商用车行业单纯依靠价格竞争难以实现可持续发展。中国商用车出海应当汲取经验，避免重蹈覆辙，通过提升产品竞争力、完善服务体系，推动国际化进程健康有序发展，而非陷入价格战的恶性循环。

（二）发展对策与建议

1. 进一步加强国际合作

为推动商用车国际化发展，加强国际合作十分关键。一方面，与国际知名商用车企业建立战略联盟，通过股权合作、技术共享等方式实现优势互补，如与欧洲企业合作提升产品品质，与东南亚企业合作开拓区域市场；另一方面，积极开展技术合作，与国际科研机构、高校及零部件供应商共同研发新能源、智能网联等前沿技术，降低研发成本与风险。同时，与当地经销商、服务商紧密合作，开拓市场，借助当地物流企业开展试点运营以优化产品性能；还要积极参与国际商用车标准的制定和修订工作，推动国内商用车标准与国际接轨，形成有利于商用车行业高质量发展的国际规则体系，提升国际话语权。

2. 不断创新，提升产品竞争力

为提升商用车产品竞争力，在技术创新与研发层面，企业应加大研发投入，设立专项研发资金，积极与高校、科研机构合作，搭建产学研联盟，联合攻关新能源、智能网联等前沿技术；同时聚焦核心技术突破，集中资源研发先进发动机技术、自动驾驶系统等核心技术，要构建以企业为主体、市场为导向、产学研用相结合的技术创新体系，完善激励机制，鼓励员工积极参与技术研发和创新。在产品开发方面，要聚焦市场需求，深入调研目标市场，全面了解当地法规标准、使用环境、用户偏好等，制定差异化产品策略，针对不同区域、不同细分市场推出差异化产品，满足多样化需求，并强化产品适应性改进，针对高温、高寒、高原等特殊环境进行优化，提升产品可靠性。在技术提升上，持续加大研发投入，提升自主研发能力，突破关键核心技术，打造具有自主知识产权的产品，大力发展智能驾驶、车联网等技术，提升产品科技含量和附加值，还要加快纯电动、混合动力、氢燃料电池等新能源商用车的研发和推广，抢占未来市场先机。

3. 积极探索，优化出口结构

为优化商用车出口结构，提升国际市场竞争力，一方面，要加大对高端、新能源及专用商用车的研发与出口投入力度。顺应国际市场对物流效率提升和环保要求趋严的趋势，重点发展重型牵引车、新能源公交车和环卫车等，同时降低低附加值、同质化产品的出口占比，提高智能网联商用车等高附加值产品的出口份额，满足客户对车辆智能化管理的需求，拓展利润空间。另一方面，在巩固亚非拉等传统出口市场的基础上，积极开拓欧美等发达国家和地区市场，深入研究各区域市场特点、政策法规与准入标准，制定差异化的市场进入策略，如针对欧美严格的排放标准和安全法规开发适配产品，结合新兴市场基础设施建设和经济发展需求提供相应商用车产品，实现市场多元化，降低对单一市场的依赖。

4. 做好顶层设计，强化政策支持引导

为助力中国商用车企业更好"走出去"，提升国际竞争力，一是要加强顶层设计，完善政策体系，制定商用车国际化发展战略规划，明确目标、重点领域和区域，引导企业有序开展国际化经营；二是要完善财税金融支持政策，加大出口信贷等金融支持力度，完善出口信用保险政策，给予海外投资并购税收优惠；三是要优化营商环境，提供便利化服务，简化审批流程，提高通关效率，加强海外投资保护，建立风险预警和防范机制，搭建公共服务平台，提供信息咨询等服务，如在二手车、新能源商用车、智能网联商用车、后市场服务等新领域，建立专项政策支持清单；四是加大对产业链协同出海的鼓励和支持力度，科学引导中国商用车企业和供应链企业等共同组团出海，发挥中国商用车产业链、规模优势，进一步提升我国商用车品牌海外竞争力。

5. 坚持品牌战略，做好体系能力建设

一是在政府层面，建议搭建交流合作平台，强化贸易促进活动开展，积极引导企业加强品牌建设、产品打造，加强与共建"一带一路"国家合作

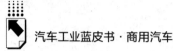

伙伴的全方位合作，共同讲好中国商用车品牌故事，实现由产品出海向品牌出海转变。二是在企业层面，建议商用车企业精准品牌定位，明确核心价值、差异化优势及目标市场。在目标市场，构建全面营销服务体系，包括高效经销商网络和优质售后服务，快速响应客户需求。同时通过国际车展展示最新科技与创新，利用社交媒体、精准广告等多元渠道加强品牌宣传，提升国际知名度，为长期国际化发展奠定基础。

6.实施质量战略，不断提升质量管理水平

质量是企业的基石与命脉，是衡量产品竞争力的核心要素。缺乏质量保障的产品在市场上难以立足，而卓越的质量则是企业在激烈竞争中脱颖而出的软实力。因此，必须将质量理念深植于心、践之于行，通过确保一流品质，驱动企业向高质量发展迈进。针对商用车领域的国际化战略发展，其路径可概括如下。一是车企应建立完善的质量管理体系，从供应商管理、生产过程控制、产品检测到售后服务等全流程实施严格的质量管控，引入先进的质量管理方法，如六西格玛管理、精益生产等，降低产品缺陷率，提高产品质量稳定性。加强对供应商的审核与管理，建立长期稳定的合作关系，确保零部件质量可靠。二是鼓励商用车企业开展国际认可的质量认证，如 ISO 9001 质量管理体系认证等，以及针对特定市场和产品的认证，如欧洲的 WVTA 认证、美国的 EPA 认证等，增强产品进入国际市场的通行能力。同时，加强国内商用车检测机构的建设，提升检测能力和技术水平，使其能够按照国际标准开展产品检测服务，为企业提供高效、准确的检测支持。三是企业搭建全球化质量反馈平台，及时收集国际市场客户对商用车产品的使用问题、需求和建议，建立快速响应机制，针对问题进行分析改进，优化产品设计和生产工艺。通过持续反馈与改进，提升产品质量，满足国际市场需求，增强产品竞争力。

B.9
商用车企业碳排放管理体系研究

摘 要： 在全球气候变化与中国"双碳"目标的战略背景下，商用车行业作为交通领域碳排放的关键少数，面临严峻的减排压力与多重挑战。本报告立足政策驱动与行业实践，对比国外先进经验，剖析国内商用车企业碳排放管理现状、问题与挑战，从产品实现、供应链、技术路线等维度系统分析企业碳排放管理体系的构建路径与技术创新方向。

关键词： "双碳"目标 商用车 碳排放管理

一 商用车碳排放管理背景

（一）中国碳达峰碳中和政策与行动

1. "双碳"目标的提出

在全球气候变化日益严峻的背景下，减少碳排放已成为国际社会的共识。中国作为负责任的大国，积极应对气候变化，在全球气候治理中发挥着重要作用。中国将力争 2030 年前实现碳达峰，2060 年前实现碳中和。"双碳"目标不仅是中国主动承担应对气候变化责任，对国际社会作出的庄严承诺；也是推动中国高质量发展的内在要求，将为中国经济社会发展全面绿色转型以及全球应对气候变化注入强劲动力。

2. 国家层面政策法规体系逐步完善

为落实"双碳"目标，中国将"双碳"工作贯穿于经济社会发展的全过程，制定了一系列政策措施，构建起碳达峰碳中和"1+N"政策体系

（见图 1）。"1"是国家层面发布的《关于完整准确全面贯彻新发展理念做好碳达峰碳中和工作的意见》和《2030 年前碳达峰行动方案》，作为"1+N"政策体系的顶层设计，提出碳达峰碳中和主要目标、"碳达峰十大行动"，明确要重点实施交通运输绿色低碳行动、要健全法律法规标准和统计监测体系等；"N"是重点领域和重点行业碳达峰实施方案和一系列支撑保障措施。

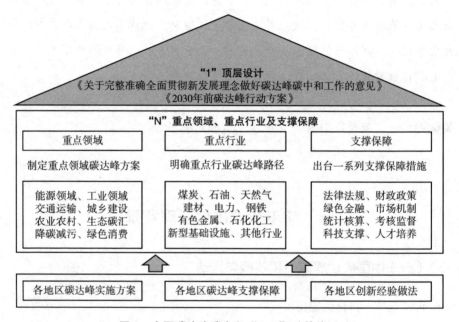

图 1　中国碳达峰碳中和"1+N"政策体系

资料来源：生态环境部环境与经济政策研究中心《中国碳达峰碳中和政策与行动（2023）》。

在碳排放核算与管理方面，我国碳排放权交易市场建设稳步推进。我国碳排放权交易机制自 2013 年试点探索。2024 年 2 月，国务院颁布《碳排放权交易管理暂行条例》，是中国应对气候变化领域的首部专项法规，明确了全国碳市场的制度框架，要求重点排放单位需定期提交温室气体排放报告并完成配额清缴，为碳排放权交易市场建设奠定了基础，推动企业加强碳排放管理、降低碳排放水平。

（二）交通领域碳排放的现状与要求

1.交通领域碳排放现状

交通领域是碳排放的重要来源之一。国际能源署（IEA）数据显示，2022年中国碳排放总量约为121亿吨，其中交通运输领域约占10.4%，是继电力（热力）和工业之后的第三大排放源，且近年来随着经济发展和交通需求的增长，其碳排放量呈增加趋势。

交通领域的碳排放主要来自公路、铁路、航空、水运等方式，其中，公路运输的碳排放占比最大，排放量占交通领域碳排放总量的87%（见图2）。商用车（货车和客车）是公路运输碳排放的主要来源，其保有量占汽车整体保有量的12%，但碳排放量占比高达56%（货车53%、客车3%）。重型货车由于行驶里程长、载重量大、发动机功率高，单位里程碳排放量大，是公路运输减排的重点对象。

2.交通领域碳排放管理部署

交通运输是我国减污降碳、协同增效的重点领域。进入"十四五"时期，我国先后发布《减污降碳协同增效实施方案》《绿色交通"十四五"发展规划》《柴油货车污染治理攻坚战行动方案》等多项政策，围绕加快绿色交通基础建设、推动运输工具装备低碳转型、优化运输结构等方面进行了一系列工作部署。2024年5月，国务院发布《2024~2025年节能降碳行动方案》（以下简称《方案》），加大节能降碳工作推进力度，为交通领域迈向零排放按下加速键。《方案》提出：推进交通运输装备低碳转型，到2025年底，交通运输领域二氧化碳排放强度较2020年降低5%。

（三）商用车企业碳排放管理势在必行

1.商用车行业减碳压力大

在"双碳"目标约束下，商用车行业作为交通领域碳排放管理重点行业，面临巨大的减排压力与转型挑战。一方面，我国商用车市场保有规模持续增长，车用燃料以柴油、天然气等化石能源为主，新能源商用车尚处于发

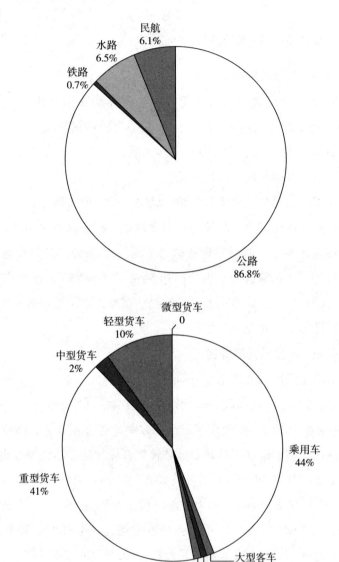

图 2　2022 年各领域碳排放结构与汽车产业碳排放结构

展阶段，导致商用车碳排放量逐年提升；另一方面，受运输场景复杂、技术路线多样、基础设施建设等限制，尽管 2024 年新能源商用车已进入发展快车道，销量达到 57.6 万辆，渗透率提升至 14.9%，但与新能源乘用车超过

50%的渗透率相比，仍有较大差距。

2. 商用车企业面临多重挑战

加强碳排放管理体系建设，是商用车企业应对多重挑战的必然选择。当前，商用车企业面临政策法规与国际竞争双重压力。一方面，欧盟等市场已通过碳关税、严格的排放标准等机制抬高准入壁垒；另一方面，2024年5月，生态环境部发布《关于建立碳足迹管理体系的实施方案》，明确将新能源汽车（含商用车）列为重点产品，要求制定产品碳足迹核算标准，推动企业开展全生命周期碳足迹评价。缺乏统一碳管理标准的企业将面临出口受限、合规成本攀升等风险。

商用车企业亟须构建覆盖"生产—运营—回收"的全生命周期碳管理体系，以应对政策法规、排放溯源等多维挑战，实现绿色竞争力提升。

二　国外商用车先进企业碳排放管理情况

（一）欧盟排放法规体系的深化与创新

欧盟作为全球商用车碳排放管理的引领者，已构建起以欧六标准为核心、碳排放交易体系（ETS）为补充、ISO国际标准为支撑的多层次法规框架。

1. 欧六标准的动态演进与技术创新要求

欧六标准通过引入全球统一轻型车测试程序（WLTP）和实际驾驶排放测试（RDE），显著提升了排放监管的严谨性。根据2024年丹麦环境与能源中心报告，欧六d-TEMP阶段（2019年实施）要求新车氮氧化物（NOx）排放限值较新欧洲驾驶循环（NEDC）基准下降50%，且需通过车载排放测试系统（PEMS）在真实路况下验证。对于轻型商用车，欧盟依据车辆质量实施差异化管控：质量<1305kg的车辆采用统一限值但分阶段实施，而重型商用车（卡车、客车）则采用克/千瓦时（g/kWh）的发动机排放限值，测试方法升级为世界统一稳态循环（WHSC）和瞬态循环

（WHTC）。此外，燃料硫含量被严格限制至10ppm，推动柴油清洁化技术迭代。

2. 碳排放交易体系（ETS）的扩展与市场激励

欧盟通过"Fit for 55"气候法案将商用车纳入ETS II框架，设定分阶段减排目标：2030年较2019年减少45%、2035年减少65%、2040年减少90%。该体系通过碳配额拍卖与交易机制，对超标企业施以每克CO_2 95欧元的罚款，同时允许企业通过碳积分抵消排放。例如，沃尔沃集团通过投资氢能卡车项目获得额外配额，2023年其零排放车辆占比已达15%。

（二）ISO国际标准在企业碳管理中的推广应用

ISO 14064标准已成为全球商用车企业碳核算的通用语言，其应用呈现三大特征。

1. 全生命周期管理的系统性

戴姆勒集团通过ISO 14064-1建立组织级碳排放清单，覆盖研发、生产、物流、回收全链条。2022年数据显示，其欧洲工厂通过绿电采购使范围二排放降低78%，供应链碳强度较2019年下降23%。沃尔沃则依据ISO 14064-3开展第三方核查，2023年发布的碳足迹报告显示，电动卡车全生命周期碳排放较柴油车型减少62%。

2. 供应链协同的强制性

欧盟法规（EU）2023/955要求主机厂对Tier 1供应商实施碳审计。戴姆勒将材料碳足迹纳入采购决策，要求2030年前核心供应商碳排放强度下降30%，并通过区块链技术实现钢铁、铝材等大宗原料的溯源管理。

3. 数据透明化的制度性

斯堪尼亚采用ISO 14064-2开发碳资产管理平台，实时监测全球37个生产基地的能耗数据，其2024年可持续发展报告显示，数据采集自动化率已达92%，核算偏差率控制在±1.5%以内。

（三）典型企业的战略实践与技术创新

1. 戴姆勒的碳中和路线图

戴姆勒的技术路线：实施"双轨战略"——电池电动与氢燃料电池并行。2023 年交付 3443 辆零排放卡车，氢能重卡续航突破 1000 公里。生产转型：2025 年前实现北美工厂 100%绿电供应，2030 年生产环节碳排放较 2018 年减少 80%。

生态共建：与马斯达尔合作建设液态氢供应链，预计 2026 年形成年产 5 万吨绿氢能力。

2. 沃尔沃的碳定价内生化机制

2024 年起将内部碳价提升至 120 欧元/吨，驱动研发投入向低碳技术倾斜。其 FH Electric 车型采用碳纤维增强电池包，能量密度提升 27%，整车减重 400kg，单公里碳成本下降 0.18 欧元。

（四）政策工具的创新趋势

欧盟通过"创新基金"支持商用车低碳技术研发，2023 年拨款 12 亿欧元用于固态电池、氢内燃机等前沿领域。同时建立"碳边界调整机制"（CBAM），对进口商用车零部件征收每吨 CO_2 60 欧元的关税，倒逼全球供应链转型。

（五）挑战与启示

尽管欧盟体系较为完善，仍面临三大约束。一是测试周期与实际排放的偏差：RDE 符合系数需从 1.5 压缩至 1.0。二是中小型物流企业碳管理能力不足，仅 28%的企业具备完整核算体系。三是基础设施滞后：欧盟 2030 年需新增 280 万座充电桩，当前建设进度仅完成 43%。

这些实践表明，碳排放管理需实现"标准—市场—技术"的三元协同，通过法规强制、经济激励和技术赋能构建闭环体系，为全球商用车低碳转型提供制度样本。

三　国内商用车企业碳排放管理现状

（一）国内商用车碳排放管理现状

截至 2025 年，我国已初步形成以碳排放权交易机制为核心、燃料消耗量标准为技术抓手、新能源推广为转型路径的综合性政策体系，推动商用车行业朝绿色低碳方向加速转型。

1. 碳排放管理体系逐步完善

2024 年 5 月，《碳排放权交易管理暂行条例》正式实施，标志着碳市场进入法治化、规范化阶段。

尽管商用车行业尚未被正式纳入全国碳市场，但其减排压力已显著提升，政策层面正积极探索商用车碳积分制度。全国政协委员李书福建议，参照乘用车"双积分"模式，制定商用车碳积分管理办法，通过市场奖惩机制推动企业技术升级。此外，部分企业已尝试通过碳交易试点项目参与减排，如远程新能源商用车集团通过全生命周期碳管理，实现 2022 年碳排放总量同比下降 9.3%。

2. 燃料消耗量限值标准持续加严

燃料消耗量限值标准是商用车节能减排的关键技术政策。2024 年，《轻型商用车辆燃料消耗量限值及评价指标》分阶段实施，要求第二阶段目标实现后，行业平均油耗降低 5%~10%。同年 10 月，《重型商用车辆燃料消耗量限值》新标发布，限值较上一版加严 12%~16%，并新增 CO_2 排放参考值计算方法。截至 2024 年，69% 的轻型卡车和 88% 的轻型客车已满足第一阶段限值，但第二阶段达标仍需技术突破。

为提升行业能效，第四阶段标准引入企业平均燃料消耗量（CAFC）管理模式，将单车限值加严 10%，并纳入新能源车型核算。此举推动企业加速轻量化、低滚阻技术研发，同时倒逼高油耗车型淘汰。例如，一汽解放通过优化发动机热效率与混合动力技术，实现重型商用车运营阶段碳排放占比从 75%逐步下降。

3. 新能源商用车推广政策强化减排关联性

新能源商用车是交通领域减碳的核心。国家层面,《2030 年前碳达峰行动方案》提出"推动城市公共服务车辆电动化替代,推广电力、氢燃料重型货运车辆";工业和信息化部明确到 2030 年商用车新车碳排放强度较 2020 年下降 20%以上。地方层面,成都市对氢燃料电池商用车置换给予最高 1.6 万元/辆奖励,四川省将新能源货车高速公路通行费优惠提升至 20%。北京市则通过开放路权、充换电设施布局等措施,推动物流车"油换电"。在政策驱动下,新能源商用车渗透率快速提升。远程新能源等企业提出"2025 年运营碳中和、2030 年全生命周期碳中和"目标,通过碳足迹核算与清洁能源应用减少排放。

4. 碳排放核算标准体系初步构建

碳排放核算是企业碳管理的基础。2024 年 10 月,国家发展改革委等八部门发布《完善碳排放统计核算体系工作方案》,要求建立覆盖国家、行业、企业的三级核算体系。同期,"电动汽车产品碳足迹核算标准""整车制造企业温室气体排放核算标准"等五项国标获批立项,为企业提供了全生命周期碳管理依据。

然而,商用车碳排放核算仍面临挑战:一是车型复杂导致排放因子数据库不完善;二是使用环节数据采集难度大;三是国际互认体系尚未建立。

5. 现存问题与行业痛点

尽管政策框架初具规模,商用车碳排放管理仍存在以下短板。

核算体系不完善:缺乏统一的碳排放计量标准与数据平台,企业碳足迹核算准确性受限。

技术瓶颈待突破:传统燃油车节能技术边际效益递减,新能源商用车在续航、成本、基础设施方面尚未完全成熟。

市场机制待激活:碳交易价格波动大,商用车积分政策滞后,企业减排动力不足。

（二）国内商用车企业减排管理体系建设情况

尽管商用车行业集中度较低（前十大企业市场占有率不足 50%），但头部企业如福田汽车、东风商用车、江淮汽车等已率先启动碳排放管理体系建设。

1. 领先企业减排管理体系实践

（1）体系建设时间与路径

东风商用车 2016 年启动碳排放权交易准备，2017 年参与全国碳市场；福田汽车 2023 年构建"三级管理体系"，涵盖战略规划、职能管理及工厂落地；江汽集团 2025 年成为汽车行业首个通过《碳管理体系要求》认证的企业；北汽集团自 2013 年起组织在京企业碳核查与交易履约，累计投入数十亿元建设 13 家国家级绿色工厂；吉利控股 2023 年完成路特斯科技、远程新能源商用车等子公司的碳管理体系建设。

（2）管理架构创新

组织模式：福田汽车设立"双碳管理委员会"虚拟组织，实现跨部门协同；长安汽车构建"123551"体系，设置领导小组、业务协调组及 6 个专项工作组。

技术路径：江汽集团开发可视化碳管理数字化平台，整合全生命周期碳排放数据；奇瑞汽车首创"范围 1~3"碳排放核算专利模型，覆盖供应链排放源。

供应链协同：福田汽车 2024 年将"低碳供应商评价"纳入管理体系，推动 600 余款供应链产品碳足迹数据采集；吉利控股通过"吉碳云"平台联动上下游企业。

2. 行业整体进展与不足

（1）建设成效

头部企业减排目标明确：福田汽车计划 2028 年碳达峰、2050 年全价值链碳中和；北汽集团设定 2025 年产品碳排放较 2020 年下降 33%。技术创新成果显著：东风商用车实现电池、电驱等核心部件自主产业化；远程新能源商用车推出"醇氢+电动"综合解决方案，碳排放降低 42%。

（2）现存短板

体系覆盖不足：仅约15%的商用车企业建立完整碳排放管理体系，中小型企业仍依赖政府强制监管。数据基础薄弱：2022年调研显示，仅吉利控股完整披露范围1~3碳排放数据，北汽、奇瑞等企业尚未公开。技术成本制约：新能源重卡购置成本较传统车型高200%~300%，换电/氢能基础设施覆盖率不足5%。标准协同滞后：燃料消耗限值标准与欧盟、美国存在差距，第四阶段标准减排幅度仅12%~16%，而欧盟要求2030年商用车减排45%。

当前国内商用车企业碳排放管理呈现"头部引领、中部跟进、尾部滞后"的格局。随着《碳排放权交易管理暂行条例》实施及欧盟碳边境调节机制（CBAM）倒逼，2025~2030年将成为体系建设关键期。

四　商用车产品实现及供应链碳排放管理分析

（一）产品策划—研发端—生产端碳排放管理

产品策划、研发、生产环节是商用车迈向低碳、零碳目标的起点，也是落实全生命周期碳管理的核心所在。全面评估和管理产品的碳排放，需企业构建产品策划—研发—生产全过程的碳排放管理体系。

1.产品研发端

吉利远程商用车在研发初期就对新产品制定了碳足迹下降指标，并通过提高再生材料使用比例，研究生物基等低碳材料，车体及零部件采用"双易"（易回收、易拆解）设计，减少材料端碳排放。动力设计上，通过提升动力系统和传动系统效率，车路协同，降低风阻滚阻等，全栈自研三电技术，实现三电系统轻量化、高效率转变，最终提升车辆能效，减少使用端碳排放。

一汽解放着力研发并提高可持续材料的使用比例。在车辆内饰方面，成功试制竹纤维复合内饰板材，打造健康环保的内饰空间；针对挡泥板、门板等零部件，应用稻壳基生物质填料改性聚丙烯技术，实现材料的可再生利用与产品的轻量化。

2. 产品生产端

商用车行业减少碳排放的主要途径包括节能降耗与可再生能源替代。开展节能降耗项目是整车工厂的核心工作之一，能够实现节能、降本与减碳的协同效应，因此企业积极性较高。然而，对于部分虽能降碳但无法降低成本的项目，如高增温潜势冷媒替代项目，推进过程中存在较大阻力。在可再生能源替代方面，整车厂普遍采用光伏，在不配储能的情况下也能实现较高的消纳率。

吉利远程商用车在制造基地引入高规格系统设备，在条件允许的基地100%投资建设光伏系统，既节约能源与材料，又减少其他有害物质排放。同时，以绿色工厂和零碳工厂认证为契机，持续投入并升级节能环保工艺与设备：在基地全面落实绿色建造创新措施，厂区所有单体均达到绿色建筑一星级评价标准，并应用了智能照明控制系统、竹缠绕复合排水管、保温装饰一体化外墙系统、空气源热泵辅助加热太阳能热水系统以及绿化节水灌溉系统等绿色节能技术。

东风商用车致力于提升能源管理水平，通过淘汰落后机电设备降低能源消耗，并不断优化能源管理方式，进一步提高能源利用效率。

（二）供应链碳排放管理

供应链碳排放管理是商用车全生命周期碳管理面临的难点与痛点。商用车供应链长，供应商能力参差不齐，价值链溢价较低，导致碳管理任务艰巨、基础薄弱、投入不足。

吉利远程商用车积极推进供应端碳排放管理，引导供应链企业实现绿色转型。通过制度建设与合作赋能等方式，提升供应商的碳管理能力。对供应商进行重要层级排序，对关键供应商在再生材料、轻量化、双易设计及包装材料循环比例等方面提出明确要求，并通过绿电使用及对核心电池供应商的碳足迹管控，带动供应商减少碳排放。此外，吉利远程商用车已部署碳管理数字化平台，计划进一步扩大供应商碳排放数据的收集与分析范围，并将其纳入供应商 ESG 考核指标体系。

北汽福田以公司"双碳"战略规划为导向，围绕原材料、重点零部件、供应物流及零部件绿色包装等方面，通过实施绿色供应商认证、强化碳排放重点模块供应商管理等措施，加速绿色供应链建设。

（三）运营端/使用端碳管理

商用车运营端/使用端碳排放量占全生命周期碳排放量的90%以上，是降碳的核心环节。同时，运营端/使用端也是降碳收益变现的主要环节。欧盟、加州、澳大利亚碳积分制度均以运营端/使用端碳排放为基础。目前国际碳资产开发也多针对运营端/使用端。

在商用车使用端，吉利远程商用车自主研发了车载二氧化碳捕集系统"吉利碳仓"，实时捕捉车辆排放的二氧化碳，经回收后循环利用，通过二氧化碳加氢技术催化合成绿色低碳甲醇，供给甲醇汽车使用，从而实现二氧化碳的循环使用及汽车碳排放的降低。目前吉利远程商用车已在49吨甲醇重卡上完成"吉利碳仓"样车的试制及实车测试，下一步将根据实车测试结果不断优化完善系统设计，最终实现"吉利碳仓"的产业化和规模化，为减少汽车碳排放和实现"双碳"目标贡献力量。

同时，吉利远程商用车成立了绿色慧联、万物友好及阳光铭岛等服务平台，全方位助力碳中和物流建设。吉利远程商用车深入研究国内外减排方法学，开发碳减排资产，以获取持续碳收益。目前，绿色慧联VCS项目已完成首次签发，该项目是商用车领域国内首个、亚洲最大的VCS碳资产开发项目，为商用车行业碳资产开发提供了成功范例。此外，万物友好成功申报交通运输部零碳路线试点项目，构建绿色纯电物流生态系统。

（四）回收再利用/再制造端碳管理

回收再利用/再制造端碳排放量虽然占商用车全生命周期碳排放量比例不高，但是实现循环材料利用构成全价值链闭环的必要环节。目前中国报废机动车回收数量及重量迅速增长，但处理方式简单粗暴，未能真正实现回收整车/零部件的经济价值和生态价值。

吉利远程商用车依托 EPR（生产者责任延伸制度）项目，推动汽车零部件与整车回收体系建设，提高材料循环利用率，深化自身产业链节能减排工作。在循环回收体系建设方面，建立了报废汽车回收、废旧动力蓄电池回收和废旧零部件逆向回收三大体系。目前已设立多家回收网点，实现 100% 电池溯源，并与报废汽车回收拆解企业及废旧动力电池回收企业签署合作协议，确保报废车辆及废旧动力电池进入合规网点进行处理。目前远程 SuperVAN 最高可满足可再生利用率（Rcyc）95.5%、可回收利用率（Rcov）97.1% 的要求，并获得可再生材料认证。研究表明，零部件再制造可节约 50% 的成本、70% 的材料，并减排 80% 以上。

五　商用车企业碳排放技术路径及发展趋势

（一）新能源技术的持续创新与突破方向

1. 纯电动技术

商用车领域，纯电动技术近年来取得了显著进展。电池能量密度的提升是关键突破方向之一，如宁德时代推出的天行重型商用车系列电池，其长续航版能量密度达到行业最高的 220Wh/kg，该版本电池首次实现了 1000 千瓦时电的全底盘布置，续航里程高达 800 公里，打破了电动重卡长途应用的限制。

固态电池有望成为未来的发展重点。固态电池采用固态电解质，相比传统的液态电解质，具有更高的能量密度、更快的充电速度以及更好的安全性。预计 2027 ~ 2030 年，固态电池的能量密度将进一步提升，有望达到400 ~ 500Wh/kg，将显著提高纯电动商用车的续航里程，更好地满足长途运输和重载工况的需求。

超充技术的发展使充电时间大幅缩短。天行重型商用车系列电池的超充版具备高达 4C 的超充能力，15 分钟即可补充 70% 的电量，这大大提高了车辆的运营效率，尤其是在矿区运输和渣土搅拌等场景中，能够满足车辆频繁使用的需求。

随着技术的成熟和规模化生产，电池成本逐渐降低，也使纯电动商用车的性价比不断提高。未来，随着固态电池、超充等新型电池技术的研发和应用，纯电动商用车的性能和成本优势将更加明显，纯电动商用车有望拓展物流、快递快运等中长途领域。

2. 氢燃料电池技术

氢燃料电池技术被视为商用车实现零排放的重要技术路径之一。目前，我国在氢燃料电池技术方面取得了一定的成果，关键技术水平不断提升。部分公司已将燃料电池功率密度提升到 4kW/L 以上，国内氢燃料电池催化剂的铂载量为 0.3~0.4g/kW，在降低铂含量方面取得了突破性进展。然而，氢燃料电池技术目前仍面临成本较高的问题，燃料电池由电堆、空气压缩机、加湿器和 H2 循环泵等系统部件构成，其中电堆成本约占燃料电池成本的 60%。

加氢基础设施建设也是氢燃料电池商用车发展的重要支撑。截至 2024 年底，我国已建设 540 余座加氢站，数量居全球首位，但区域分布高度不均衡，主要集中于广东、上海、山东等氢能试点省市，中西部及长途运输干线覆盖严重不足。加氢站建设成本高昂（单站投资超 2000 万元）、运营成本居高不下（氢气终端售价达 40~60 元/千克，达到 28 元/千克时，氢燃料重卡使用成本与燃油车持平），叠加氢气储运技术瓶颈（高压气态储运占比超90%，液氢、有机液态储氢技术尚未大规模应用），导致商用车加氢便利性差、使用成本显著高于传统燃油车。此外，加氢站审批流程复杂、土地资源紧张、安全监管标准不完善等问题，进一步延缓了基础设施布局进度。

3. 混合动力技术

混合动力技术在商用车上的应用具有显著优势。在节能降耗方面，混动重卡可根据不同路况和载重需求自动切换驱动模式，有效降低燃油消耗。在动力性能上，在重载和爬坡等工况下，混动重卡可"智能"切换驱动模式，实现高效能量转换，确保车辆拥有强劲的动力输出，电驱动系统能够在瞬间提供强大的扭矩输出，从而使车辆在起步、加速和爬坡等工况下的动力表现更为出色。然而，混合动力技术在商用车上的发展也面临一些挑战。混动重卡需要配装柴油机和电机两套动力系统，购车成本远高于燃油重卡，高昂的初期投入成为制约其大规模推广应用的重要因素之一。

（二）内燃机减排技术的未来发展趋势

1. 传统内燃机

传统内燃机在商用车领域仍占据重要地位，为了满足日益严格的排放法规和节能减排要求，其在提高燃烧效率、降低排放等方面不断进行技术改进。

在燃烧技术方面，通过优化燃烧室设计、改进喷油系统和进气系统等措施，燃油与空气能够更充分地混合和燃烧，从而提高燃烧效率、减少能源浪费。采用缸内直喷技术，能够更精确地控制燃油喷射量和喷射时间，实现更稀薄的燃烧，提高燃油经济性；应用可变气门正时和升程技术，可以根据发动机的工况实时调整气门的开启时间和升程，优化进气和排气过程，提高燃烧效率。

在排放控制技术方面，不断研发和应用更高效的尾气后处理技术。选择性催化还原（SCR）技术通过向尾气中喷射尿素溶液，将氮氧化物还原为氮气和水，有效降低了氮氧化物的排放；颗粒物捕集器（DPF）则可以捕捉尾气中的颗粒物，减少其排放。未来，传统内燃机将继续朝着高效、清洁的方向发展，通过技术创新不断提升性能、减少排放。

2. 醇氢及低碳零碳燃料内燃机

在零碳燃料应用方面，氢燃料和氨燃料在内燃机中的应用将取得进展。醇类燃料（如甲醇、乙醇）具有来源广泛、含氧量高、燃烧清洁等特点，能够有效减少尾气中的碳氢化合物和颗粒物排放。氢燃料内燃机则以氢气为燃料，燃烧产物仅为水，实现了真正意义上的零排放。随着氢制取、储存和运输技术的不断完善，以及加氢基础设施的逐步普及，氢燃料内燃机的应用范围将不断扩大。氨燃料作为一种低碳燃料，其在内燃机中的应用研究也将持续深入，通过改进燃烧系统和尾气处理技术，减少氨燃料燃烧过程中的氮氧化物排放，提高其在商用车领域的适用性。

预计未来在城市公交、短途物流等领域，醇氢内燃机商用车将有一定的应用空间。这些场景对车辆的排放要求较高，且行驶路线相对固定，便于燃料的供应和补充。但在推广应用过程中，还面临成本较高、燃料供应基础设施不完善等挑战，需要政府、企业和科研机构共同努力，加强技术研发和基础设施建设，推动其商业化应用。

六　商用车企业碳排放管理面临的问题和挑战

（一）政策与市场不确定性

政策方面，各地针对商用车碳排放的政策法规不断更新，标准日益严格。但政策细节、执行力度以及未来走向存在不确定性。例如，由于补贴政策的退坡节奏不明确、国七标准发布时间不确定等，企业难以精准规划长期减排战略。市场上，成本因素、续航焦虑、基础设施不完善等影响，导致不同场景下新能源商用车技术路线的多样。企业难以依据不稳定的市场需求来合理安排生产规模与研发投入，增加了碳排放管理的难度。

（二）数据获取难度大

准确的碳排放数据是有效管理的基础。但商用车行驶路线复杂、工况多样，收集全面且精确的数据面临挑战。一方面，车辆在不同路况、载重下的碳排放数据差异显著，现有监测设备难以实时、准确采集；另一方面，部分老旧车辆缺乏数据采集与传输装置，需额外投入大量资金进行改装。此外，数据整合也存在困难，企业内部不同部门以及供应链上下游的数据格式、统计口径不一致，导致数据汇总与分析效率低下，影响碳排放管理决策的科学性。

（三）供应链协同问题

商用车供应链冗长复杂，涉及零部件供应商、整车制造商、物流企业等众多环节。各环节企业在碳排放管理目标与行动上存在差异，协同难度大。部分零部件供应商环保意识淡薄，生产过程中碳排放较高，而整车制造商难以对其进行有效监督与管控。同时，物流运输环节的碳排放管理也缺乏统一规划，不同运输方式、物流企业之间未能形成高效协同机制，增加了整个供应链的碳排放总量，不利于商用车企业整体实现减排目标。

（四）技术创新成本

为降低碳排放，商用车企业需不断投入资金进行技术创新，如研发新能源动力系统、优化发动机燃烧技术等。但技术研发前期投入巨大，研发周期长、风险高。以氢燃料电池技术为例，从实验室研究到产业化应用，需大量资金用于技术攻关、设备购置以及人才培养。高昂的技术创新成本给企业带来沉重的财务负担，尤其对于中小企业而言，可能因资金短缺而无法开展必要的技术研发，制约商用车行业碳排放管理技术水平的提升。

（五）减排收益难量化

虽然商用车企业通过减排可带来环境效益，但在经济效益方面，减排收益难以准确量化。企业投入资金进行减排改造后，短期内可能无法直接从市场上获得相应回报。例如，采用更环保的生产工艺将导致产品成本上升，在市场价格竞争激烈的情况下，企业难以将增加的成本转嫁给消费者。此外，碳交易市场尚不完善，企业通过减排获得的碳配额收益不稳定，且计算复杂，难以清晰衡量减排行动对企业财务状况的实际改善程度，影响企业开展碳排放管理工作的积极性。

七 商用车企业碳排放管理体系建设方案

（一）加强政策研究与市场分析

1. 政策研究的核心方向

（1）国际法规对标与借鉴

欧盟 *Fit for 55* 法案提出到 2035 年全面禁售燃油车，并设定 2030 年商用车碳排放较 2020 年降低 45% 的阶段性目标；欧盟碳边境调节机制（CBAM）筑起贸易壁垒，要求进口商报告产品隐含碳排放。美国加州《先进清洁卡车法规》通过电动化比例目标和技术路线分类，推动零排放车辆占比提升。中国企业需重点研究此类政策工具，探索碳积分、碳足迹核算等机制的本地化应用，提前应对产品碳足迹披露要求。

（2）国内政策动态响应

国内已形成以《碳排放权交易管理暂行条例》为核心的碳市场框架，商用车行业虽尚未纳入全国碳市场，但地方试点和行业专项政策已逐步落地。例如，国务院提出"双积分"政策向商用车延伸的构想，未来可能通过"碳积分+碳补贴"组合机制，激励新能源车型研发。

2.市场分析的策略框架

（1）需求场景细分与技术适配

商用车应用场景复杂，细分领域超过200个，不同场景对技术路径的选择差异显著。例如，城市物流：纯电动与换电模式因补能效率高、路权优势明显，渗透率快速提升。长途运输：氢燃料电池和甲醇燃料因续航能力突出，成为技术突破口。企业需结合场景特征，制定差异化技术路线图，并通过试点项目验证经济性。

（2）成本—效益动态评估

新能源商用车成本受电池价格、基础设施覆盖率影响显著。2023年国补退坡后，纯电轻卡成本上升1.0万~2.8万元，但换电模式通过"车电分离"降低初始购置成本。企业需建立成本敏感性模型，量化政策激励（如路权开放、碳积分交易）对市场需求的拉动效应。

商用车企业的政策研究与市场分析需实现"三个贯通"：贯通国际经验与本土实践、贯通技术路线与经济模型、贯通短期应对与长期战略。通过构建"政策数据库—市场分析模型—决策支持系统"的全链条能力，企业可在碳约束市场中抢占先机。

（二）建立碳排放数据管理体系

1.碳排放核算体系的标准化建设

（1）数据标准化

数据标准化方面，积极借鉴国际标准。当前ISO已成为全球商用车企业碳核算的通用语言，要求企业按"直接排放、间接排放、价值链排放"分级核算，确保数据完整性与可追溯性。通过 LRQA 等机构核查第三方核证，提升碳数据可信度，支撑国际碳资产开发。

（2）碳排放核算框架

商用车企业需基于国际国内方法学，建立覆盖车辆全生命周期的碳排放核算框架。根据《商用车碳中和技术路线图 1.0》，商用车使用环节碳排放占比超 55%，因此核算边界需重点覆盖运行阶段直接排放，同时纳入制造、供应链及回收环节的间接排放。核算方法可结合"自下而上"行驶里程法，参考 GB/T 27840-2011、GB 27999-2019 等标准，通过油耗转化或实际道路测试获取排放因子。此外，需引入国际模型如 COPERT、MOVES 优化空间尺度分析能力，弥补国内模型应用短板。

2. 数据监测与质量管控

企业需建立碳排放数据质量管理体系，包括在监测设备部署方面，安装能耗在线监测系统，实时采集生产、运营环节关键参数，确保数据准确性。

3. 数据共享与平台建设

在数字化平台建设方面，构建企业级碳管理平台，整合生产、运营、供应链数据，实现碳排放在线监测与预警，实现减排收益动态可视化。企业可通过"吉碳云"等数字化工具，实现碳盘查、碳交易与 ESG 管理的集成。

4. 认证与评估工具的应用

企业需通过 ISO 14067（产品碳足迹）、ISO 14068（碳中和）等认证，提升体系国际认可度。同时，参与 CCER 项目开发，将减排量转化为碳资产，增强市场竞争力。

完善的碳排放数据管理体系是商用车行业实现低碳转型的基石。通过核算标准化、目标科学化、技术多元化、数据精细化及政策协同化，企业可构建覆盖"监测—核算—减排—认证"的全流程管理闭环，推动行业迈向碳中和。

（三）推动供应链协同

1. 供应链协同减排的关键路径

（1）供应商低碳化管理

商用车企业需将低碳要求嵌入供应商准入与考核体系。例如，福田汽车率先将"低碳供应商评价"纳入管理体系，通过数字化工具收集超过600款供应链产品的碳足迹数据。国际案例中，宝马集团要求供应商2030年较2019年减少20%碳排放，沃尔沃则要求一级供应商2025年前100%使用可再生能源。企业可通过签订低碳承诺书、提供减排技术支持等方式，推动供应商制定科学碳目标（SBTi）。

（2）物流与库存优化

通过绿色物流技术与网络规划减少运输环节碳排放。例如，采用电动或氢能车辆替代传统燃油运输工具，优化配送路径以降低空驶率。研究表明，混合整数规划模型可协调分销与库存管理，在降低运输成本的同时减少碳排放。吉利商用车与雀巢中国的合作案例表明，整合智慧物流方案（如"天地一体化"系统）可提升运输效率并实现全链条碳减排。

（3）材料与工艺创新

推动低碳材料替代（如绿钢、再生铝）和低碳生产工艺应用。北汽福田通过建设零碳工厂、部署绿电，显著减少生产环节碳排放。国际车企如大众集团与供应商合作开发绿钢技术，通过循环经济模式减少资源消耗。此外，区块链技术可增强原材料溯源能力，确保供应链ESG数据透明。

2. 协同机制的实施难点与对策

数据共享壁垒。商用车供应链涉及多级供应商，数据采集边界模糊。建议构建行业级碳排放数据平台，采用区块链技术确保数据真实性与隐私保护。

成本分摊矛盾。低碳技术投入可能增加供应商成本，导致合作意愿不足。研究表明，政府补贴可有效激励供应链减排：对制造商直接补贴可提升减排率15%~20%，而补贴零售商则通过降价扩大市场。此外，碳交易机制可将减排绩效转化为经济收益，例如碳积分与碳市场互通。

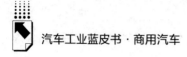
3.政策与行业协同建议

完善标准体系。加快制定商用车碳积分管理办法，覆盖全生命周期碳排放核算。参考欧盟《可持续供应链项目》（DS），推动供应链成员采用统一的 ESG 标准。

强化激励机制。对采用绿电、低碳材料的供应商给予税收减免或优先采购权。试点"事前补贴+事后奖励"模式，例如对零碳工厂基建给予财政支持，对减排绩效达标企业发放碳配额。

构建产业生态。行业协会需牵头建立供应链碳减排联盟，发布核心供应商碳足迹白皮书，避免重复核算与"洗绿"行为。

供应链协同减排是商用车行业实现碳中和的必由之路。企业需从战略层面整合供应商管理、技术创新与政策响应，构建"标准引领—技术驱动—利益共享"的协同机制。

（四）加大技术创新投入

1.技术创新方向与政策驱动

（1）新能源动力系统

在电动化技术方面，纯电动、燃料电池及混合动力技术是当前主流方向。例如，比亚迪通过全产业链核心技术布局，实现纯电动商用车全球累计交付超 9.5 万辆，2023 年销量同比激增 386%。在零碳燃料技术方面，氢能、氨能等零碳燃料技术成为新兴方向。潍柴集团依托国家燃料电池技术创新中心，推动氢燃料电池商用车规模化应用，2022 年完成 200 辆氢能车辆交付。

（2）轻量化与能效优化

采用高强度钢、碳纤维复合材料等轻量化材料可降低能耗 10%~15%。法士特通过变速器轻量化技术，年节油 450 万吨，减少二氧化碳排放 618 万吨。智能网联技术（如车路协同、自动驾驶）可提高运输效率、降低空驶率。北汽福田开发的 AMT 重型商用车工况构建技术，显著提升了动力总成匹配效率。

2. 企业实践与成本效益分析

典型案例与减排成效。比亚迪通过电池、电机、电控全栈自研，其纯电动重卡在港口、矿山等场景实现零排放运营，2023 年新能源重卡销量同比暴涨 960%。

投资回报模型。总拥有成本（TCO）模型方面，TRANS 课题组预测，乐观情景下新能源商用车 TCO 将于 2030 年与传统燃油车持平，其中电池成本下降与政策补贴是关键变量。换电模式经济性方面，重卡换电站投资回收周期约 5 年，电池租赁与梯次利用可进一步降低用户初始成本。氢燃料重卡在长途运输场景的回本周期预计 2025 年与柴油车持平。

3. 政策建议与激励机制

优化财税与市场激励。加大研发补贴与税收减免，重点支持固态电池、氢能系统等"卡脖子"技术。

构建产学研协同生态。鼓励车企与高校、科研机构共建实验室（如法士特设立多个技术中心），加速技术产业化。推动国际标准互认，参与全球碳核算体系对接，提升技术出口竞争力。

技术创新是商用车行业实现碳中和的核心驱动力。企业需以场景需求为导向，结合政策支持与市场机制，持续加大研发投入，构建多元化技术路径。

（五）量化减排收益

1. 量化减排收益的必要性与方法论

全生命周期视角的收益边界。商用车碳排放涵盖车辆周期（材料生产、制造、回收）与燃料周期（能源生产、使用）两个阶段。量化需采用"全链条分析法"，结合 ISO 14064 标准确定核算边界，确保数据可比性与透明度。

经济模型与成本效益分析。常用模型如下。GREET 模型：基于全生命周期分析，核算不同技术路线（燃油车、电动车、氢能车）的碳排放强度与能源成本，适用于多场景减排方案比选。IPAT 模型：通过人口（P）、经济（A）、技术（T）三因素预测减排潜力，支持宏观政策与企业战略协同。

碳边际成本模型：计算减排措施的单位成本（如碳税、技术改造成本）与收益（碳配额交易收入、燃料节约），优化资源配置。例如，北京市研究显示，新能源商用车边际减排成本低于传统燃油车改造，优先推广可降低社会总成本。

2. 典型案例与收益量化实践

氢能商用车运营项目。羚牛氢能在嘉兴港部署 80 辆氢能集卡，年减碳4000 吨，能耗节约 240 万元，碳交易收益 36 万元。其收益量化路径如下。直接收益，燃料成本下降 15%，碳配额交易收入。间接收益，供应链绿色升级带来的品牌溢价，政府补贴及市场准入优势。

数字化碳资产开发。远程新能源商用车集团通过 VCS 认证，实现 2.5万吨碳减排量核证，碳资产可进入国际交易市场，年收益超百万元。其核心在于数据穿透，即车端实时监测系统采集运营数据，对比传统燃油车基准线，动态计算减排量。在全周期管理方面，覆盖制造、使用、回收环节，识别减碳节点（如轻量化材料替代、绿电使用）。

3. 政策与市场机制协同驱动

碳积分与碳交易双重激励。建议在碳积分政策方面，借鉴欧盟经验，优先在城市物流、港口等场景实施积分考核，轻型商用车先实行积分规则，中重型车分阶段纳入。积分收益可对冲技术研发成本，如吉利远程通过积分交易支持甲醇燃料技术推广。建议碳市场联动，将碳积分与全国碳市场配额互通，企业可通过出售富余配额获得现金流，反哺低碳技术投资。例如，试点地区碳价约 30 元/吨，高减排效率企业年收益可达千万元级。

财税与金融工具创新。在碳金融产品方面，发行绿色债券、碳配额质押贷款，降低企业融资成本。如河北省通过 STIRPAT 模型测算，碳金融工具可提升减排项目内部收益率 3~5 个百分点。在碳普惠机制方面，基于 ETC、车联网数据的个人碳账户，将用户低碳行为转化为企业碳资产，扩大减排收益来源。

4. 实施具体建议

分阶段量化路径：短期聚焦运营阶段（燃料周期）减排，中期扩展至车辆周期，长期覆盖全产业链。

多模型交叉验证：结合 GREET、IPAT、边际成本模型，规避单一方法偏差。

政策敏感性分析：预判碳价波动、积分规则调整对企业收益的影响，建立风险对冲机制。

量化减排收益需融合技术、经济、政策三重逻辑，商用车企业可通过"数据驱动+模型优化+市场联动"策略，将低碳转型转化为核心竞争力。

B.10
商用车车路云一体化发展研究

摘　要： 智能网联汽车"车路云一体化"发展业已成为行业共识，智能网联技术更是提升商用车运营效率和车辆运行安全性的关键技术路径。本文系统梳理商用车车路云一体化发展现状，从政策法规、应用场景、技术体系三个维度展开分析，揭示现存问题并提出分阶段发展建议。研究表明，该技术已进入规模化验证阶段，但需突破基础设施协同、商业模式闭环等关键瓶颈。

关键词： 商用车　车路云一体化　智能网联

一　商用车车路云一体化发展现状

（一）政策法规体系建设

国家政策方面，2023~2024 年国家密集出台《智能网联汽车标准体系建设指南》等 10 余项专项政策，重点推进车端智能化改造、路侧设施标准化建设及云端数据治理体系构建。国家重点政策如表 1 所示。

表 1　国家层面的车路云一体化政策情况

时间	发布部门	政策名称	重点内容
2024 年 1 月	工业和信息化部、公安部、自然资源部、住房和城乡建设部、交通运输部	《关于开展智能网联汽车"车路云一体化"应用试点工作的通知》	要求建设智能化路侧基础设施，提升车载终端装配率，建立城市级服务管理平台等 9 个方面内容

续表

时间	发布部门	政策名称	重点内容
2024 年 4 月	财政部、交通运输部	《关于支持引导公路水路交通运输基础设施数字化转型升级的通知》	提出自 2024 年起，通过 3 年左右时间，支持 30 个左右的示范区域，打造一批线网一体化的示范通道及网络，实现数字化转型升级
2024 年 6 月	国家发展改革委、农业农村部、商务部、文化和旅游部、国家市场监管总局	《关于打造消费新场景培育消费新增长点的措施》	提出要稳步推进自动驾驶商业化落地运营，开展智能汽车"车路云一体化"应用试点
2024 年 7 月	工业和信息化部、公安部、自然资源部、住房和城乡建设部、交通运输部	《关于公布智能网联汽车"车路云一体化"应用试点城市名单的通知》	公布 20 个试点城市名单，要求各地省级主管部门要加大政策支持力度

　　地方试点方面，北京、深圳等 15 个城市发布地方管理条例，上海临港新区率先实现 L4 级自动驾驶商用车路权开放，广州制定全国首个 V2X 通信频段管理规范。试点区域平均路侧设备覆盖率已达 62%，较 2023 年提升 28 个百分点。代表性政策如表 2 所示。

表 2　部分省市的车路云一体化政策情况

时间	地区	政策名称	重点内容
2024 年 1 月	安徽省	《安徽省新能源汽车产业集群发展条例》	提出对智能网联汽车实行分级分类管理，支持智能网联汽车道路测试和特定场景示范应用
2024 年 2 月	云南省	《关于组织开展智能网联汽车"车路云一体化"应用试点工作的通知》	建设智能化路侧基础设施、探索高精度地图安全应用、建立城市级服务管理平台等 9 个方面
2024 年 3 月	四川省	《支持新能源与智能网联汽车产业高质量发展若干政策措施》	在公共、工地矿场作业、车路协同及绿色供能等领域，打造一批智能网联汽车开放道路测试与商业化运营等标杆场景
2024 年 3 月	上海市	《上海市智能算力基础设施高质量发展"算力浦江"智算行动实施方案(2024-2025 年)》	加强对 L4 及以上高级别自动驾驶、5G-V2X 等领域的创新发展，推动"车、路、云、网"智能基础设施落地应用

时间	地区	政策名称	重点内容
2024年5月	吉林省	《吉林省新能源和智能网联汽车产业高质量发展行动方案》	推进更高级别自动驾驶示范区建设,加快实施"车路云一体化"先行示范
2024年7月	广州市	《广州市智能网联汽车创新发展条例(草案修改稿·征求意见稿)》	拟支持智能网联汽车在高速公路、机场、港口等交通枢纽以及城市公交、出租车等出行服务场景的应用
2024年12月	武汉市	《武汉市智能网联汽车发展促进条例》	制定并组织实施通信设施、计算设施等智能网联汽车基础设施建设规划
2024年12月	北京市	《北京市自动驾驶汽车条例》	提出自动驾驶智能化路侧基础设施建设,可以通过改造现有路侧基础设施的方式推进

（二）标准体系演进

针对《国家车联网产业标准体系建设指南（智能网联汽车）（2023版）》构建了"1+5"标准框架。2024年8月，国内智能网联汽车领域迎来重要进展，首批强制性国家标准《汽车整车信息安全技术要求》（GB 44495-2024）、《汽车软件升级通用技术要求》（GB 44496-2024）和《智能网联汽车 自动驾驶数据记录系统》（GB 44497-2024）正式发布。这些标准对汽车信息安全管理体系、软件升级管理体系，以及自动驾驶数据记录系统等，均详细划定了技术规范与测试方法，助力提高车辆安全性、推动产业稳健有序前行。

2024年，正在制定和已发布的代表性标准如下。

1. 路侧基础设施方面

路侧基础设施方面的代表性标准如表3所示。

表3　路侧基础设施方面的代表性标准

标准名称	标准类型	标准简介
《道路交通管控设施信息交互接口规范》（征求意见稿）	国家标准	规定了道路交通信号控制、交通违法监测、交通标志等交通管控设施与车联网相关数据交互系统

标准名称	标准类型	标准简介
《基于 LTE 的车联网无线通信技术　支持直连通信的路侧设备技术要求》（YD/T 3755-2024）	通信行业标准	规定了基于 LTE 的车联网无线通信技术支持直连通信的路侧设备接入层的功能要求、性能要求等
《车路协同　路侧感知系统技术要求及测试方法》（YD/T 4770-2024）	通信行业标准	规定了针对不同应用的分级性能指标要求等

2. 高精度地图方面

高精度地图方面的代表性标准如表 4 所示。

表 4　高精度地图方面的代表性标准

标准名称	标准类型	标准简介
《高级辅助驾驶地图审查要求》（GB/T 44489-2024）	国家标准	规定了 2 级和 3 级驾驶自动化系统公开使用的高级辅助驾驶地图审查基本要求、审查内容等
《车载定位系统技术要求及试验方法　第 1 部分：卫星定位》（GB/T 45086.1-2024）	国家标准	规定了车载卫星定位系统的技术要求和试验方法
《智能网联汽车时空数据安全处理基本要求》（已征求意见）	国家标准	规定了对时空数据进行保密处理，以及存储、传输等环节进行地理信息安全处理的基本要求
《智能网联汽车时空数据传感系统安全基本要求》（已征求意见）	国家标准	规定了安装、集成涉及时空数据感知与处理等功能的安全要求、检测要求等

3. 无线通信方面

无线通信方面的代表性标准如表 5 所示。

表 5　无线通信方面的代表性标准

标准名称	标准类型	标准简介
《基于 LTE-V2X 直连通信的车载信息交互系统技术要求及试验方法》（已报批）	国家标准	规定了基于长期演进的车用无线通信技术支持直连通信的车规环境要求、定位授时要求、功能要求等

续表

标准名称	标准类型	标准简介
《基于 LTE 的车联网无线通信技术 支持直连通信的车载终端设备技术要求》（YD/T 3756-2020）	通信行业标准	规定了基于 LTE 的车联网无线通信技术支持直连通信的车载终端设备接入层的功能要求、性能要求和接口要求等
《基于 LTE 的车联网无线通信技术 总体技术要求》（YD/T 3400-2018）	通信行业标准	规定了基于 LTE 的车联网无线通信技术的总体业务要求、系统架构和基本功能要求
《基于 LTE 的车联网无线通信技术 V2I 基础信息单播传输技术要求》（YD/T 4773-2024）	通信行业标准	规定了国内基于 LTE-V2X 直连通信技术的路侧设备和车载终端设备之间的单播传输技术要求
《C-V2X 规模化测试系统及接口技术要求》（YD/T 4771-2024）	通信行业标准	规定了 C-V2X 规模化测试的系统架构、数据交互流程及测试数据交互接口要求

4. 云控平台方面

云控平台方面的代表性标准如表 6 所示。

表 6　云控平台方面的代表性标准

标准名称	标准类型	标准简介
《车路云一体化信息交互技术要求 第 1 部分：路侧设施与云控平台》（DB11/T 2329.1-2024）	地方标准	规定了云控平台与路侧设施之间数据交互的总体架构、数据类型、传输规则等
《车路云一体化信息交互技术要求 第 2 部分：应用平台与云控平台》（DB11/T 2329.2-2024）	地方标准	规定了应用平台与云控平台之间的数据交互的总体架构、数据交互形式等

5. 测试评价方面

测试评价方面的代表性标准如表 7 所示。

表 7　测试评价方面的代表性标准

标准名称	标准类型	标准简介
《智能网联汽车　自动驾驶系统通用技术要求》(GB/T 44721-2024)	国家标准	规定了自动驾驶系统的总体要求、动态驾驶任务执行要求等
《智能网联汽车　自动驾驶功能道路试验方法及要求》(GB/T 44719-2024)	国家标准	规定了智能网联汽车自动驾驶功能的道路试验条件及要求等
《智能网联汽车　自动驾驶数据记录系统》(GB 44497-2024)	国家标准	规定了智能网联汽车自动驾驶数据记录系统的技术要求、试验方法等
《汽车整车信息安全技术要求》(GB 44495-2024)	国家标准	规定了汽车信息安全管理体系要求、信息安全基本要求、信息安全技术要求等
《汽车软件升级通用技术要求》(GB 44496-2024)	国家标准	规定了汽车软件升级的管理体系要求、车辆要求等
《智能网联汽车运行安全测试项目和方法》(GB/T 44850-2024)	国家标准	描述了智能网联汽车运行安全测试相应的测试方法
《智能网联汽车运行安全测试环境技术条件　第 1 部分：公共道路》(GB/T 43758.1-2024)	国家标准	规定了智能网联汽车运行安全测试用公共道路的道路环境、交通设施、交通管控要求等
《智能网联汽车运行安全测试环境技术条件　第 2 部分：半开放道路》(GB/T 43758.2-2024)	国家标准	规定了智能网联汽车运行安全测试用半开放道路的道路环境、交通设施、交通管控等
《智能网联汽车　组合驾驶辅助系统技术要求及试验方法　第 1 部分：单车道行驶控制》(GB/T 44461.1-2024)	国家标准	规定了智能网联汽车单车道行驶控制系统的一般要求、性能要求等
《智能网联汽车　组合驾驶辅助系统技术要求及试验方法　第 2 部分：多车道行驶控制》(GB/T 44461.2-2024)	国家标准	规定了智能网联汽车多车道行驶控制系统的一般要求、性能要求等

二　商用车车路云一体化应用场景发展现状

（一）载人场景

1. 智慧公交

智慧公交是车路云一体化系统在客运领域的重要实践，通过车端、路端

253

与云端深度互联，实现城市公交转型升级，提供高效便利服务。其商业模式依赖政府、公交运营企业和技术供应商协作，政府主导顶层设计，公交企业负责运维管理，科技企业提供技术支持。

系统核心功能围绕"管理、运营、服务"展开。运力调配方面，整合车辆定位、客流等数据，借助智能算法动态调度，优化发车时间和线路；行车管控上，实现公交与信号灯通信交互，触发信号优先机制，还能精准停靠；服务响应时，乘客可通过多渠道实时查询公交信息，部分智慧站台还集成便民服务。

国内外多地已积极应用智慧公交。国内天津宝坻区的智慧公交示范线实现路口信控优化与公交优先，通行效率大幅提升；国外新加坡公交系统成熟，通过站台显示屏和交通信息平台，为乘客提供实时服务。

2. 智慧出租

智慧出租是车路云一体化技术在出租行业的应用，通过网约车平台、出租车企业、技术供应商三方协同构建商业模式：平台对接需求实现智能调度，企业负责车辆运营管理，技术商提供信息交互支持。

系统优势体现在三方面：订单匹配上，整合车路云数据，结合乘客需求、实时路况及车辆分布，快速精准匹配，并通过历史数据预测热点区域提前调车，提升响应效率；搭乘体验中，乘客可实时追踪车辆信息，车内智能交互系统支持语音控制设备，安全辅助系统保障行车安全，系统还能动态规划最优路线，行程结束后反馈机制促进服务优化；运营管理方面，通过订单、行驶、评价等数据分析，企业可调整车辆投放策略、评估司机服务质量、提升整体运营水平。

技术应用带来显著效益，2024 年数据显示，全国网约车月均订单 9.4 亿单，按 0.5 元/单及 50%渗透率测算，年增效达 28 亿元。北京、上海等一线城市率先试点，积累经验；武汉、成都、福州等二线城市积极布局，如福州 16 辆自动驾驶出租车实现红绿灯识别、障碍物避让，叫车到上车平均不到 3 分钟。

（二）载物场景

1. 公路物流

针对公路物流面临的劳动力短缺、运力不稳、安全事故频发等挑战，车路云一体化技术通过构建多方协同的商业模式，推动物流行业向安全、智能、高效转型。其商业模式涵盖物流运力服务商、物流车提供商、物流公司及云控平台运营方，形成"车辆供给—运输服务—数据支持"的闭环协作体系。技术应用主要体现在以下三大核心场景。①车辆智能管理系统实时采集车辆位置、速度、油耗、故障等数据，实现远程监控与预防性维护。故障预警功能可及时提示维修需求并提供解决方案，结合行驶数据分析优化维护计划，有效降低车辆运维成本。②运输路线优化依托"交通态势、气象预警、货物属性、法规约束、成本最优"五维决策模型，动态规划最优路径。遇拥堵、恶劣天气等突发状况时，系统自动调整路线，减少延误，提升运输效率。③货物实时监控通过集成定位追踪与环境监测技术，实时反馈货物位置、温湿度等状态信息。针对生鲜、药品等特殊货物，异常情况触发即时预警，保障运输过程安全可控。

众多物流企业已展开实践，京东物流作为行业标杆，在全国近 30 座城市运营智能配送车。2024 年推出的第六代车型搭载先进感知系统，融合视觉地图重建与红绿灯预测技术，优化自动驾驶算法，实现复杂场景下的实时地图重建，显著提升末端配送效率。车路云技术通过数据驱动的精细化管理，助力企业降本增效，成为破解公路物流传统痛点的关键引擎。随着技术成熟与应用深化，该模式有望加速推广，推动物流行业数字化转型迈上新台阶。

2. 智慧园区

智慧园区系统是车路云一体化技术的典型应用，通过整合园区车辆、道路、设施等资源，实现物流智能化管理，提升园区运营效率与服务水平。智慧园区商业模式以园区管理方牵头组建产业联盟，联合技术供应商构建智慧园区中枢系统，打造车路云一体化智能物流方案。

车路云一体化技术在智慧园区的应用主要体现在三个方面。在智能调度方面，借助车联网技术实时获取车辆位置、状态、载货等信息，依据园区物流需求与道路状况，对车辆进行智能调配，并合理安排货物装卸区域车辆的停靠顺序与时间，提高作业效率。在自动驾驶方面，园区广泛应用自动驾驶车辆运输货物，车辆通过传感器感知环境，结合高精度地图和算法，按预设路线完成运输任务，降低人力成本与安全风险。在精准配送中，系统实时跟踪货物运输进程，掌握送达时间与地点，到货时及时通知收货人；同时，协调智能仓储设备与车辆作业，实现货物快速存取。

以本钢恒达公司的钢铁物流园区为例，该园区运用无人驾驶、5G、大数据等技术，实现全流程无人化操作与物流可视化管理。相比传统模式，园区平均库存周转天数从 15 天降至 3 天，单日吞吐量 1 万吨时仅需 18 人，运营成本降低 90%，充分展现了车路云一体化技术在仓储物流领域提质、降本、增效的优势与潜力。

3. 智慧港口

智慧港口作为物流枢纽的数字化转型实践，是依托港口运营方、物流企业与技术供应商的协同商业模式，即运营方主导基建管理，物流企业负责运输装卸，技术供应商提供车路云一体化解决方案，构建覆盖"船舶靠泊—货物装卸—港口运输—仓储管理"的全流程智能体系，破解运力不足、安全隐患等问题，推动港口运营向安全、绿色、智能、高效升级。

技术应用主要贯穿三大核心环节。货物装卸环节，通过北斗定位与集装箱识别系统，实现装卸设备与运输车辆的实时通信，智能起重机依据车辆位置和货物重量自动调整作业参数，提升装卸效率；港口运输环节，自动驾驶车辆在系统调度下自主行驶，基于实时路况动态规划路线，规避拥堵并接受远程监控，保障运输安全高效；仓储管理环节，借助货物传感器实时追踪位置与状态，智能仓储设备根据库存需求自动完成货物存取，实现仓储智能化管理。

国内外港口已展开实践，国内以上海洋山深水港为例，其智慧物流环线构建"车—路—港—云"一体化方案，实现智能重卡无人化跨海集疏运；

江苏推进南通吕四港、太仓港四期等多个智慧码头项目，其中太仓港四期作为长江流域首个堆场自动化码头，作业效率提升近20%。

（三）特殊场景

1. 智慧矿山

智慧矿山作为车路云一体化技术在重载场景的典型应用，有效破解传统矿山运输中人力成本高、安全隐患大、能耗管控难三大痛点。其商业模式依赖工程车辆生产企业、矿山企业与技术供应商协同，即车企提供线控底盘及三电平台，矿山企业负责生产运营，技术供应商输出包含无人驾驶矿卡、智能调度系统、监控平台的一体化解决方案。

技术应用聚焦两大核心场景。在无人驾驶矿卡运行方面，作为核心装备的矿卡集成多源感知融合系统、抗扰通信架构与自动驾驶系统，通过车路云一体化实时获取矿山道路坡度、障碍物分布等环境数据，结合高精度地图规划最优路径，实现复杂工况下的自主行驶及与装卸设备的协同作业，大幅提升运输安全性与效率。在矿山智能管理方面，构建"三维地质模型—生产调度系统—设备健康管理"三位一体管控体系，实时监控矿体储量、设备运行状态，实现生产可视化、调度智能化与运维预测化，具备故障实时预警及解决方案推送能力，降低人工干预风险。

在实际应用中，西藏玉龙铜矿的无人驾驶矿卡项目成为国内首个高原落地示范项目。其采用的10台无人驾驶矿车突破高寒、大风等极端环境限制，在近5000米海拔实现24小时全天候作业，集采、装、运、管于一体，显著提升了矿山运输的连续性与效率，验证了车路云技术在严苛工况下的可靠性。

智慧矿山通过"车端智能装备—路端数据感知—云端决策调度"的深度融合，构建了无人化、少人化的绿色运输模式，为高风险、高负荷的矿山作业提供了降本增效的数字化路径。随着技术成熟，该模式有望在更多露天矿、金属矿场景推广，推动矿业向安全高效、低碳智能转型。

2. 智慧环卫

智慧环卫是车路云一体化技术在城市管理领域的创新实践，通过环卫部门、环卫服务公司与技术供应商的协同合作，构建"规划管理—服务执行—技术支撑"的商业模式，实现环卫作业的智能化升级。其中，环卫部门主导规划，服务公司承接作业，技术供应商提供车辆智能改装、调度系统及监控平台等技术支持。

技术应用聚焦两大核心场景。智能调度管理方面，依托车路云技术实时采集环卫车辆位置、作业状态等数据，结合城市环卫需求与路况动态调配车辆。在垃圾清运环节，通过无线传感技术监测智能垃圾桶满溢状态及位置，精准规划清运路线与时间，提升清运效率。精细化作业管理方面，智能环卫车辆搭载感知系统，可根据路面清洁度自动调整清扫力度与速度，实现针对性作业。系统通过分析作业数据与垃圾产生量，预测垃圾量并预警中转站容量，优化整体作业计划，推动环卫作业从经验驱动转向数据驱动。

实践案例显示，苏州高新区应用无人驾驶机扫车，在车路云技术支持下实现自主规划路线、智能避障，配套智能系统提供 24 小时远程调度与作业监控，显著提升保洁效率。数据显示，单辆 60kW 洗扫车通过智能调度辅助，作业效率可提升 10%，同步降低能源消耗与运营成本。

三　商用车车路云一体化关键技术发展

（一）车路云一体化硬件技术发展情况

1. 车端硬件技术

（1）传感器

传感器技术是实现商用车车路云一体化的关键基础，其性能关乎车辆环境感知与决策精准度。摄像头、毫米波雷达和激光雷达作为主流传感器，正朝着"高精度、多维度、低成本"方向发展，并形成"视觉+雷达"多模态融合技术体系。

摄像头作为视觉感知核心，凭借图像识别算法，可识别交通标志、车道线、行人与车辆等目标。其分辨率不断提升，已从 30 万像素发展至 800 万像素，如 2023 年赢彻科技 L3 级自动驾驶重卡便搭载经纬恒润研发的 800 万像素摄像头，能清晰捕捉远距离细节；帧率也从 30 帧/秒跃升至 60 帧/秒甚至 120 帧/秒，减少运动模糊，提高动态监测精度。

毫米波雷达利用毫米波频段电磁波探测目标的距离、速度和角度，具备全天候、远距离探测优势，在恶劣环境下适应性强。国内企业如楚航科技等已实现 77GHz 毫米波雷达规模化量产，其最大检测距离超 160m；79GHz 毫米波雷达虽探测距离中等，但分辨率高，在自动驾驶领域应用潜力巨大。技术上，毫米波雷达正从 3D 向 4D 跨越，4D 毫米波雷达增加俯仰角信息，最远检测距离达 300m，还能同时监测多个目标，大陆集团、安波福等企业已推出相关产品。

激光雷达凭借高精度三维感知能力，在商用车自动驾驶中占据重要地位。机械旋转式逐渐被固态激光雷达取代，后者包括 MEMS 微振镜、OPA 光学相控阵等类型。2023 年，速腾聚创 M1 系列 1550nm 波长固态激光雷达量产，探测距离超 300m，角分辨率达 $0.05° \times 0.05°$。4D 激光雷达因加入速度感知技术，可实现动态环境建模，提升复杂场景目标跟踪能力。虽当前车规级激光雷达价格约 1000 美元，但禾赛科技等厂商已推出单价低于 500 美元的产品，未来成本有望进一步下降。

多传感器融合是商用车传感器技术重要趋势，通过整合激光雷达、摄像头、毫米波雷达数据实现优势互补，增强环境感知可靠性。然而，不同传感器存在数据格式、时间戳、坐标系差异，高效融合与同步数据仍是技术难点；同时，传感器成本与可靠性也制约着多传感器融合技术的广泛应用。随着技术发展，传感器成本有望降低，推动车路云一体化在商用车领域的深化应用。

（2）计算芯片与计算单元

车规级芯片作为商用车智能化核心"大脑"，是实现自动驾驶、智能座舱、车联网的关键，需在算力、可靠性与安全性上满足车载环境严苛要求。

国际市场由英伟达、高通、英特尔等主导，其产品如英伟达 OrinX 系列芯片算力达 254 TOPS，可处理多传感器海量数据，成为智加科技、Cruise 等企业开发智能商用车及 Robotaxi 的首选平台，广泛应用于自动驾驶领域。

国内车规级芯片产业近年快速发展，地平线、黑芝麻智能表现突出。地平线征程系列专为智能汽车设计，征程 5 单芯片最高算力为 128 TOPS，通过优化架构与高效算法，支持视觉及激光雷达、毫米波雷达等多传感器融合，兼顾安全性与可靠性设计，满足车规级标准，提供本土自动驾驶解决方案。

高算力计算平台通过集成多芯片与硬件组件形成强大系统，百度 Apollo 平台整合高性能芯片、存储与通信模块，支持多传感器接入及算法运行，提供一站式自动驾驶商用车解决方案，在其自动驾驶出租车项目中发挥关键作用，适应复杂场景智能化需求。

域控制器推动车辆电子电气架构集中化、智能化，整合传感器与执行器数据，实现功能域统一控制。底盘域控制器调节制动、转向等系统，提升操控稳定性；智能座舱域控制器管理车内交互设备、优化用户体验。2024 年森鹏电子推出全国产化车身域控制器，标志着国内该领域技术进步，助力商用车高效处理数据与系统协同。

车规级芯片及相关技术从核心算力到系统架构全面赋能商用车智能化，推动"聪明的车"落地，国内外企业在技术创新与国产化进程中共同构建产业生态。

（3）通信模块

通信模块作为车路云一体化的核心桥梁，通过 5G、C-V2X 等技术实现车辆与道路、云端及其他交通参与者的实时信息交互，为商用车智能化提供关键通信支撑。

5G 技术凭借高带宽、低时延、大连接特性，满足商用车高速数据传输与实时通信需求。其典型应用包括：车辆实时上传行驶数据、传感器数据至云端，经分析后接收云端下发的智能控制指令，实现远程监控与动态策略调整；在自动驾驶场景中，5G 的低时延特性确保车辆及时获取路侧设备的交通预警（如信号灯状态、障碍物信息），提前规避风险，提升行车安全性与效率。

C-V2X（蜂窝车联网）作为基于蜂窝通信的车联网解决方案，涵盖 LTE-V2X（基础交通安全业务）与 NR-V2X（自动驾驶业务），支持 V2V（车车）、V2I（车与基础设施）、V2P（车与人）、V2N（车与网络）四大通信模式。通过实时共享交通参与者状态（如车辆位置、速度、行驶意图）及基础设施信息（如信号灯配时、道路施工预警），C-V2X 可实现交叉路口碰撞预警、拥堵路段车速优化等功能。例如，车辆在通过路口前可获取对向车辆行驶轨迹，提前减速避免事故；在拥堵路段根据实时信号灯相位调整车速，减少停车等待时间，提升交通流效率。

2. 路侧硬件技术

（1）智能路侧设备

智能路侧设备作为"智慧的路"的基础设施，通过实时感知道路状况与交通流量并与车辆交互，为车路云一体化提供关键支撑，其部署直接影响道路信息采集与传输效果。常见设备包括智能摄像头、路侧单元、雷视一体机等，各自承担核心感知与通信功能。

智能摄像头依托图像采集与识别技术，实时监测交通标志、车道线、行人及车辆状态，分析交通流量、车速、车道占用等数据，为交通管理提供决策依据。基于 AI 视觉算法的智能摄像头进一步具备异常事件检测能力，可自动识别交通事故、道路拥堵等状况，并即时将信息传输至交通管理系统及过往车辆，提升应急响应效率。

路侧单元是实现车路通信的核心设备，通过收集路侧传感器数据并与车载单元交互，支撑车辆互联与智能交通应用。例如，在高速公路 ETC 系统中，路侧单元与车载单元通信实现电子不停车收费，提升通行效率与安全性；在城市交通管理中，RSU 可接收云端指令优化信号灯配时，或向车辆发送实时路况预警，助力交通流调度与事故预防。

以瑞斯康达数字科技为例，其自主研发的智能路侧设备基于 V2X 协议栈，集成感知融合、车路云一体化等能力，可实时接入交通信号设施、边缘计算设备及云平台，将路况信息动态播报给车辆，提供高效交通服务，有效降低事故风险。

（2）边缘计算设备

边缘计算设备在路侧硬件技术中发挥着关键作用，能够在本地实时处理和分析路侧传感器采集的数据，减少了信息传输至云端的时间延迟，提高了系统响应速度。边缘计算设备通常部署在靠近路侧设备的位置，如路边基站、智能路灯杆等，采用高性能的处理器和并行计算架构进行数据处理。

边缘计算设备通过分析不同传感器的数据，能够更准确地判断道路的交通状况，如交通流量、车速分布、车辆排队长度等。根据这些信息，边缘计算设备可以为车辆提供更精准的路况信息和行驶建议，如在交通拥堵时，及时向车辆发送绕行提示；在前方道路施工时，提前通知车辆减速慢行。此外，边缘计算设备还可以与交通信号控制系统进行联动，根据实时交通流量动态调整信号灯的配时，优化交通流，提高道路通行效率。

边缘计算设备的本地处理能力还提高了数据安全性和隐私保护水平，减少了数据在传输过程中的风险。由于数据在本地处理，用户隐私信息得以保护。边缘计算设备的分布式部署增强了系统的可靠性和可扩展性。在大规模的智能交通网络中，通过在不同区域部署多个边缘计算设备，可以实现对整个道路网络的分布式处理和管理。当某个边缘计算设备出现故障时，其他设备仍然可以继续承担相应的处理任务，确保整体系统的正常运行。

（3）路侧通信基础设施

路侧通信基础设施是车路云一体化的关键支撑，保障车辆与路侧设备、云端间通信畅通，其中5G基站和光纤网络发挥核心作用。5G基站凭借高带宽、低时延特性，支持车辆与路侧设备间高清视频及大数据交互，满足自动驾驶等场景的实时性需求，助力智能交通调度中车辆与指挥中心的实时通信，实现交通流量精准调控。光纤网络则以高带宽、高稳定性优势，连接路侧设备、边缘计算设备及云端服务器，在智慧高速公路建设中，将沿线智能摄像头、RSU等设备互联，保障数据高速传输与共享，为车路云一体化筑牢通信根基。

3.云端硬件技术

（1）云计算服务器

云计算服务器是车路云一体化系统的核心枢纽，负责处理和存储大量的车辆和路侧数据，提供云计算服务。其性能和可靠性直接影响系统的运行效率和数据处理能力。

云计算服务器采用多核处理器、高速内存、高性能存储等技术，以满足大规模数据处理和复杂算法运行的要求。以东土智能交通服务器为例，其内核和关键技术完全自主，能够实现低时延、高实时性的感知和处理，还能够根据现场感知数据快速调整和实时优化信号控制策略。东土智能交通服务器运用单点、干线自适应算法，可分别在1~3分钟、10~15分钟完成优化方案的快速更新。实测结果表明，其优化效果达到专家级水平，并已在北京、上海、广州、雄安、湖北、成都、重庆、贵阳等多地成功应用。亚马逊的AWS云服务凭借其强大的云计算能力和全球广泛的服务器部署，在智能交通领域得到广泛应用。许多商用车企业，如戴姆勒旗下 Torc Robotics 公司，纷纷选择 AWS 云服务开发自动驾驶卡车。

（2）数据存储设备

在车路云一体化系统中，数据存储与管理设备负责存储和管理海量的商用车数据，支撑着数据分析、应用开发等核心任务。

华为的 OceanStor 系列存储设备在智能交通领域表现出色，支持 NFS（Network File System，网络文件系统）、S3（Simple Storage Service，简易存储服务）、HDFS（Hadoop Distributed File System，分布式文件系统）等多种协议的融合互通。OceanStor 可支持多个环节的数据处理，且数据零迁移，可让数据效率提升25%、存储 TCO 降低20%。同时，华为的 OceanStor 存储设备采用了多重数据冗余和备份技术，具备高可靠性和数据安全性，确保数据在存储和传输过程中的完整性和安全性，保障了车路云一体化系统的数据稳定运行。

（二）车路云一体化软件技术发展情况

1. 车端软件技术

（1）操作系统

车载操作系统是车辆的"中枢神经"，主要负责管理硬件资源并提供感知、规划、控制等功能，其性能和稳定性直接影响车辆功能模块的协同运行。

在功能需求方面，商用车操作系统需要具备强大的实时性和可靠性，以确保车辆在复杂的运行环境下能够准确、及时地响应各种指令。例如，在物流运输过程中，车辆需要实时处理导航信息、货物状态监测信息以及与调度中心的通信信息等，操作系统必须能够快速高效地完成这些任务的调度和处理，确保车辆的正常运行。在硬件兼容性方面，商用车操作系统需要适应多样化的硬件平台。因为不同商用车所采用的硬件配置差异较大，其操作系统需要确保与所有传感器、控制器和通信模块之间的良好兼容，充分发挥硬件的性能优势。

目前，国外产品 QNX、Linux、Andorid 构成车载操作系统三大阵营且较为稳定。国外多基于 Linux 开发，国内多基于 Andorid 开发；而有着高实时性、安全性的自动驾驶控制系统目前仍多以 Linux 或 QNX 开发为主。

QNX 是黑莓公司旗下产品，也是全球首款通过 ISO 26262 ASIL D 级安全标准认证的实时操作系统。QNX 采用微内核架构，具有高度的模块化、系统隔离性和稳定性，且以高实时性著称，能够以毫秒级的响应速度处理海量数据，在商用车智能驾驶领域占据重要地位。诸多高端商用车选择搭载 QNX 系统，用于支撑车辆的仪表盘显示、安全关键系统控制等核心功能。2024 年 10 月，黑莓公司宣布 QNX 系统已经在全球超过 2.55 亿辆汽车上搭载，相比 2023 年增加了 2000 万辆。

Linux 操作系统以开源特性和高度的可定制性，在商用车领域崭露头角。众多商用车制造商基于 Linux 内核进行深度定制，以满足不同车型的需求。这种定制化的操作系统能够适配各种硬件架构、满足多样化的功能需求。例如，基于 Linux 的智能座舱系统可以轻松集成多媒体娱乐、导航、车辆信息显示等多种功能，为驾驶员和乘客提供丰富、便捷的交互体验。

Android 系统是 Google 公司基于 Linux 内核开发的产品。其中，Android Automotive OS 是专为汽车领域定制的操作系统，在兼容性与应用匹配方面具有较大的优势，支持丰富的应用生态和成熟的信息服务资源。例如，领航卡车旗下的高端轻卡领航大 G，这款搭载 Android 9.0 系统的车型，可支持蓝牙、互联、酷我音乐、喜马拉雅等多款娱乐 App 的使用。

（2）数据处理和算法

车端数据处理和算法作为商用车自动驾驶的核心支撑，通过实时解析海量行驶数据并生成智能决策，为车辆智能化与高效运营提供关键技术保障。

在数据处理层面，随着多传感器融合技术的普及，商用车车端需处理行驶状态、环境感知、驾驶员行为等多维数据。为提取有效信息，车端需集成数据清洗、去噪、归一化等预处理能力。例如，针对摄像头受光线、天气影响产生的噪声数据，通过图像增强算法提升图像质量，为后续算法运行奠定高质量数据基础。

智能驾驶算法体系涵盖多层级功能。一是环境感知与决策算法，依托深度学习、目标检测与识别技术，车辆可实时解析摄像头图像，精准识别道路目标（车辆、行人、交通标志/标线），并通过目标跟踪算法预测其运动轨迹，支撑车距保持、行人避让、规则遵守等实时决策。

二是能源管理算法，结合车辆行驶状态、路况及电池电量等参数，动态优化发动机/电机工作模式，实现能耗与排放的精细化控制，提升能源利用效率。

三是故障诊断算法，基于数据挖掘与机器学习，对车辆历史运行数据建模分析，构建故障预测模型，提前识别潜在隐患，保障行车安全与可靠性。

这些算法通过多源数据融合与实时计算，形成"感知—决策—执行"闭环：既满足自动驾驶对环境动态响应的即时性需求，又通过能源与故障管理提升运营经济性与安全性。

（3）应用软件

车端应用软件主要为商用车的智能化运营提供实用的功能支持，涵盖了导航、车队管理、车辆诊断等方面。

导航软件是商用车出行的重要辅助工具，随着技术的不断进步，其功能除了传统的路线规划和导航外，还融合了实时交通信息和路况预测。通过与云端服务器实时通信，导航软件能够获取最新的交通拥堵、事故等信息，并根据这些信息动态调整路线，帮助驾驶员避开拥堵路段、节省行驶时间。除了语音导航外，结合手势、图像导航的多模态导航是目前的发展趋势。

车队管理软件对于商用车队的高效运营至关重要，能够通过实时监控车辆位置、行驶状态、驾驶员行为等信息，实现对车队的全方位管理。此外，车队管理软件还能够通过分析车辆的行驶数据，帮助管理人员评估驾驶员的行为，并对不良驾驶习惯（如急加速、急刹车等）进行及时纠正，从而降低油耗，延长车辆使用寿命。

车辆诊断软件则是保障商用车安全可靠运行的重要工具。它通过与车辆的电子控制单元通信，实时监测车辆的各项系统状态，如发动机、变速器、制动系统等。一旦检测到故障，车辆诊断软件能够迅速准确地定位故障点，并给出相应的故障提示和维修建议。一些商用车品牌最新车型的车辆诊断软件还具备故障预测功能，如扶桑商用车、重汽商用车、东风商用车等。通过数据分析和机器学习算法，车辆诊断软件能提前预测可能出现的故障，实现预防性维修，避免车辆在行驶过程中突发故障，提高车辆的可用性和运营效率。

2. 路侧软件技术

（1）路侧设备管理系统

路侧设备管理系统承担着统一管理和监控路侧传感器、边缘计算设备等的重任，实时监测设备电量、信号强度和数据传输状态。随着车路云一体化技术发展，路侧摄像头、毫米波雷达等设备数量增多，数据量庞大且类型复杂，对该系统的管理能力提出了更高要求。

早期的路侧设备管理系统功能较为基础，仅能通过简单配置界面完成设备参数设置和状态监测，难以满足复杂的智能交通应用需求。现代路侧设备管理系统依托物联网技术与云计算架构实现全面升级，可实时采集设备工作温度、电量等运行状态信息，实现对路侧设备的全方位感知、实时监控与智能管理。当设备出现故障或异常时，系统能及时报警并提供详细故障诊断，助力维护人员快速修复，保障设备稳定运行。

此外，系统具备远程控制功能，支持对设备进行远程开关、参数调整等操作。例如，在交通繁忙路段远程调节摄像头拍摄角度，或根据天气、路况调整路灯状态，实现高效管理与节能。同时，系统还可整合分析路侧设备采集的数据，监测交通流量、车速等参数，预测交通态势，为交通信号优化、疏导等提供数据支撑，有力推动车路云一体化应用发展。

（2）交通数据分析软件

交通数据分析软件对路侧传感器采集到的海量交通数据进行深入分析和挖掘。通过对交通流量、车速、车辆密度等数据的实时分析，交通数据分析软件能够准确掌握道路的交通状况，为交通管理决策提供数据支持。例如，当发现某一路段交通流量过大、出现拥堵迹象时，交通数据分析软件可以及时将相关信息反馈给交通管理部门，以便交通管理部门采取相应的疏导措施，如调整信号灯配时、发布交通诱导信息等。

该类软件还可以通过对历史交通数据的分析，预测未来的交通趋势。利用机器学习算法，对不同时间段、不同天气条件下的交通数据进行建模和训练，从而预测出某一路段在未来特定时间内的交通流量变化情况、拥堵发生的概率等。这些预测信息可以帮助交通管理部门提前做好交通规划和调度准备，提高交通管理的科学性和前瞻性。

3.云端软件技术

云控平台作为车路云一体化系统的核心枢纽，对车辆进行数据存储、数据分析以及调度管理，为商用车队的高效运营提供了全方位的支持。

在数据存储方面，云控平台采用分布式存储技术，将数据分散存储在多个节点上，确保数据的高可靠性和高可用性。即使某个存储节点出现故障，其他节点仍能正常提供数据服务，避免数据丢失和系统中断。大数据平台还具备高效的数据检索和查询功能，能够快速响应各种数据请求，为上层应用提供有力的支持。

在数据分析方面，大数据平台运用多种数据分析技术和工具，对存储的数据进行深度挖掘和分析。通过数据挖掘算法，可以发现数据之间的潜在关联和规律，为交通管理和决策提供有价值的信息。例如，通过分析车辆的行驶数据和油耗数据，可以找出影响油耗的关键因素，如行驶速度、路况等，从而为驾驶员提供节能驾驶建议；通过分析交通流量数据和道路拥堵情况，可以优化交通信号配时，提高道路通行效率。

在调度管理方面，云控平台可以实现车辆的合理分配和任务调度，提高运输效率，降低物流成本。在城市配送场景中，云控平台可以根据实时路况和配送订单信息，动态调整配送路线和车辆分配，实现货物的高效配送。同时，云控平台还可以与供应链管理系统进行集成，实现物流信息的共享和协同，提高整个供应链的效率。

四　商用车车路云一体化发展面临的问题和挑战

商用车车路云一体化是实现汽车强国、交通强国战略的重要路径，旨在打破人、车、路孤立状态，通过信息技术与物理系统、交通基建融合，实现信息解耦与跨域共用，促进协同发展。当前虽快速推进，但仍面临问题与挑战。

（一）路侧端基础设施建设滞后

路侧端基础设施建设是实现商用车车路云一体化的重要保障。首先，全国各地尚未搭建完善的系统架构，基础设施建设不足并呈现碎片化发展态势，难以支持智能驾驶技术和网联功能模块化、规模化的应用。其次，由于各试点城市在整个基础设施建设过程中的技术路线和建设目标不一致，且不同的城市存在牵头和负责建设工作的单位、机构、主体也不一样的情况，这影响了商用车车路云一体化整体发展的协调性和统一性。

此外，我国路网规模庞大，具有点多、线长、面广的特点，影响了路侧端基础设施大规模覆盖的建设进程。复杂多样的道路类型，加大了路侧基础设施建设和升级的难度。

（二）资金投入与商业化前景不明朗

当前，我国商用车车路云一体化的商业化路径、运营模式仍处于探索阶段，存在基础设施建设成本高、商业模式尚未成熟定型、区域覆盖有限与用户体验不佳等问题。

首先，基础设施建设成本高。该体系需大规模部署通信、感知、计算等路侧设施，导致建设投入大、回本周期长，尤其给经济欠发达地区及企业带来显著资金压力，制约基建推进速度。

其次，商业模式尚未成熟定型。目前车路云一体化建设以基础公共服务模式为主，试点项目多依赖政府投资，市场化运作能力与成熟盈利路径缺失。产业效益不明确使投资方长期投入意愿降低，政府与企业的持续投资热情难以维系，商业模式的不确定性成为发展瓶颈。

最后，区域覆盖有限与用户体验不佳问题突出。现有试点项目多局限于特定区域，未能实现全城或更广范围覆盖，商业价值释放受限。同时，基础设施碎片化导致数据交互不连贯，用户在跨区域场景中体验不佳，进一步影响车企及用户的参与积极性。

（三）数据开发共享问题

多端数据共享是商用车车路云一体化的核心支撑，其本质是通过"通感算"网络实现实体世界实时数字化，为车、路、云端设备提供实时数据交互服务。当前，数据开发共享面临四大难题。

一是产业支撑与数据标准化不足。路侧端数据上车是基础要求，但现有产业支撑能力薄弱，且共享数据的基础构成项尚未明确，导致数据共享边界模糊、标准化难度大，制约了数据开发的深度与广度。

二是数据供需脱节与质量缺口。数据供给与实际应用需求存在结构性失衡，低价值数据冗余与高价值数据短缺并存，高质量数据在自动驾驶决策、交通态势预测等场景中的供给不足，直接影响车路云系统的运行效率与效果。

三是技术标准不统一与兼容性壁垒。各系统在数据格式、接口协议、安全规范等方面缺乏统一标准，不同行业及标委会的差异化标准导致跨系统通信不畅、数据整合困难，严重阻碍了技术推广与规模化应用。

四是数据流通与安全机制不完善。成熟的数据流通商业模式尚未形成，数据确权、交易、共享流程存在制度空白；同时，随着数据量激增，数据安全风险加剧，但统一的数据安全保护标准与技术手段缺失，难以应对隐私泄露、恶意攻击等潜在威胁。

（四）大规模应用挑战

在新一代信息技术驱动下，我国智能网联汽车产业加速迈向车路云一体化的规模化应用阶段，但受限于前期"烟囱式"建设导致的场景碎片化、标准地域化、数据孤岛化等问题，商用车车路云一体化的大规模落地仍面临多重挑战。

一是技术与基建瓶颈。车路云一体化依赖高效通信设备、高算力计算平台及先进算法的成熟应用，其技术稳定性与成本控制尚未完全达标。同时，现有路侧感知设备存在"数据孤岛"现象，与其他系统整合不足，导致跨设备、跨平台的数据交互效率较低，难以支撑复杂场景的实时决策需求。

二是基础设施覆盖不足。支撑车路云一体化的核心基础设施覆盖率低，尤其是非试点区域存在大量网络盲区。现有网络传输能力在高密度数据交互场景下表现不稳定，导致车载终端与路侧、云端的协同效率受限，即使车辆具备智能功能，也难以在全域环境中有效运行。

三是商业模式与投资困境。当前商业模式仍处于探索期，缺乏可持续的盈利路径。大规模基建投资依赖政府补贴，企业市场化运营能力薄弱，投资回报周期长且预期不明，社会资本参与意愿低，导致资金压力集中于公共部门，难以形成规模化建设合力。

四是标准不统一与协同低效。不同地区、不同行业在数据格式、通信协议、安全规范等方面的标准差异显著，跨区域系统兼容性差，数据共享与流通壁垒突出。同时，政府、企业、用户在目标设定、利益分配上存在分歧，缺乏高效的跨领域协同机制，制约了技术标准化推广与全域场景落地。

这些挑战需通过强化技术攻关、完善基础设施布局、创新商业化机制、统一标准体系及深化跨行业协同等路径系统破解，这样方能推动商用车车路云一体化从试点示范迈向真正的规模化落地。

综上所述，商用车车路云一体化的规模化推进，正面临技术攻坚、产业生态、政策协同、标准体系等维度的多重挑战。这一系统性工程的破局，亟待政府、企业、社会组织等多元主体凝聚发展共识，以战略协同之姿突破技术瓶颈、完善市场机制、健全政策支撑、构建统一标准，在跨领域协作中形成技术创新与产业落地的强大合力，共同书写车路云一体化创新发展的新篇章。

五 商用车智能化数字化发展现状和趋势

随着科技的进步和经济的发展，智能化数字化转型已经成为各行各业的必然趋势。商用车产业作为我国重要的交通运输行业，其智能化数字化发展不仅有助于提升产业效率，还有助于推动整个行业的可持续发展。然而，中国商用车产业智能化数字化发展也面临一些挑战和机遇。一方面，随着国际贸易环境的复杂多变和技术的快速更新换代，中国商用车企业面临巨大的竞争压力；另一方面，随着国家对智能网联市场和数字经济的重视程度不断提高，中国商用车产业也迎来了新的发展机遇。

当前，全球汽车产业正处在智能化数字化转型的关键时期，大数据、云计算、人工智能等新一代信息技术正在深刻改变行业的生产方式和发展模式。中国商用车产业作为国民经济的重要支柱产业，其智能化数字化转型升级对于提升产业竞争力、推动经济高质量发展具有重要意义。

（一）智能化数字化发展现状

近年来，中国商用车产业在智能化数字化发展方面取得了一系列成果。一方面，智能制造技术的应用提升了生产效率、推动了产业升级；另一方面，自动驾驶、车联网、大数据、新能源等技术的应用加速了商用车产业的智能化数字化转型。

1.技术突破

在商用车智能制造技术领域，模块化设计、智能化、新能源及车联网技术正成为驱动产业变革的核心力量。

一是模块化设计提升生产效率。通过标准化架构与定制化开发结合，商用车制造实现降本增效。例如，壁虎汽车基于滑板底盘概念，采用上下解耦的钢铝混合架构，在底盘标准化的基础上，针对不同场景和货物需求进行高度定制化设计，显著减少了重复工作与组装时间、优化了生产流程。

二是自动驾驶技术引领智能化升级。端到端技术方案成为主流，通过感知数据直接输出驾驶决策，兼具简洁性与高效性。当前商用车已普遍集成毫米波雷达、环视摄像头、疲劳驾驶监测等 L2 级辅助驾驶功能，提升了驾驶安全性；智能座舱与高阶智驾技术同步发展，通过功能集成提升运营效率与车辆安全性，推动商用车从辅助驾驶向更复杂场景的智能决策演进。

三是新能源技术加速市场渗透。中国汽车工业协会数据显示，2024 年国内新能源商用车终端销量达 57.6 万辆，同比增长 28.8%，渗透率提升至 14.9%，标志市场从政策驱动转向市场驱动。长安凯程等企业推出原生数智新能源商用车架构，整合最新技术成果，推动行业效率提升与低碳转型。

这些技术的融合应用，正推动商用车产业从制造模式创新向全产业链数字化、网联化、智能化转型，为提升运营效率、降低成本、增强安全性提供系统性解决方案，引领全球商用车产业迈向高效低碳的新发展阶段。

2.市场应用

智能化、新能源、车联网及车队管理系统等技术在商用车领域的应用，显著提升了车辆安全性、舒适性与运营效率。其中，商用车自动驾驶技术已从早期"有用"阶段进阶至"能用"阶段，可在封闭测试场地、特定物流线路等场景落地。

目前，该技术已在城市无人公交、港口、矿山、干线物流、末端配送等领域实现商业化应用：一汽解放与挚途科技联合开发的前装 L3 级自动驾驶重卡已小批量交付运营；智加科技在干线物流领域完成"仓到仓"全无人驾驶测试，展现 L4 级技术商业潜力。高等级智能网联商用车已在港口、矿山、高速等场景规模化示范。根据《智能网联汽车技术路线图 2.0》，2025 年商用车将实现有条件自动驾驶与队列行驶，2030 年目标为城市道路与高速公路高度自动驾驶，推动行业智能化深度升级。

3. 产业链形成

商用车数字化智能化发展带动了包括芯片、运营服务在内的众多软硬件供应企业的快速崛起，形成了商用车数字化智能化的新产业生态，有效带动了上下游制造商的技术融合与产业升级。

（二）智能化数字化发展趋势

目前，中国商用车数字化智能化朝着更高效、更安全、更环保的方向发展，同时也面临技术、市场、环保和供应链等多方面的挑战。

1. 技术持续升级

自动驾驶、车联网、新能源等技术持续迭代，正加速商用车行业数字化智能化转型，全面提升车辆安全性、运营效率与用户体验。

自动驾驶技术从封闭测试场景向开放道路场景拓展，高等级自动驾驶商用车有望率先在高速物流等场景实现商业化落地，填补中长途运输在效率与人力成本上的缺口。驾驶员行为监测、危险预警、紧急制动等辅助驾驶技术已大规模普及，随着政策法规完善与技术成熟，未来自动驾驶系统搭载率有望接近90%。

车联网技术通过实现商用车间及车辆与基础设施的互联互通，提升交通系统整体效率与安全性，为用户提供智能出行体验，其数据驱动的监管与服务功能正成为物流企业降本增效的核心支撑。

新能源化作为商用车智能化重要方向，受益于电池技术进步与成本下降，电动商用车市场快速扩张。预计2025年电动商用车市场份额将显著提升，2027年中国新能源重卡行业市场规模或超300亿元，年复合增长率达19%，推动行业向低碳化、智能化加速转型。

三大技术的融合应用，正促使从单车智能到车路协同、从燃油驱动到电动化，全方位重塑商用车产业生态，为物流运输高质量发展注入新动能。

2. 应用场景拓展

商用车的智能化应用已从传统的运输工具转变为智能移动终端，开启了全新的发展篇章。例如，无人集卡在智慧码头和高速公路上的示范运营，以及智能检修功能和 L2 级辅助驾驶功能的应用，都极大地提升了商用车的运营效率和安全性。目前，L3 级别的自动驾驶技术已经在商用车领域得到广泛应用，如港口、矿山等特定场景。此外，L4 级别的无人驾驶卡车也在高速干线物流、港口等多个场景实现示范应用。

同时，商用车智能化推动着物流运输企业的精细化管理，国内各大车企纷纷推出商用车远程信息处理系统，如中国重汽的"智能通"车队管理系统及新一代 AI 智控平台、一汽解放的"解放行"车联网系统、三一重卡的"智能车队管理系统"等，进一步提升了车辆运营效率和运输服务质量。

3. 国际合作加强

在"一带一路"倡议的推动下，中国商用车出口市场潜力巨大。2024年中国商用车出口突破 90 万辆大关，达到历史之最。随着国内商用车品质的提升和技术的不断进步，中国商用车在国际市场上的竞争力逐渐增强。

总体而言，商用车智能化数字化不仅推动了技术革新，还为交通运输行业带来了效率提升、成本降低、安全管理和环境友好等多方面的积极影响。随着技术的不断成熟和应用，智能化数字化将成为推动行业进步的重要力量，引领商用车行业进入一个更加智能、高效、安全的新时代。

六 商用车车路云一体化发展建议及展望

（一）进一步完善政策法规标准体系

当前，车路云一体化涉及车辆制造、通信技术、交通管理、数据安全等领域，存在标准分散、权责不清、适应性不足等问题。例如，L3 级及以上自动驾驶商用车的道路测试规范、车路云一体化数据的权属界定、云平台信息安全标准等均需进一步明确。建议从以下三个方面进行完善。

一是统一技术标准：进一步完善车载终端、路侧设备、云控平台在接口协议、通信等方面的标准规范，推动跨品牌、跨区域的设备互联互通。

二是优化监管机制：建立"部委—地方—企业"三级协同监管体系，进一步明确交通事故责任划分规则。同时，在国家级示范区深入探索"沙盒监管"等创新模式。

三是强化数据治理：完善车路云一体化数据采集、共享与隐私保护等方面的标准法规，建立分级分类的数据开放机制。

（二）切实做好商用路径规划

商用车车路云一体化的商业化需平衡技术成熟度与市场需求，建议以场景驱动、试点先行、生态共建为原则，分三阶段推进。

1.初期（2025～2027年）

聚焦港口、矿区、干线物流等封闭、半封闭场景，开展自动驾驶编队运输、云端智能调度等示范项目；通过 TCO 模型测算，验证技术经济性。

2.中期（2028～2030年）

试点开展商业模式创新实验，拓展城市配送、城际货运等开放道路场景；推动车路云一体化设备规模化部署；探索"硬件销售+数据服务"的双重盈利模式。

3.远期（2031年以后）

形成覆盖全国的智能交通网络，通过云控平台实现全链路资源优化，衍生出行车保险、能源管理等增值服务。

（三）实施对策与实施方案

为了加速车路云一体化落地，建议从技术研发、生态协同、资金保障三方面协同赋能。

一是明确技术路线。重点攻关高精度定位、边缘计算、V2X 通信等关键技术，降低设备成本（如将路侧单元 RSU 单价降至 10 万元以内）；研发自适应不同场景的云控算法，提升复杂环境下的决策可靠性。

二是升级生态建设。组建"车企+通信运营商+云服务商+物流公司"产业联盟，共建开放技术平台；推动跨行业人才联合培养，弥补复合型技术与

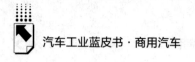

管理人才缺口。

三是细化资金支持。设立国家级专项基金，支持关键技术研发与示范工程；配套地方级专项资金，用于示范工程建设；引导社会资本参与路侧设施建设，探索碳积分、绿色信贷等金融工具创新。

B.11
商用车动力电池技术趋势研究

摘　要：　客车、轻型货车、中重型货车等商用车电动化发展越来越快，电池作为电动化的核心部件，其技术发展趋势对整车的发展至关重要。本报告从新能源商用车细分车型的电池技术现状及技术需求等方面阐述了当前电池应用存在的不足和痛点，指出了商用车动力电池的技术发展趋势及其面临的机遇和挑战，最后针对性地提出技术发展需要的技术研发、产业链协同、政策及生态建设等建议。

关键词：　商用车　动力电池　技术趋势

一　发展新能源商用车背景

发展新能源商用车基于多方面的要求，当前，我国既面临生态环境压力、能源供给安全、经济增长方式转型等挑战，也迎来汽车行业技术进步、社会出行需求升级、国际竞争加剧和城市发展转型等机遇。在全球范围内，新能源商用车作为国民经济的重要载体和生产工具，已成为应对气候变化、推动能源转型、促进经济可持续发展的重要手段。

（一）新能源发展背景介绍

1.环境压力与气候变化

全球气候变化和环境污染问题日益严重，传统燃油商用车是重要的污染源之一。

碳排放：商用车，尤其是中重型卡车和中大型客车，燃油消耗量大，二氧化碳排放量高，二氧化碳对温室效应影响很大。根据国际能源署（IEA）的数据，交通运输行业占全球二氧化碳排放量的 24%，其中商用车占比显著。

空气污染：传统柴油车的尾气排放含有大量有害物质，如氮氧化物（NOx）和微颗粒物（PM），对城市空气质量造成严重影响。

政策目标：为应对气候变化，许多国家和地区设定了碳中和目标。例如，欧盟计划到 2050 年实现碳中和，中国提出到 2060 年实现碳中和。发展新能源商用车是实现这些目标的重要途径。

2. 能源安全与能源转型

传统燃油商用车对石油的依赖度较高，而石油资源的有限性和地缘政治风险使能源安全问题日益突出。

石油依赖：商用车的燃油消耗占全球石油消费的相当大比例，减少对石油的依赖，有助于提高能源安全。

可再生能源发展：随着风能、太阳能等可再生能源的快速发展，电力逐渐成为清洁能源的主要载体，新能源商用车可以利用可再生能源电力，推动能源结构的优化。

3. 经济驱动与产业升级

新能源商用车的发展不仅是环保需求，也是经济转型和产业升级的重要推动力。

市场需求：随着电商、物流等行业的快速发展，商用车的需求量持续增长。新能源商用车在运营成本、维护成本等方面具有优势，受到市场青睐。

产业升级：新能源商用车的发展带动了电池、电机、电控等核心技术的进步，推动了整个汽车产业链的升级。

4. 政策支持与法规推动

各国政府通过政策支持和法规推动，为新能源商用车的发展创造了良好的环境。

购车补贴：许多国家和地区对新能源商用车提供购车补贴，降低用户的购车成本。例如，中国对新能源公交车和物流车提供高额补贴。

税收优惠：对新能源商用车免征或减征车辆购置税、消费税等，进一步降低使用成本。

限行政策：一些城市对传统燃油商用车实施限行政策，鼓励使用新能源商用车。

碳排放法规：严格的碳排放法规推动传统燃油商用车的淘汰。例如，欧盟的碳排放标准要求商用车制造商大幅降低车辆的平均碳排放。

5.技术进步与成本下降

近年来，新能源技术的快速进步和成本下降为新能源商用车的普及提供了技术支撑。

电池技术：动力电池的能量密度、寿命和安全性显著提升，成本持续下降。例如，磷酸铁锂电池（LFP）的成本已降至 100 美元/kWh 以下。

电机与电控技术：高效电机和智能电控系统的应用，提升了新能源商用车的动力性能和可靠性。

充电基础设施：充电桩、换电站等基础设施的快速发展，解决了新能源商用车的补能问题，基本满足商用车的应用需求。

（二）商用车动力电池发展进程

商用车动力电池的发展历史与新能源汽车技术的演进密切相关。从早期的铅酸电池到如今的锂离子电池，动力电池技术经历了多次重大突破。

1.早期阶段（20世纪初至20世纪90年代）：铅酸电池主导

铅酸电池技术成熟、成本低，但能量密度低（30~50Wh/kg）、寿命短，且存在环境污染问题。主要用于早期的电动商用车，如电动叉车、短途电动货车等。由于续航里程短、充电时间长，铅酸电池主要应用于短途、低速的商用车辆。

2.过渡阶段（20世纪90年代至21世纪初）：镍氢电池的兴起

随着环保意识的提升和技术的进步，镍氢电池逐渐取代铅酸电池，成为新能源汽车的主流选择。镍氢电池的能量密度（60~120Wh/kg）显著高于铅酸电池，且环保性能更好，寿命较长，充放电性能较好。镍氢电池在混合动力商用车（如混合动力公交车）中得到广泛应用，但能量密度仍不足以支持纯电动商用车的长续航需求。

3. 锂离子电池阶段（21世纪初至今）：技术突破与商业化

锂离子电池的出现彻底改变了新能源汽车的格局，成为商用车动力电池的主流技术。锂离子电池具有高能量密度（150~300Wh/kg）、长寿命、低自放电率等优点。21世纪以来，锂离子电池进入了快速发展通道。

初期（2000~2010年）：锂离子电池开始应用于纯电动商用车，如电动公交车、城市物流车等。但由于成本高、技术不成熟，市场规模较小。

快速发展期（2010~2020年）：随着技术进步和规模化生产，锂离子电池成本大幅下降，能量密度显著提升。电动商用车技术在全球范围内快速突破，公交车电动化快速发展。

成熟期（2020年至今）：锂离子电池技术趋于成熟，成为商用车动力电池的绝对主流。

电动客车、物流车、重卡等商用车辆广泛采用锂离子电池，市场发展进一步加速。

二　商用车动力电池技术现状

（一）商用车动力电池分类

商用车具有典型的根据功能分类特性，针对不同场景不同用途的车型有不同的特点。动力电池结合不同商用车的特点进行特定的设计开发。根据社会对商用车的普遍分类，我们将商用车分为客车、轻型货车、中重型货车。对应的动力电池也被分为客车电池、轻型货车电池、中重型货车电池。

（二）客车电池

客车是载运乘客和随身行李的商用车，车型结构形式上有单层车和双层车，米段上为6~12米，特大型客车则超过12米。客车主要应用于公共交通、跨城客运、旅游运输和团体运输，不同的应用场景对车辆和电池的要求不同。

当前主要的技术路线是纯电动，少数应用区域采用 PHEV 和氢燃料电池动力。纯电动车采用高能量密度体系电池，PHEV 和氢燃料车采用高功率体系电池。

电动客车主体功能为载人运输，因此对车和电池的安全性要求较其他商用车更高。当前电池标准遵循《电动汽车用动力蓄电池安全要求》和《电动客车安全要求》，电池需要满足单体热失控和系统热扩散测试要求。

客车一般需求是电池满电能够全天运营，运营模式以白天运行晚上充电为主。因此车辆装载的电池较大，为达到轻量化和小型化目标，对电池的体积能量密度和重量能量密度要求都比较高。当前纯电动车采用的电池系统能量密度在 155~175Wh/kg、体积密度 220~270Wh/L。

动力电池在整车上的布置形式一般分为底置、后置和顶置。其中底置方式会因车辆地板高度不同分为一级踏步或二级踏步，进而影响电池包的高度，一般二级踏步车电池包高度在 240~250mm，而一级踏步车电池包高度只有 130~140mm。底置电池包个数由车型米段和轴距决定，一般布置 3~8个电池包。后置的电池包又分为后悬布置和后舱布置，一般采用叠层布置。顶置的电池包一般平铺在整车顶部。

（三）轻型货车电池

轻型货车作为货物运输的重要工具，其车型种类繁多，以满足不同距离、不同载重和运输不同货物类型的需求。常见的轻型货车按照车型包括微型面包车、3.6 米小微卡、4.2 米厢式货车、4.2 米栏板货车、6.8 米厢式货车、6.8 米栏板货车等。按照载重可以分为微面（载重 0.5~1 吨）、小微卡（载重 1~1.5 吨）、轻卡（载重 1~3 吨）、中卡（载重 3~8 吨）等。微型面包车和小微卡：体积小，操作灵活，适合短途运输和小件货物，适合城市配送，如快递、外卖等。4.2 米货车：空间大，适合中短途配送，如商超配送、家具运输等。6.8 米厢式货车：续航长，适合中长途配送，如城际物流、冷链运输，能够装载更多的货物。此外，还有高栏车、平板车和集装箱车等选择，它们的装载量通常比同尺寸的厢式货车更大，适合装载大型货物或超长货物。

在电池技术路线方面，当前轻型电动货车主要采用锰酸锂、磷酸铁锂和三元锂等锂离子电池，由于磷酸铁锂的高安全性、低成本、长寿命（系统循环次数可达4000次以上）等优势，使用量占比最大，占市场95%以上。当前电池方案需要满足《电动汽车用动力蓄电池循环寿命要求及试验方法》中规定的电池循环寿命、容量保持率等技术指标要求，《电动汽车用动力蓄电池安全要求及试验方法》中规定的电池安全性能要求，如过充、过放、短路等，《电动汽车用动力蓄电池电性能要求及试验方法》中规定的电池电性能，如能量密度、功率密度等。出口项目需要满足最新欧盟电池法规、UN38.3等。

轻型货车电池在整车上的安装方式通常根据车辆的具体结构和需求进行设计。当前主流的轻型货车，电池组会安装在车辆的底部或两侧，以最大化利用车辆空间并降低重心，提高车辆的稳定性和安全性。同时，电池组的安装需要考虑到散热、防水、防尘等问题，以确保电池在复杂环境下的正常运行。此外，随着电池技术的不断进步和成本的逐渐降低，商用轻型货车电池的安装方式也在不断优化和创新，以适应不同场景和需求。

（四）中重型货车电池

中重型货车也就是中卡、重卡，总重14～49吨，车型包括牵引车、自卸车、载货车、专用车，其中专用车细分车型更多，主要有环卫车、搅拌车，以及随车吊、高空作业车等。这些不同的车型应用场景不同，使用工况不同，车型技术方案也不同，当前主要技术路线有纯电动（包括充电和换电）、混动（油电混动、甲醇燃料混动、氢燃料混动），所需电池方案差异较大。根据电池的主要特性，可将电池分类为：高功率电池、能量型电池、超充电池、长寿命电池、高比能电池。

不同类型电池，技术方案和参数差异较大。但在安全要求、BMS技术、大数据技术、功能安全和信息安全方面的技术有共性。以下先按不同类型电池的材料技术、电芯技术、成组技术进行现状分析,再在共性技术上进行分析。

1. 差异化技术

(1) 高功率电池

化学材料:正极采用磷酸铁锂或三元材料,磷酸铁锂采用梯度压密技术,三元采用 5 系或 6 系 NCM;负极采用快充石墨,使锂离子能快速嵌入和脱出;电解液采用功率型专用配方,提升锂离子移动速度;隔离膜采用高孔隙率设计。

电芯技术:方壳、圆柱、软包封装均有,采用卷绕或叠片设计,能量密度方面,磷酸铁锂电芯约 140Wh/kg,三元约 160Wh/kg;电芯的充放电倍率持续 3~6C,峰值 6~12C;寿命 4000~10000 圈。

成组技术:系统设计均采用 CTP 技术,即电芯直接到 pack 的设计,系统能量密度 120~140Wh/kg,多采用多 pack 串并联实现 100kWh 左右电量。

(2) 能量型电池

化学材料:正极采用磷酸铁锂,负极为石墨。

电芯技术:以方壳封装为主,卷绕或叠片设计;极片采用高压密设计,能量密度 180~190Wh/kg,电芯充放电倍率持续 1C;寿命 7000~10000 圈。

成组技术:采用 CTP 技术,系统能量密度 150~170Wh/kg;采用多 pack 串并联或单箱设计,系统电量 100~800kWh,也有底盘与电池一体化集成的设计。

(3) 超充电池

化学材料:正极采用磷酸铁锂,负极为快充石墨,特制电解液。

电芯技术:以方壳封装为主,卷绕或叠片设计;极片采用梯度压密设计,能量密度 170~180Wh/kg,电芯充放电倍率持续 2C,峰值 4C;寿命 7000~10000 圈。

成组技术:采用 CTP 技术,系统能量密度 140~160Wh/kg;系统电量 100~500kWh。

（4）长寿命电池

化学材料：正极采用磷酸铁锂，负极为长寿命石墨，低产气寿命电解液。

电芯技术：以方壳封装为主，卷绕或叠片设计；极片采用高压密设计，能量密度170~180Wh/kg，电芯充放电倍率持续1C；寿命10000~15000圈。

成组技术：采用CTP技术，系统能量密度140~160Wh/kg；系统电量100~500kWh。

（5）高比能电池

化学材料：正极采用三元体系，提升能量密度。

电芯技术：以方壳封装为主，卷绕或叠片设计；能量密度200~230Wh/kg，电芯充放电倍率持续1C；寿命约4000圈。

成组技术：采用CTP技术，系统能量密度180~210Wh/kg；系统电量800~1000kWh。

2. 共性技术

（1）安全技术

热失控防护：采用多层安全设计（电芯—模组—系统级防护），如气凝胶隔热、主动冷却系统（液冷为主）。

结构防护：大部分电池包可实现IP68/IP69K防护等级，抗振动、防尘防水，适应复杂路况。

功能安全：部分企业产品已实现Asil C等级功能安全要求。

信息安全：部分企业产品已实现信息安全的要求。

（2）BMS（电池管理系统）技术

系统保护：BMS实时监控电压、温度，预警异常状态，通过底层和应用层算法，实现系统保护。

测算：SC/SH/SF/SP等，目前测算精度方面，磷酸铁锂一般为3%~8%，三元一般为2%~5%。

均衡：当前以被动均衡为主。

充电：适应国标充电要求。针对定制充电桩，可实现更大电流和功率的需求，可实现 500A～1200A 的设计。

V2G：部分企业如宁德时代已实现电池的 V2G 功能。

OTA：部分企业已实现软件的 OTA 升级功能。

（3）大数据技术

电池与国家平台：电池数据全面与车辆对接，可通过车端远程终端，实现上网国家监控平台。

电池后台：部分厂家已实现电池后台数据监控和管理，针对故障报警等特殊情况可进行远程处理。电池数据实时传送到企业后台，对于电池使用工况数据、寿命分布等基础信息进行大数据收集和整理，有利于对电池使用的优化。

（4）热管理技术

系统设计：电池已普及了加热、冷却功能。采用电池自带电能，供电给冷却机组及加热装置，实现对电池的加热或冷却。系统与整车其他热管理模块可实现功能融合。当前系统以液冷液热为主体方案，部分系统加热功能采用加热膜方案。

能效提升：加热系统效率最高可实现 90% 的能效，大部分也可实现 70% 左右的能效。冷却系统采用空调压缩机实现制冷能效的提升，可实现 10℃ 的冷却液温度，有效降低电池温度。

三　商用车动力电池技术特征和要求

新能源商用车（如物流车、公交车、重卡等）的动力电池技术近年来发展迅速，其核心目标是提升能量密度、安全性、寿命和经济性，以满足商用车高负荷、长续航和复杂工况的需求。

（一）客车电池

客车以运输人员为主要用途，对人员的安全要求极高，客车用动力电池也是以安全为主要特征及要求，同时满足轻量化等技术要求。

1. 技术特征

电动客车对动力电池技术特征和需求主要聚焦在高安全性、高能量密度和体积密度、长寿命。

2. 技术要求

（1）高安全性

在材料层级降低热失控温度；在电芯层级通过机械件优化，有效将热量及时排出；在 pack 层级通过 pack 结构优化，做好热隔离，避免单个电芯失效引发整体热蔓延。

材料层级：采用热稳定性好的正极材料如 LFP，电解液中添加阻燃剂提升 SEI 膜热稳定性，隔离膜表面涂敷耐高温陶瓷防止热失控的发生。

电芯层级：通过排气通道设计，以及防爆阀设计，实现电芯定向排气、泄压。

Pack 层级：BMS 监控电压/温度/内阻，设置三级预警阈值，实时监控车辆安全，同时搭配液冷板和导热胶方案，实现≤3℃级的温度控制，避免热量局部累积。

（2）高能量密度

通过尽量减少非活性物质来提升能量密度，如开发高压密配方，降低体系中黏结剂、导电碳用量，通过减重集流体、超薄铝壳、简化顶盖设计等措施提升能量密度。

通过提升活性物质克容量，如降低晶格能垒，以提升克容量。

（3）长寿命

通过开源节流方式改善寿命性能。

开源方式：通过在体系中引入活性锂源，如负极补锂技术、正极补锂技术、电解液补锂技术等，增强体系活性锂含量。

降低本征锂耗：通过负极表面包覆技术，抑制表层副反应；电解液中引入高效成膜添加剂，形成致密高弹性 SEI 膜，降低循环过程中 SEI 损耗；低反弹石墨设计，降低石墨充放电反弹，进一步减少 SEI 的损耗。

（二）轻型货车电池

随着物流行业、电子商务的快速发展和新能源汽车技术的不断进步，轻型货车电池作为车辆的核心部件，其技术特征和性能要求日益受到关注，且直接影响到车辆的续航能力、充电效率、使用寿命和安全性。轻型货车电池的主要技术特征和需求，详细阐述如下。

1.技术特征

（1）高安全性

电池作为轻型货车的能量来源，其安全性是至关重要的，电池的安全性需要具备过充过放保护、短路保护、热稳定性等。确保电池在各种工况下的安全运行是设计中的重中之重。例如，一些电池制造商在电池内部设置了多个传感器和熔断器，当电池出现异常时，能够迅速响应并切断电路，防止安全事故的发生。此外，通过优化电池的热管理系统，确保电池在正常工作温度范围内运行，也能有效提高电池的安全性。

（2）快速充电

为了提高运营效率，轻型物流车电池需要具备快速充电能力，以缩短充电时间，减少等待时间，提高物流车的运营效率。目前以宁德时代发布的天行系列电池为例，其采用超电子网正极包覆、超导电解液、超充石墨快离子环等先进手段降低了电池系统物理内阻和极化内阻，充电时间18分钟能实现快速补能60%SC以上，显著缩短了电池的充电时间。同时，通过优化电池的热管理系统，确保电池在快速充电过程中的安全性。

（3）高能量密度

轻型物流车需要频繁行驶，对续航里程有较高要求，因此电池需要具备高能量密度，以便在有限的空间内储存更多的电能，提高单次充电的行驶里程。当前磷酸铁锂材料体系的轻型物流车动力电池能量密度可达到160Wh/kg以上，而部分三元锂体系的电池能量密度则可达到200Wh/kg以上。

（4）长循环寿命

轻型物流车使用频率高，电池需要频繁充放电，因此要求电池具有长循环寿命，以减少更换电池的次数和成本。当前各头部 pack 厂通过优化电池材料、改进电解液配方、提高电池制造工艺等，以减少电池在充放电过程中的副反应，降低电池内阻，从而提高电池的循环稳定性。此外，部分企业也通过电池管理系统（BMS）精准管理电池的充放电过程，进而有效延长电池的循环寿命。

（5）低自放电率

电池在存放过程中会有一定的电量损失，即自放电。低自放电率的电池能够减少电量损失，延长电池的使用寿命。

2. 技术要求

（1）轻量化设计

商用车电池需尽可能轻量化，以降低整车重量，提升续航里程和载重能力，同时满足法规需求。

（2）可靠性

电池应具备高可靠性，需在恶劣工况下（如振动、冲击、潮湿）稳定运行，减少故障发生的概率，降低维修成本。

（3）成本效益

在保证性能的前提下，电池的成本应尽可能低，以提高轻型物流车的市场竞争力。

（4）环保性

电池的生产、使用和回收过程应符合环保要求，减少对环境的影响。

（5）智能化管理

随着科技的发展，电池管理系统（BMS）应具备智能化管理功能，能够实时监测电池状态，预测电池寿命，提供故障预警等，以提高电池的使用效率和安全性。

（6）环境适应性

轻型物流车需要在各种环境下运行，包括高温、低温、潮湿（-30℃至60℃），因此，电池需具备良好的高低温充放电性能及良好的环境适应性，能够在不同环境下保持稳定的性能。

（三）中重型货车电池

中重型新能源货车对动力电池的技术特征和需求与乘用车存在显著差异，主要围绕高负载、长续航、高强度使用、成本控制等核心场景展开。以下是其技术特征和具体需求的详细分析。

1. 技术特征

（1）高能量密度

特征：需在有限空间内提供更高能量，支撑车辆长续航（300～500公里）。

实现方式：采用 CTP（Cell to Pack）集成技术、大容量电芯设计，减少冗余结构重量。

（2）超长循环寿命

特征：要求电池寿命与车辆全生命周期匹配（8～10年或120万公里以上），循环次数≥4500次（容量保持率≥70%）。

实现方式：以磷酸铁锂（LFP）材料体系为主，优化正负极材料与电解液，减少容量衰减。

（3）高安全性

特征：需应对重卡高强度振动、高环境温度等极端工况，热失控防护等级高于乘用车。

实现方式：

电芯级：LFP 材料天然热稳定性优于三元电池。

系统级：多层隔热（气凝胶）、主动液冷散热、防爆泄压设计。

BMS：实时监控（温度、电压、绝缘状态）。

（4）快速充放电能力

特征：支持 2C 快充（30分钟充至80%），适应车辆高频次补能需求。

实现方式：低内阻电芯设计、800V 高压平台、高功率充电桩兼容。

（5）环境适应性

特征：在-35℃至65℃环境下稳定运行，低温续航衰减≤30%。

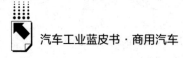

实现方式：电芯自加热技术（脉冲加热）、耐高温/低温电解液、智能温控系统。

（6）结构强度与轻量化

特征：电池包需承受重卡高强度振动和冲击（IP68/IP69K 防护），同时降低重量占比（整车重量敏感）。

实现方式：铝合金箱体、一体化底盘集成（CTC 技术）、轻量化复合材料。

2. 技术要求

（1）经济性需求

总拥有成本控制：电池成本占整车 30%~40%，需通过长寿命、低维护成本抵消初期投入。

场景适配：短途固定路线场景倾向于 LFP 电池（低成本）；长途场景需高能量密度电池（如半固态电池）。

（2）续航与载重平衡

矛盾点：增加电池容量提升续航，但会挤占载货空间/重量（法规限重49 吨）。

需求：通过能量密度提升（如固态电池）或换电模式（5 分钟补能）缓解矛盾。

（3）补能效率

需求：快充（≤1 小时）或换电（≤5 分钟）匹配物流时效性，依赖大功率充电网络（如兆瓦级充电桩）。

（4）全生命周期管理

需求：电池设计需考虑梯次利用（如储能电站）与回收（金属再生率≥95%），降低环境与资源压力。

（5）标准化与兼容性

需求：电池包尺寸、接口标准化（如重卡换电国标），支持跨品牌换电和资源共享。

四　商用车动力电池技术发展趋势

商用车动力电池技术的发展趋势涵盖了高能量密度、快充技术、长寿命、高安全性、低成本、智能化、环保与回收、多元化应用、标准化等多个方面。随着技术的不断进步和政策的持续推动，商用车动力电池将在未来几年内实现重大突破，推动电动商用车的全面普及。

（一）高能量密度

高能量密度是商用车动力电池发展的核心目标之一。商用车的运营场景通常对续航里程要求较高，尤其是长途物流、城市公交等领域，电池的能量密度直接决定了车辆的续航能力和运营效率。

1. 技术方向

固态电池：固态电池采用固态电解质，相比传统液态电解质电池，具有更高的能量密度和安全性。固态电池的能量密度有望达到 500Wh/kg 以上，远超当前锂离子电池的 250~300Wh/kg。

锂硫电池：锂硫电池的理论能量密度高达 2600Wh/kg，虽然目前实际应用中存在循环寿命短等问题，但其潜力巨大。

高镍正极材料：通过提高正极材料中镍的含量，可以显著提升电池的能量密度。例如，NCM811（镍钴锰比例为 8∶1∶1）电池已成为高能量密度电池的代表。

2. 应用场景

长途物流车、城际客车等对续航要求高的车型将优先采用高能量密度电池。

未来，随着电池能量密度的提升，电动商用车的续航里程有望突破1000 公里。

（二）快充技术

商用车的运营效率直接关系到经济效益，而充电时间是影响运营效率的关键因素之一。快充技术的发展将极大提升电动商用车的实用性。

1. 技术方向

超级快充：通过提高充电功率，缩短充电时间。例如，特斯拉的超级充电站已实现 250kW 的充电功率，未来有望达到 350kW 甚至更高。

无线充电：无线充电技术可以简化充电流程，提高充电便利性，尤其适用于城市公交等固定路线的商用车辆。

换电模式：通过电池更换的方式实现快速补能，已在部分商用车领域得到应用，如电动重卡和出租车。

2. 应用场景

城市公交、物流配送车等高频使用的车辆将优先采用快充技术。未来，充电时间有望缩短至 10~15 分钟，接近传统燃油车的加油时间。

（三）长寿命

商用车的使用强度高，电池的寿命直接影响车辆的全生命周期成本。提升电池的循环寿命和耐久性是商用车动力电池发展的重要方向。

1. 技术方向

材料优化：通过改进正负极材料和电解液，提升电池的循环寿命。例如，硅碳负极材料的应用可以显著提高电池的耐久性。

电池管理系统（BMS）：智能 BMS 可以实时监控电池状态，优化充放电策略，延长电池寿命。

固态电池：固态电池的化学稳定性更高，循环寿命有望达到传统锂离子电池的 2~3 倍。

2. 应用场景

电动重卡、工程车辆等高强度使用的车型将优先采用长寿命电池。未来，商用车动力电池的循环寿命有望超过 5000 次，使用寿命达到 10 年以上。

（四）高安全性

电池的安全性直接关系到商用车的运营安全和用户信心。商用车通常承载大量货物或乘客，电池的安全性尤为重要。

1. 技术方向

热管理系统：通过液冷、风冷等技术，有效控制电池温度，防止过热引发的安全问题。

阻燃材料：在电池包中采用阻燃材料，降低火灾风险。

固态电池：固态电池不易漏液、不易燃烧，安全性显著高于传统锂离子电池。

2. 应用场景

城市公交、校车等载客车辆将优先采用高安全性电池。

未来，电池的安全标准将更加严格，事故率有望大幅降低。

（五）低成本

电池成本是影响电动商用车普及的关键因素之一。降低电池成本可以显著提升电动商用车的市场竞争力。

1. 技术方向

规模化生产：随着电池产能的扩大，规模效应将显著降低电池成本。

材料创新：例如，磷酸铁锂电池（LFP）的成本低于三元锂电池，且安全性更高，已在商用车领域得到广泛应用。

回收利用：通过电池回收和材料再利用，降低原材料成本。

2. 应用场景

物流车、轻型商用车等对成本敏感的车型将优先采用低成本电池。未来，电池成本有望降至 100 美元/kWh 以下，电动商用车的总拥有成本将接近甚至低于燃油车。

（六）智能化

智能化是商用车动力电池发展的重要趋势之一。通过智能化技术，可以提升电池的管理效率和性能。

1. 技术方向

智能 BMS：通过大数据和人工智能技术，实时监控电池状态，优化充放电策略，延长电池寿命。

预测性维护：通过数据分析，预测电池的故障风险，提前进行维护，降低运营成本。

云端管理：将电池数据上传至云端，实现远程监控和管理。

2. 应用场景

物流车队、共享出行平台等将优先采用智能化电池管理系统。

未来，电池的智能化水平将进一步提升，实现全生命周期的精细化管理。

（七）环保与回收

随着电动商用车的普及，电池的环保问题日益受到关注。发展环保型电池和回收技术是实现可持续发展的重要方向。

1. 技术方向

环保材料：采用低污染、可再生的电池材料，减少对环境的影响。

回收技术：通过物理、化学等方法，高效回收电池中的有价值的金属材料，如锂、钴、镍等。

梯次利用：将退役的动力电池用于储能等低强度场景，延长电池的使用寿命。

2. 应用场景

城市公交、物流车等大规模使用的车型将优先采用环保型电池。未来，电池回收率有望达到95%以上，实现资源的循环利用。

（八）多元化应用

商用车的种类繁多，不同车型对电池的需求各不相同。动力电池的多元化应用是未来发展的重要趋势。

1. 技术方向

定制化电池：针对不同车型开发专用电池，如重卡、物流车、工程车辆等。

模块化设计：通过模块化设计，灵活调整电池的容量和形状，满足不同车型的需求。

2. 应用场景

电动重卡、工程车辆等特殊车型将优先采用定制化电池。未来，动力电池将更加多样化，满足不同商用车的需求。

（九）标准化

标准化是推动商用车动力电池产业规模化发展的重要前提。通过制定统一的标准，可以降低生产成本，提高兼容性。

1. 技术方向

电池规格标准化：制定统一的电池尺寸、容量等标准，提高电池的通用性。

接口标准化：制定统一的充电接口和通信协议，提高充电设施的兼容性。

2. 应用场景

物流车、城市公交等大规模使用的车型将优先采用标准化电池。未来，标准化将推动电池产业的规模化发展，降低成本。

五　商用车动力电池技术发展的机遇和挑战

（一）技术发展机遇

1. 政策支持与市场需求

政策驱动。各国政府通过补贴、税收优惠、限行政策等措施，大力推动新能源商用车的普及。例如，中国的新能源汽车补贴政策、欧盟的碳排放法规等。许多国家和地区设定了燃油车禁售时间表，为新能源商用车创造了巨大的市场空间。

市场需求。电商、物流等行业的快速发展，推动了对新能源商用车的需求，城市公交、环卫车等公共领域对新能源商用车的需求持续增长。

2. 技术进步与成本下降

技术突破。锂离子电池技术不断进步，能量密度、寿命和安全性显著提升，固态电池、锂硫电池等新型电池技术有望在未来实现商业化。

成本下降。规模化生产和材料创新推动电池成本持续下降，电池回收技术的发展进一步降低了全生命周期成本。

3. 能源转型与环保需求

能源安全。新能源商用车减少了对石油的依赖，有助于提高能源安全，可再生能源（如风能、太阳能）的快速发展为电动商用车提供了清洁能源。

环保压力。减少碳排放、改善空气质量的需求推动了新能源商用车的普及，电动商用车在运营过程中零排放，符合全球可持续发展的目标。

4. 智能化与网联化

智能电池管理。通过大数据和人工智能技术，实现电池状态的实时监控和优化管理，提升电池性能和寿命，预测性维护技术可以降低运营成本，提高车辆可靠性。

车联网应用。新能源商用车与车联网技术的结合，可以实现远程监控、智能调度等功能，提升运营效率。

5. 国际竞争与产业升级

国际竞争。新能源商用车已成为全球汽车产业竞争的新焦点，中国、美国、欧洲等主要经济体在这一领域展开激烈竞争，技术进步和市场拓展为企业提供了巨大的发展机遇。

产业升级。新能源商用车的发展推动了电池、电机、电控等核心技术的进步，推动了整个汽车产业链的升级。

（二）技术发展挑战

1. 技术瓶颈

能量密度。当前锂离子电池的能量密度仍不足以完全满足长途重卡等商用车的需求；固态电池、锂硫电池等新型电池技术尚未完全成熟，商业化面临挑战。

快充技术。商用车的快充需求高，但快充技术对电池寿命和安全性提出了更高要求，充电基础设施的建设和标准化仍需进一步完善。

低温性能。电池在低温环境下性能下降，影响商用车的续航能力和可靠性。

2. 成本压力

原材料价格波动。锂、钴、镍等关键原材料的价格波动对电池成本造成影响，原材料供应链的稳定性仍需加强。

回收利用。电池回收技术尚未完全成熟，回收成本高，经济效益有限，回收体系的建设和标准化仍需进一步推进。

3. 安全性问题

热失控风险。锂离子电池在过充、过放或受到冲击时可能发生热失控，引发安全问题，电池安全技术的研发和应用仍需加强。

火灾风险。商用车的电池容量大，一旦发生火灾，后果严重。电池包的防火设计和热管理系统仍需优化。

4. 基础设施不足

充电设施。充电桩、换电站等基础设施的建设滞后，影响了新能源商用车的普及，充电设施的分布不均和兼容性问题仍需解决。

电网压力。大规模电动商用车的充电需求对电网提出了更高要求，电网升级和智能化管理面临挑战。

5. 政策与法规的不确定性

政策调整。新能源汽车补贴政策的退坡可能对市场需求造成短期影响，各国政策的不一致性增加了企业的市场拓展难度。

法规限制。电池回收、碳排放等领域的法规日益严格，企业需投入更多资源以满足合规要求。

6. 市场竞争与品牌建设

市场竞争。新能源商用车市场竞争激烈，企业需不断提升技术水平和产品竞争力，国际巨头的进入加剧了市场竞争。

品牌建设。新能源商用车品牌的建设需要时间和资源投入，企业需在技术、服务、市场推广等方面全面发力。

六　商用车动力电池技术发展建议

商用车动力电池有着低成本、高续航里程和高安全性等需求。推动商用车动力电池技术发展，需要从技术研发、产业链协同、政策与生态建设方面共同着手，推动商用车电动化进程。

（一）技术研发

技术研发方面，建议商用车动力电池企业加大研发投入，不断提升商用车动力电池的能量密度，增强动力电池安全性及可靠性，不断降低电池成本，推动换电和快充技术的发展及应用。

1. 提高电池高能量密度方面

建议从正负极材料及电池包成组入手不断提升商用车电池能量密度。建议加快高镍三元锂、磷酸锰铁锂（LMFP）等正极材料的研发，提升单体电池能量密度。负极材料方面，由于硅基材料具有嵌锂电位低、放电平台稳定、储量丰富等优势，建议开发硅基负极材料作为下一步负极材料研发方向。电池包成组方面，建议研发轻量化材料实现对电池的减重，并通过优化电芯排布的方式提升电池的系统能量密度。

2. 动力电池安全性及可靠性提升方面

商用车由于其载人的特点，对动力电池的安全性能要求较高。建议优化电池的热管理系统，提升管理系统的智能化水平，针对商用车重载、高频次运行的场景，对电池内部性能参数进行实时监测，提升电池在极端温度下的性能稳定性。此外，固态电解质相对于液态电解质具有较高的稳定性，建议布局固态电池作为商用车动力电池技术的下一步发展方向。

3. 低成本技术路径方面

建议探索钠离子电池在低端商用车（如短途物流车）的应用，以降低商用车动力电池产业链对锂资源的依赖。此外，建议推广梯次利用技术，将退役动力电池用于储能、低速车辆等领域，提升全生命周期经济性。

4. 快充与换电技术方面

推进800V高压平台适配，开发超快充技术，匹配物流车、公交车等的短时补能需求。此外，建议推进标准化换电模式，统一商用车用动力电池包尺寸及接口，提高换电站运营效率，降低其建设成本。

（二）产业链协同

一是充分发挥行业组织、产业联盟的资源整合能力促进动力电池与材料、零部件、装备、整车等产业紧密联动，推进全产业链协同发展。

二是商用车动力电池产业上、中、下游重点企业加强信息共享。完备的产业链是我国动力电池产业强有力竞争力的坚实保障。商用车动力电池产业上、中、下游企业建立信息共享机制平台，可对商用车动力电池全生命周期实现管理和监测，从而优化产品设计及利用策略。此外，链主企业定期召开技术对接会、需求匹配会等，可避免信息孤岛，通过产业链上下游协同，共同解决行业卡点问题，实现关键核心技术的攻关。

三是商用车动力电池产业上、中、下游重点企业共同推进商用车动力电池标准体系建设。标准体系建设是推动商用车动力电池高质量发展的重要举措。推动商用车动力电池企业上、中、下游企业共同商定商用车动力电池标准化路线图，加强动力电池产品性能、寿命、安全性、可靠性和智能制造、回收利用等标准的制修订工作，制定并实施动力电池规格尺寸、产品编码规则等标准，可提升商用车动力电池的智能制造水平和产品质量，推动商用车动力电池向优向好发展。

（三）政策与生态建设

商用车动力电池的发展离不开政府部门的支持和政策的推动，建议政府

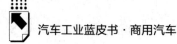

部门充分发挥其资源配置优势，从资金配置、资源调动和生态建设三个方面着手，促进商用车动力电池的技术进步。

1. 资金配置方面

一是建议政府部门通过优化税收政策、加大新能源商用车购置补贴及商用车以旧换新补贴的方式推动商用车的电动化进程，从市场侧促进商用车动力电池企业加大商用车动力电池研发布局，提升产品质量。二是建议政府部门通过发放专项资金、组织重大专项和重大科技计划等鼓励商用车动力电池生产企业提升其产品质量水平，鼓励检验机构提升其质量检验能力，鼓励回收企业不断优化企业运转流程，从而促进新能源商用车动力电池不断发展。

2. 资源调动方面

建议政府部门协调组织机构、高校及科研院所、企业和行业组织等共创商用车动力电池产业联盟，加强商用车动力电池技术基础研究和前沿电池技术探索，推动商用车动力电池关键核心技术攻关。

3. 生态建设方面

建议政府部门从促进动力电池产业低碳化发展目标出发，出台碳减排及碳积分政策，将商用车动力电池低碳制造纳入"双积分"考核，推动产业链绿色低碳转型。

商用车动力电池技术需围绕"高安全、长续航、低成本"三大核心，通过材料创新、系统集成、模式革新实现突破。同时需强化政策引导与生态协同，推动商用车电动化从"政策驱动"向"市场驱动"转型，助力全球碳中和目标。

社会科学文献出版社

皮 书

智库成果出版与传播平台

❖ 皮书定义 ❖

皮书是对中国与世界发展状况和热点问题进行年度监测，以专业的角度、专家的视野和实证研究方法，针对某一领域或区域现状与发展态势展开分析和预测，具备前沿性、原创性、实证性、连续性、时效性等特点的公开出版物，由一系列权威研究报告组成。

❖ 皮书作者 ❖

皮书系列报告作者以国内外一流研究机构、知名高校等重点智库的研究人员为主，多为相关领域一流专家学者，他们的观点代表了当下学界对中国与世界的现实和未来最高水平的解读与分析。

❖ 皮书荣誉 ❖

皮书作为中国社会科学院基础理论研究与应用对策研究融合发展的代表性成果，不仅是哲学社会科学工作者服务中国特色社会主义现代化建设的重要成果，更是助力中国特色新型智库建设、构建中国特色哲学社会科学"三大体系"的重要平台。皮书系列先后被列入"十二五""十三五""十四五"时期国家重点出版物出版专项规划项目；自2013年起，重点皮书被列入中国社会科学院国家哲学社会科学创新工程项目。

皮书网

（网址：www.pishu.cn）

发布皮书研创资讯，传播皮书精彩内容
引领皮书出版潮流，打造皮书服务平台

栏目设置

◆ **关于皮书**
何谓皮书、皮书分类、皮书大事记、
皮书荣誉、皮书出版第一人、皮书编辑部

◆ **最新资讯**
通知公告、新闻动态、媒体聚焦、
网站专题、视频直播、下载专区

◆ **皮书研创**
皮书规范、皮书出版、
皮书研究、研创团队

◆ **皮书评奖评价**
指标体系、皮书评价、皮书评奖

所获荣誉

◆ 2008 年、2011 年、2014 年，皮书网均
在全国新闻出版业网站荣誉评选中获得
"最具商业价值网站"称号；
◆ 2012 年，获得"出版业网站百强"称号。

网库合一

2014年，皮书网与皮书数据库端口合
一，实现资源共享，搭建智库成果融合创
新平台。

皮书网

"皮书说"
微信公众号

权威报告·连续出版·独家资源

皮书数据库
ANNUAL REPORT(YEARBOOK)
DATABASE

分析解读当下中国发展变迁的高端智库平台

所获荣誉

- 2022年，入选技术赋能"新闻+"推荐案例
- 2020年，入选全国新闻出版深度融合发展创新案例
- 2019年，入选国家新闻出版署数字出版精品遴选推荐计划
- 2016年，入选"十三五"国家重点电子出版物出版规划骨干工程
- 2013年，荣获"中国出版政府奖·网络出版物奖"提名奖

皮书数据库

"社科数托邦"
微信公众号

成为用户

登录网址www.pishu.com.cn访问皮书数据库网站或下载皮书数据库APP，通过手机号码验证或邮箱验证即可成为皮书数据库用户。

用户福利

- 已注册用户购书后可免费获赠100元皮书数据库充值卡。刮开充值卡涂层获取充值密码，登录并进入"会员中心"—"在线充值"—"充值卡充值"，充值成功即可购买和查看数据库内容。
- 用户福利最终解释权归社会科学文献出版社所有。

数据库服务热线：010-59367265
数据库服务QQ：2475522410
数据库服务邮箱：database@ssap.cn
图书销售热线：010-59367070/7028
图书服务QQ：1265056568
图书服务邮箱：duzhe@ssap.cn

S 基本子库
UB DATABASE

中国社会发展数据库（下设 12 个专题子库）

紧扣人口、政治、外交、法律、教育、医疗卫生、资源环境等 12 个社会发展领域的前沿和热点，全面整合专业著作、智库报告、学术资讯、调研数据等类型资源，帮助用户追踪中国社会发展动态、研究社会发展战略与政策、了解社会热点问题、分析社会发展趋势。

中国经济发展数据库（下设 12 专题子库）

内容涵盖宏观经济、产业经济、工业经济、农业经济、财政金融、房地产经济、城市经济、商业贸易等 12 个重点经济领域，为把握经济运行态势、洞察经济发展规律、研判经济发展趋势、进行经济调控决策提供参考和依据。

中国行业发展数据库（下设 17 个专题子库）

以中国国民经济行业分类为依据，覆盖金融业、旅游业、交通运输业、能源矿产业、制造业等 100 多个行业，跟踪分析国民经济相关行业市场运行状况和政策导向，汇集行业发展前沿资讯，为投资、从业及各种经济决策提供理论支撑和实践指导。

中国区域发展数据库（下设 4 个专题子库）

对中国特定区域内的经济、社会、文化等领域现状与发展情况进行深度分析和预测，涉及省级行政区、城市群、城市、农村等不同维度，研究层级至县及县以下行政区，为学者研究地方经济社会宏观态势、经验模式、发展案例提供支撑，为地方政府决策提供参考。

中国文化传媒数据库（下设 18 个专题子库）

内容覆盖文化产业、新闻传播、电影娱乐、文学艺术、群众文化、图书情报等 18 个重点研究领域，聚焦文化传媒领域发展前沿、热点话题、行业实践，服务用户的教学科研、文化投资、企业规划等需要。

世界经济与国际关系数据库（下设 6 个专题子库）

整合世界经济、国际政治、世界文化与科技、全球性问题、国际组织与国际法、区域研究 6 大领域研究成果，对世界经济形势、国际形势进行连续性深度分析，对年度热点问题进行专题解读，为研判全球发展趋势提供事实和数据支持。

法律声明

"皮书系列"（含蓝皮书、绿皮书、黄皮书）之品牌由社会科学文献出版社最早使用并持续至今，现已被中国图书行业所熟知。"皮书系列"的相关商标已在国家商标管理部门商标局注册，包括但不限于LOGO（▧）、皮书、Pishu、经济蓝皮书、社会蓝皮书等。"皮书系列"图书的注册商标专用权及封面设计、版式设计的著作权均为社会科学文献出版社所有。未经社会科学文献出版社书面授权许可，任何使用与"皮书系列"图书注册商标、封面设计、版式设计相同或者近似的文字、图形或其组合的行为均系侵权行为。

经作者授权，本书的专有出版权及信息网络传播权等为社会科学文献出版社享有。未经社会科学文献出版社书面授权许可，任何就本书内容的复制、发行或以数字形式进行网络传播的行为均系侵权行为。

社会科学文献出版社将通过法律途径追究上述侵权行为的法律责任，维护自身合法权益。

欢迎社会各界人士对侵犯社会科学文献出版社上述权利的侵权行为进行举报。电话：010-59367121，电子邮箱：fawubu@ssap.cn。

社会科学文献出版社